古代歷史文化 研究輯刊

三 編

王 明 蓀 主編

第 21 冊

明清無賴的社會活動及其人際關係網之探討
——兼論無賴集團：打行及窩訪

蔡 惠 琴 著

國家圖書館出版品預行編目資料

明清無賴的社會活動及其人際關係網之探討——兼論無賴集
團：打行及窩訪／蔡惠琴 著 — 初版 — 台北縣永和市：花木
蘭文化出版社，2010〔民 99〕
目 2+232 面；19×26 公分
（古代歷史文化研究輯刊 三編：第 21 冊）
ISBN：978-986-254-105-0（精裝）
1. 流氓　2. 黑社會　3. 明代　4. 清代
548.87209　　　　　　　　　　　　　　　　99001277

ISBN - 978-986-2541-05-0

9 789862 541050

古代歷史文化研究輯刊

三　編　第二一冊　　　　　　ISBN：978-986-254-105-0

明清無賴的社會活動及其人際關係網之探討
——兼論無賴集團：打行及窩訪

作　　者　蔡惠琴
主　　編　王明蓀
總 編 輯　杜潔祥
出　　版　花木蘭文化出版社
發 行 所　花木蘭文化出版社
發 行 人　高小娟
聯絡地址　台北縣永和市中正路五九五號七樓之三
　　　　　電話：02-2923-1455／傳真：02-2923-1452
網　　址　http://www.huamulan.tw 信箱 sut81518@ms59.hinet.net
印　　刷　普羅文化出版廣告事業
初　　版　2010 年 3 月
定　　價　三編 30 冊（精裝）新台幣 46,000 元

明清無賴的社會活動及其人際關係網之探討
——兼論無賴集團：打行及窩訪

蔡惠琴　著

作者簡介

蔡惠琴，國立清華大學歷史研究所畢業，研究範疇偏向歷史上的民眾文化、基層社會，認為歷史研究不應漠視平民百姓階層，唯有從普羅大眾的觀點出發，才能一窺前人的真實生活軌跡。目前擔任大學教職，教授通識課程等相關科目，曾發表〈明清無賴集團之一──「打行」探析〉等十餘篇文章、書評。

提　要

　　此篇論文主要是討論明清地方無賴份子的社會活動及人際關係網兩大部份。

　　在本文的第一章中，首先探討明清時期「無賴」一詞的定義，進而界定本文研究的對象為在地方活動、游手好閒，沒有正當職業的份子。

　　從第二章開始，探討明清無賴的社會活動，包括賭博、迎神賽會、扛抬、搶孀等活動，這些活動的史料來源，主要是以地方志為主，筆記小說為輔，因正史中這類史料並不多，故正史所用有限。由明清無賴的社會活動可表現出當時的百姓生活及社會問題。

　　在無賴的人際關係網中，與無賴有來往的份子，有世家子弟、奴僕、胥吏、妓女、乞丐等，本文就這些對象進行兩者之間關係的探討，而無賴與士紳的關係因牽涉複雜，不在本文討論之內。由於明中期以後，健訟風氣日熾，包攬訟事的行為亦隨之而起，訟師、胥吏與無賴皆有勾結，故本文另闢一章，就包攬訟事方面論無賴與胥吏、訟師的關係。

　　明清時期出現一些由無賴聚集而成的團體，本文稱之為「無賴集團」，由於史料收集有限，本文只探討「打行」、「窩訪」等無賴集團，「打行」主要是一個以勇力為主的無賴集團，由明初到民國初年，其活動仍一直持續著，隨著時間的演變，其活動也日趨多元化。本文討論打行的問題有一些看法與日本學者不同，這在文中皆有詳細的論述。

　　「窩訪」則是指無賴份子藉著當時的考察制度，利用謠言、歌謠陷害他人或挾制官府，達到一己獲私利或報仇的目的。這些無賴集團皆受到當時士人階層的嚴厲批判。

　　最後本文嘗試探討無賴階層的社會流動，一般平民或許因賭博等因素向下流動為無賴，而無賴則是藉著當時的捐納制度向上流動。不過，這種流動卻是表裡不一的身份轉變，無賴雖由捐納而為生監，但一般士人仍「羞與之為伍」，無賴的行為也依然故我，故這種向上流動雖在表面上，身份提升了，但在實質活動上，仍與未流動前是一樣的，由於這方面的探討是屬嘗試性質的，所以仍有再探討的空間。

　　結論則是針對明清無賴可再深入探討的問題做一介紹。

目次

第一章 前言及研究回顧

第一節 前 言

　　無賴階級不論在中國傳統社會或現今工商社會（現在稱「流氓」）都是不受歡迎的階層，他們不事生產、游手好閒的特性，帶給社會秩序不小的威脅，也因此使得統治者對他們深惡痛絕，必欲除之而後快。無賴是一群生存在社會體制外的人，因其在體制之外活動，所以他們的行為模式不可用一般常人的標準衡量。這群體制外的無賴為了求生存，拐、騙、搶、奪無所不用，在無賴的世界視為「正常」的活動，在傳統知識份子的眼中成了違法亂紀、傷風敗俗的行為，痛加指責。

　　體制內外不同的行為模式、道德標準造成了兩邊衝突的發生，由於知識份子是留下史料的主要階層，所以在傳統社會中，無賴幾乎沒有為自己說話的機會。不要說體制外的無賴階層，就連體制內的一般百姓也很為自己發聲，傳統社會士人階級記載下來的事物有其侷限性，就算是記載一般市井民眾的活動，也大多是以風俗、掌故方面為取捨的標準。在當時識字有限的條件下，一般平民百姓也不可能以自己的觀點記錄下活動的軌跡以供後人研究，所以在歷史的研究領域中，平民百姓的活動不易被研究、突顯，大部份的原因是史料不足的關係。除非發生類似事變、民變等事情，因影響太大而留下記錄，否則百姓日常生活的活動是很難吸引士人特別記錄下來的。

　　一般平民百姓是如此，更枉論平日活動就不為士大夫所接受的無賴棍徒游手之類的份子，記載更少了。但個人有感於要真正了解當代一般民眾的社

會生活或社會問題，只有從社會的最基層——也就是這群平日不爲當時士大夫或一般人所接受的無賴游手棍徒著手，較能呈現當時基層社會生活面貌的眞實性。譬如無賴的社會行爲中有設賭詐財的活動，顯示出當時社會的賭風與投機心態的盛行，不少良家子弟因此流爲無賴；而藉人命扛抬勒索，則顯示出當時健訟的風氣及官員的無能，使少數人能藉著人命來詐財；撤青則可見當時無賴游手的報復手段；另外，迎神賽會則顯示出傳統社會娛樂活動的需求，就這一方面而言，無賴游手自有他們的社會服務功能。

諸如此類，皆可讓我們透過無賴的社會活動，看到當時地方社會日常生活的面貌，而不是如地方志風俗志所記載的「君子尚禮，小人勤稼，躬儉嗇尚朴素，獄訟甚稀」等形容詞那樣的空洞，看不出地方百姓眞實的日常生活，所以本文挑選了「無賴」這個階層做爲探討的對象。

「無賴」一詞是明清時期的用語，有不同層面的含意，本文在〈明清「無賴」之定義〉一章裡有詳細的論述，並且也明確的指出本文所要研究的對象是當時的不良份子，沒有正當（爲當時所認可）的職業、游手好閒的人，其社會活動大多侷限於地方，類似我們現在所稱的「流氓」，「流氓」的稱呼在清咸豐年間出現，在光緒年間其用法已與明代的無賴相去不遠。〔註1〕但使用上還不普遍，故在本文中還是用「無賴」一詞指稱當時的無賴游手。

明清時期保留下來的筆記小說、地方志較多，所蘊含的社會史料較豐富，明朝社會風氣在中期後有轉變的現象，社會風氣日趨奢靡，經濟發達的地區如太湖流域一帶，社會問題也增多，其間無賴游手的社會活動更加活絡，時間上有助於研究資料之收集，所以本文選擇明中朝以後爲研究重點。是以文中在論述無賴游手在地方上的活動時，大多以地方志爲主要參考史料，在時間上，會延續到清光緒年間，甚至到民國初年。

明清的無賴階層在當時活動是非常活躍的，根據地方志的記載，配合政書、筆記小說等史料得知，這些活動在當時被士大夫認爲是惡俗，如搶親、扛孀等，但在這些社會活動的表象之下，背後是否隱藏著當時社會風氣的轉變、民眾生活的需求等內在意涵，這是本文所要深入探討的問題。

無賴在當時的社會活動既是活躍的，自然會接觸到一些其他階層的人，是那些人與無賴接觸？在什麼情況下？兩者之間的關係又是如何？這些社會

〔註1〕 酒井忠夫，〈中國史上の氓と流氓〉，收錄於野口鐵郎編，《中國史における亂の構圖》（東京：雄山閣，1986），頁11～34。

關係也是可以探討的。如無賴與訟師在訟事上是屬合作關係，但這種合作關係又與無賴之間的合作關係不同，前者可能還有等級之分，後者則可能是完全對等的。而無賴與妓女的關係又不同於上述二者，無論是妓女依靠無賴生活，或無賴依靠妓女生活，妓女都是屬於單方面被利用的對象，這種單方面的利用也表現在無賴對良家子弟與無賴對乞丐的關係上。基本上，無賴的社會人際關係主要是依對象實力強弱而定，不同的對象衍生出不同的人際關係，藉著明清無賴階層人際關係網的探討，當可更加了解明中期以後社會基層力量的作用與互動。

另外，無賴份子在社會活躍的同時，地方上也出現了有組織的無賴集團——打行、窩訪等。本文就這些無賴集團的社會活動、人際關係進行探討，發現其社會活動與地方無賴相似，行為模式亦有相通之處，只不過打行多了一層雇傭性質（受雇做某事以獲取報酬，如當保鏢等）。無賴集團在明中期後大量出現，是值得注意的社會現象，除打行外，尚有「窩訪」、「訪行」等無賴集團，主要是利用當時官員考劾的制度，平日搜集官府或與之有仇的地方人士之缺失，趁監察御史出巡的時候，散佈謠言，藉此報仇或做為挾制官府的籌碼。善於鑽營當時社會、政治的一些漏洞，以做為自己獲利的手段，是無賴的特色。

明清時有捐納的制度，許多考不上科舉的人便以捐納做為獲取傳統功名的手段，只要繳納一定的錢財，連目不識丁的人亦可得到生監的頭銜。無賴也利用此一管道，給自己捐個生員之類的傳統功名，如此使得無賴階層有機會向上流動，不過，這種向上流動卻造成了名實不一的現象，無賴打不進士人階層，士人階層也羞於與之為伍，形成了表面化的社會流動。除了無賴游手藉捐納制度上升的社會流動外，也有世家子弟因為嗜賭等因素墮落成無賴游手，這是向下的社會流動，本文對於無賴階層的社會流動做一嘗試性的探討。

釐清明清時期「無賴」一詞所指的意義，及對其社會活動的陳述，擴及無賴的人際關係網絡、無賴集團、無賴社會流動等主題的探討，相信對明清社會史當可有更進一步的認識。在寫作期間亦發覺現今有關明清無賴的研究成果有一些待商榷的地方，提出個人不成熟的看法，就教於史學前輩，相信這些都是推動本文對明清無賴研究的動力。

第二節　無賴研究成果之回顧

　　本文依發表時間先後，列述中外有關無賴的研究成果，有些文章雖不一定針對無賴階層，但在文中有提及，本文仍視情況予以提出。

　　1972 年酒井忠夫〈幫の民眾の意識〉一文，〔註2〕文中藉著中國民間所用「道理」兩字的分析，強調中國民間替天行道、忠義、仁義（這些都是儒家思想）的民眾意識。清代的天地會、哥老會、青幫等民間秘密結社通行的意識型態就是如此，也因為強調忠義、仁義，所以這些秘密會社的凝聚性比起一般民眾更強。而歷代的農民運動，如黃巢之亂、宋代的紅巾、元末的紅巾、鄧茂七之亂、明末的民變以及白蓮教、太平天國等，農民與民眾的結合起事，皆是這種仁義的意識加上農民本身的需要而起的。

　　由於本文所研究的無賴游手並不是屬於幫會類型，幫會有其特定的條件限制，本文所研究的無賴是屬於在地方上成群活動的無業游手，這些沒有正當職業的人組成打行、訪行等無賴集團，唯一目的便是在當時的時空環境下利用各 種方法求生存，而這些方法往往是不合法的。打行、把棍等無賴集團大概沒有如酒井忠夫在其文中所提到的意識形態（儒家的忠義觀念等），就算有，也只是對打行集團內的無賴份子，由其社會行為觀之，算不上有任何傳統觀念可以約束他們。本文研究的地方無賴為了求生存而不擇手段，一切以自己的利益為考量，與幫會型的無賴份子仍有些許不同。

　　1985 年安野省三〈中國の異端・無賴〉一文，〔註3〕屬通論性的文章，並沒有對無賴有一個明確的界定，以致文中指稱的對象紛亂，有秘密結社、有游民武裝團體。安野氏此文較偏向秘密宗教的討論，對無賴著墨並不多，可議的是其文的第四節〈無賴の習俗〉，在〈無賴の習俗〉一節中，安野氏舉出了「入墨」、「食人肉」等兩項無賴習慣。根據文中的意思，安野氏此處的「無賴」應是指武裝團體，這種武裝團體較常稱匪、稱盜，明清史料上所指稱的無賴有多種含義（參看〈明清無賴之定義〉一章），但可肯定的是明清所指稱的「無賴」沒有吃人肉的風俗，這是需要澄清的一點。安野省三此文中所指稱的無賴（秘密宗教結社、民眾武裝團體）與本文所欲研究的無賴（地方游手），兩者是有一段差距的。

〔註2〕 酒井忠夫，〈幫の民眾の意識〉，《東洋史研究》31-2（1972），頁 90～115。
〔註3〕 安野省三，〈中國の異端・無賴〉，《中世史講座》7（東京：學生社，1985），
　　　　頁 166～190。

　　1986 年酒井忠夫〈中國史上の氓と流氓〉一文，〔註 4〕文中說「流氓」
一語是十九世紀中葉，長江三角州地區——主要是上海地區開始使用的，為
當地人稱呼當時的會黨份子。一直到現在仍稱這種無賴民眾集團為流氓，臺
灣的〈檢肅流氓條例〉就是一例，「黑社會」、「流氓惡勢力」、「流氓幫派份子」
皆在檢肅之列，所以流氓之意包含會黨、幫會這類無賴集團。

　　「氓」本指平民的意思，清代一些無賴光棍居無定所，有「流民」、「無
業流民」、「游民」等稱呼，將二者結合稱呼便成為「流氓」一詞，意思是指
「流亡的下層民眾」。這種稱呼在清咸豐年間出現，在光緒年間其用法已與明
代的無賴相去不遠，《申報》三四九五號（光緒八年十二月十三日），〈論上海
流氓〉：「上海自開埠通商以來至今日，可謂極盛之時，而流氓之多亦以上海
為最，……上海之流氓，其品類亦正不一，非特此等強攫明劫之輩而已也。
有等把持市面之流氓……有交結衙門之流氓……又有久販不歸之流氓……有
此等大流氓，而小流氓乃更接跡而起矣。……良莠不齊，流氓實以上海為逋
逃淵藪。」由此段話可知光緒年所指的流氓已與明到清初的「無賴」一詞相
近。不過，酒井氏較注重上海地區會黨如三合會、哥老會等的發展，酒井氏
此文對「流氓」一詞有清楚的解釋，當有助於「流氓」出現的年代及意含的
了解。

　　1987 年酒井忠夫〈中國の民眾結社と氓・地棍・流棍・流氓〉一文，
〔註 5〕此文除了摘要及前面部份略為修改外，幾乎與前文〈中國史上の氓と流
氓〉一文相同，不予贅述。

　　1991 年王春瑜〈明代流氓及流氓意識〉一文，〔註 6〕介紹明代無賴的活
動，如打、搶、訛、騙等，並將用假銀、賣假藥、賣假酒等行為歸咎是「流
氓意識」對商品流通的侵蝕，最後還提到政治流氓。王春瑜在文中把人性的
醜陋面皆歸之流氓意識，使「流氓」一詞成為壞的代名詞，這種作法對明代
的無賴（流氓一詞明代還沒有出現，明代使用的是無賴一詞）是不太公平的，
也顯現出對明清「無賴」一詞沒有深刻的認識。

　　無賴有其破壞性的一面，但也有其正面的一面，《湧幢小品》中就有地方

〔註 4〕　酒井忠夫，〈中國史上の氓と流氓〉，收錄於野口鐵郎編，《中國史における亂
　　　　の構圖》（東京：雄山閣，1986），頁 11～34。
〔註 5〕　酒井忠夫，〈中國の民眾結社と氓・地棍・流棍・流氓〉，收錄於《蔣慰堂先
　　　　生九秩榮慶論文集》（臺北：中國圖書館學會，1987），頁 751～776。
〔註 6〕　王春瑜，〈明代流氓及流氓意識〉，《社會學研究》1991-3，頁 122～126。

官員受到豪民的誣陷，無賴（博雞者）出面將豪民打了一頓，還替官員申冤的，「連櫨爲巨幅，廣二丈，大書一屈字，以兩竿夾揭之，走訴行御史臺」，〔註7〕臺臣不理，這些無賴就「日張『屈』字遊金陵市中」，最後地方官員才獲平反。如此的作爲能說無賴就是壞的份子嗎？看上述博雞者的作爲，除暴力的部份外，張冤旗行走於金陵街道，頗類似今日的遊行抗議，或許以後研究中國的街道遊行運動史的學者，會重視無賴游手這個體制外的階層吧！

1991 年韓大成《明代城市研究》一書，〔註8〕書中第六章〈城市的階級結構〉提到無賴游手階層，「游手無賴主要是指城市中的無業游民、流氓、乞丐、妓女等人而言」，韓大成認爲他們是「城市的寄生蟲」，後面就是敘述其社會活動，包括詐、賭、騙等。

筆者認爲大陸學者不應該存著「無賴就是壞的」的刻板印象來研究明清的無賴階層，應該將無賴歸諸其時代背景，做一個客觀的探討，如此才能獲得明清無賴在當時社會環境下的作爲與意義，及對當時社會所產生的影響。

1992 年陳寶良〈明代無賴階層的社會活動及其影響〉一文，〔註9〕文中認爲無賴藉由捐納侵入生監層，造成監生、生員的紀律敗壞，而無賴也侵入糧長、耆老等地方管理人員階層，造成小民的困擾，最後無賴還侵入了明代的經濟、文化、軍隊等領域，造成這些領域破壞性的一面。

陳寶良文中的「無賴」界定不清，文中似將他人行爲只要是不好的，如不守學規、包攬錢糧、壞人名節等，就指稱其人爲無賴，與王春瑜一樣將無賴與人性惡劣的一面畫上等號。如果以陳寶良的這種標準，則明代也是無賴在當皇帝了，王春瑜在〈明代流氓及流氓意識〉一文中便是如此批判朱元璋及明代的皇親國戚，如果朱元璋是無賴，那劉邦就是大土棍。用這種標準去衡量歷代的皇帝，類似這種無賴皇帝想必不少，而用這種標準去衡量歷史人物，恐怕人人都變成了無賴，每個人皆有其人性的惡劣面，則世界的歷史不就變成是一部無賴活動史？我想這一點恐怕是需要商榷的。

明清的生監層有其本身的問題，糧長耆老制有其本身的弊端，歷代皇帝也有其本身行爲偏差的地方，與其說他們是無賴，不如說這是人性惡劣的一

〔註7〕 明·朱國禎（1557-1632？），《湧幢小品》（臺北：新興書局，筆記小說大觀本），卷九，〈博雞者〉，頁 4358。

〔註8〕 韓大成，《明代城市研究》（北京：中國人民大學出版社，1991），頁 341～359。

〔註9〕 陳寶良，〈明代無賴階層的社會活動及其影響〉，《齊魯學刊》1992-2，頁 91～97。

面，把人性的惡劣面與無賴一詞等同是不恰當的。因為明清時期無賴一詞並非是如此的用法（參看〈明清無賴之定義〉一章），明清時期也並不把這種人性的惡劣面與無賴一詞等同，既是研究歷史就應尊重當時的時代用語，回歸當時的語言所指之意，如此才能夠實事求是，盡量達到與歷史事實接近的程度，而不是依著現代的觀念，依著研究者用理所當然的心態去扭曲明清時代「無賴」一詞的意義及當時無賴的活動。面對無法與今人辯駁的歷史人物，我想在探討論述他們的活動事蹟時，應多存一份謹慎小心，並秉持實事求是的態度，以求得歷史上較真實的活動軌跡。

陳寶良在 1993 年出版《中國流氓史》一書，〔註10〕對中國歷代的惡少、流民等做了通論性的陳述，但書中對流氓的定義仍不夠明確，造成研究對象有界定不清之感，其對明清的無賴階層研究亦不夠深入，只侷限於表面的陳述。

經由上述，我們可以知道中外學界關於明清無賴階層的研究成果，並沒有對此一階層的社會活動及人際關係做過深入的研究，有感於地方無賴的社會活動影響一般民眾生活甚鉅，所以本文擬就無賴的社會活動進行論述。由社會活動而產生的人際關係也是本文探討的重點之一，地方無賴屬於社會的下層，其活動所接觸的對象為何？兩者之間的關係又是如何？另外，由第一節〈前言〉所述，無賴集團及無賴的社會流動亦是本文討論的重點。

綜上所論，本文探討的方向偏向於地方無賴的社會活動、人際關係及無賴集團──打行、窩訪等三方面，此亦可從本文的題目中看出。

〔註10〕陳寶良，《中國流氓史》（北京：中國社會科學出版社，1993）。

第二章　明清「無賴」之定義及本文研究對象之界定

　　「無賴」一詞在明清時期有不同的含義，開始本文之前，先探討明清「無賴」二字所指稱的意義，並且界定本文研究的對象，避免因為研究對象界定不清，而導致論述不明。

　　《辭源》對「無賴」一詞之解釋為：〔註1〕

　　一、沒有才能，無可倚仗。《史記‧高祖紀》：「始大人常以臣無賴，不能治產業，不如仲力。」

　　二、奸詐、刁狡、強橫之徒。《方言》十：「央、亡、嘕尿，姑獪也。江湘之間或謂之無賴……凡小兒多詐而獪謂之央、亡，或謂之嘕尿。」《新五代史前蜀世家》：「王健……少無賴，以屠牛盜驢販私鹽為事。」

　　三、無奈，無可如何。《三國志‧魏華佗傳》：「彭城夫人夜之廁，蠆螫其手，呻呼無賴。」轉為煩擾、多事。《玉臺新詠》九南朝陳徐陵〈烏棲曲〉：「唯憎無賴汝南雞，天河未落猶爭啼。」

　　然檢視明清記載中所出現的「無賴」一詞，卻未必只止於此三種定義，本文將以《明實錄》、《嵩辭》、《福惠全書》三書裡的「無賴」一詞進行探討。

　　《明實錄》為官方對各朝事物的記載，故以之代表朝廷中央的觀點，《嵩辭》為明末地方官員張肯堂在任內所記載的判例，而《福惠全書》為清初黃六鴻累積行政經驗而編成的地方官員辦事規則。《嵩辭》、《福惠全書》二書同為地方官員所撰，可代表地方觀點，另外，時間上一為明末，一為清初，可

〔註1〕　《辭源》（臺北：臺灣商務印書館，大陸修定版，1989）。

藉此對照在明清交替之際「無賴」一詞的變化。

　　三書中，《明實錄》代表朝廷中央觀點，《讞辭》、《福惠全書》代表地方觀點，可藉此探討中央與地方對「無賴」一詞之認定有何異同？又以《讞辭》、《福惠全書》二書分別代表明末與清初的地方官員對「無賴」一詞的認定，以探討「無賴」一詞在朝代交替時有何變化？故以此三書爲代表，對「無賴」一詞進行探討。

第一節　《明實錄》（自嘉靖朝後）中所指稱的「無賴」

　　本文將《明實錄》（嘉靖朝以後）中有關「無賴」一詞全部輯出，[註2]但爲精簡起見，不同朝代的實錄，各舉一列爲限，視情況而有所增減。綜觀《明實錄》中所載「無賴」一詞表現出來的意義，有以下幾種：

一、奸詐、刁狡、強橫之徒，如《辭源》的第二個解釋，但此種定義略嫌廣泛，本文又細分爲以下幾種類型：

1. 地方上的不良份子、惡少等

《世宗實錄》，卷四九，嘉靖四年三月甲子條：（頁 1234，此爲中研院校勘本的頁碼）

> 正德末，太監黃玉鎮守潼關，貪暴恣肆，邑井無賴多投之，指擇彭松貢鈜王臣等倚勢爲奸，橫索行旅之資，即小民任負，任官行李無淂免者。

《光宗實錄》，卷五，泰昌元年八月庚申條：（頁 0142）

> 目今白蓮、無爲等教，妖術惑人，糾合無賴所在，而是萬一嘯聚，崔符能保此輩不齎資響應，恐久則難圖銀錢。

按：白蓮、無爲等教糾合無賴所在，宗教結合當地勢力應是合理的解釋，故本文認爲此處的無賴較傾向於地方性的份子。

《熹宗實錄》，卷二九，天啓二年十二月丁丑條：（頁 1452）

> 浙江道御史陳保泰言……乃今用兵之處，則受兵之害，不用兵之處，又受募兵之害，市井無賴之徒，又私行召募，名曰義兵，招呼黨類，

〔註2〕《明實錄》（臺北：中文出版社，中央研究院歷史語言研究所校勘本），文中所註頁碼以此書爲準。

千萬成群。

上述引文，文中提及「市井無賴」，本文當有地緣性的不良份子解，而其他文中雖沒有提及「市井」二字，但根據引文的前後事跡，可判定其為地方上的不良份子，亦歸在此類。

2. **泛指不良份子**（可能是由游民所組成或亡命之徒所聚集，這種類型與地方上的惡少有些不同，故細分出）

《世宗實錄》，卷七一，嘉靖五年十二月辛酉條：（頁1600）

福建道御史朱豹疏陳修省十事，……五戢豪右，請嚴飭勳貴權要之家，毋奪人田土、收養無賴，侵奪民利。

《穆宗實錄》，卷二五，隆慶二年十月己亥條：（頁0692～0694）

（遼王）憲節嘉靖十八年襲封，遼王性酷虐淫縱，或信符水，諸奸點少年無賴者多歸之，恣為不法。

《神宗實錄》，卷三二六，萬曆二十六年九月癸卯條：（頁6044）

癸卯。河南巡撫曾同亨、巡按崔邦亮題……中州災沴之後，每多嘯聚之徒，加以礦務煩興，亡賴四集，即藩府疊戶，崇墉深居簡出，猶恐敵在舟中變生意外。

《熹宗實錄》，卷三四，天啓三年五月辛亥條：（頁1771）

工科右給事中楊維新疏稱秦民加賦之苦，……其最可恨者，最害事者，尤無如募兵為甚，蓋五合六聚之人，多無賴亡命之輩，狼貪虎噬，恣其咆哮，所至雞犬靡寧。

按：此處形容無賴為五聚六合之人，故可知此條史料所指稱的「無賴」為類似四方游民所組成，比較不可能是地方惡少之類的「無賴」。本文之所以將無賴分為地方性與一般性（即非地方性），是因為兩者在行為上仍或多或少有些差異。

3. **形容個性狡獪或素行不良之人，而非指其社會身份為地方惡少或地痞之類**

《世宗實錄》，卷二〇三，嘉靖十六年八月癸亥條：（頁4254）

癸亥。晉王新㙉言，舊例宗室有事，則具啓所屬親郡王轉奏，頃各宗為無賴所引誘，多徑自奏擾，請申嚴禁例。

按：能與宗室往來的必非地方惡少型的無賴，應是指素行不良或個性狡獪的人。另外，也有將宗室子弟不學好的稱為無賴，此種「無賴」非指其身份，

而是形容其個性惡劣。

《世宗實錄》，卷四八三，嘉靖三十九年七月戊午條：（頁 8071）

> 上切責邦寧令省改擒治諸僕從，⋯⋯各宗無賴大爲地方害，官府無如之何。

《世宗實錄》，卷一一九，嘉靖九年十一月己酉條：（頁 2848～2849）

> 一在京在外緝獲強盜妖言奸細等項，多有貪功圖利及無賴戳番之徒，妄挈誣陷，冤抑無伸，著問刑衙門從公研審。

按：此處所言「妄挈誣陷」可能與當時利用訟事誣陷他人的行爲有關，而「無賴戳番之徒」不一定就是指不良份子，類似這種誣陷他人的事，也有讀書人（訟師）參與。如果配合後述引文「無賴番役」一語（《神宗實錄》，頁 0026），此處也可能是指吏員，所以本文將「無賴戳番之徒」解釋爲素行不良的人，不一定就是指當地的不良份子。

《穆宗實錄》，卷三四，隆慶三年閏六月丁未條：（頁 0878）

> 巡視庫倉禮科左給事中劉繼文條議八事⋯⋯六明職掌，言内府庫藏令内臣主守，而設庫官庫吏以司收驗記籍之事，今乃招納亡賴，名爲司房書手者，恣其科索，而官吏反坐擁虛名。

按：能作司房書手者，不太可能是一般的無賴惡少，此處應指個性狡猾之人。

《神宗實錄》，卷二，隆慶六年六月癸亥條：（頁 0026）

> 一在京緝事衙門，緝獲強盜妖言姦細等項，多有無賴番役貪功網利，妄拿拷打，誣陷重罪。

《神宗實錄》，卷一三一，萬曆十年十二月癸卯條：（頁 2444～2445）

> 刑科給事中田疇言，近日門禁踈虞，衛官懈弛，每見雜員冗職出入各禁門者，⋯⋯以致奇技淫巧，視爲淵藪，無賴亡命倚爲窟宅。直軍不敢攔阻，衛官莫敢誰何。平居則假借威勢，納賄行私，遇便則竄名簿籍，鑽求官職，乞陞者陞，乞俸者俸。

按：後面所言「平居則假借威勢，納賄行私，遇便則竄名簿籍，鑽求官職，乞陞者陞，乞俸者俸」，可見此處「無賴」應指素行不良的人，否則如一般的無賴惡少，根本不可能「鑽求官職，乞陞者陞，乞俸者俸」。

《熹宗實錄》，卷三四，天啓三年五月己亥條：（頁 1753）

> 廣西道御史宋師襄追論⋯⋯如王紀、鄒元標等，或復其原官，或明爲昭雪，以爲守正之勸，⋯⋯至如無賴貲郎爲朝作合，如陸宗本、

　　莊士元等仍速行驅逐，毋爲清彌之崇。

按：在《明實錄》中，這類「無賴」的指稱大多是指大臣或與宗室往來無益的人士，而非指棍徒游手之類的人物。

　　以上無賴一詞大多是指「不習善者」，在當時地方方言中亦將「不習善者」稱爲「亡賴」。〔註3〕不過，勿把此處的「善」當成「善惡」的善，地方志是由士大夫撰寫，其「不習善」的標準是站在士大夫的觀點而言，也就是行爲不合乎當時體制者就是「不善」，就是「不務正業」，這在〈無賴的社會活動〉中有實例的說明。

二、生活無可依賴者

　　「無賴」一詞，也有「生活無可依靠」的意思，類似此類的用法，自然與前面的強橫之徒不同。

《世宗實錄》，卷三九二，嘉靖三十一年十二月壬戌條：（頁6883～6884）

　　昌化王府庶人俊（遭）以貧無賴，詐遣其妻揚氏質富人趙輻家，因誣輻以奸。

《神宗實錄》，卷三八○，萬曆三十一年正月丙寅條：（頁7153）

　　輔臣言煤利至微，煤户至苦，而其人又至多皆無賴之徒，窮困之輩。

《熹宗實錄》，卷七七，天啓六年十月丙寅條：（頁3740）

　　一二富饒之家，藉此得免民差，出之似易，而家無寸土，貧苦無賴者甚多，寧能歲辦如許。

以上三例，文中「無賴」一詞皆爲「生活清苦，無可賴以爲生」的意思，所以在引文中無賴與窮困、貧苦等詞相似。

三、行爲撒潑耍賴者

《熹宗實錄》，卷五，天啓元年正月乙酉條：（頁0237～0238）

　　先是有詔選淨身男子三千人入宮，時民間求選者至二萬餘人，蜂擁部門，喧嚷無賴，禮科都給事中李若珪恐其生變，上疏乞敕。

《神宗實錄》，卷一○○，萬曆八年五月甲戌條：（頁1983）

　　一議僧道盤詰之法，以清盜源，謂此輩驍悍亡賴，挾有盜資，而魚集鳥翔，易於哨聚。

〔註3〕　《寶山縣志》（臺北：成文出版社，清・光緒八年刊本），卷十四，風俗，方音：「亡賴：俗呼不習善者，見漢高帝紀。」，頁1622。

由以上列舉的史料，可知《明實錄》裡所表現出來明中期以後「無賴」一詞之意義，有「奸詐、刁狡、強橫之徒」、「生活無可依賴者」及「行為撒潑耍賴」等含意。「無賴」一詞在引文中的含意，或許也可做與本文不同的解釋，如「以貧無賴」本文解釋為生活無可依靠，但從另一方面，也可詮釋為因為貧窮而變成個性狡詐的人，引文並沒有確切的指出該詞的含意，故可做多種解釋，這種不確定性，使本文在解釋上也產生不少困擾，本文儘量採取前後文的對照，提出可能性較高的解釋。

《明實錄》中「無賴」一詞，三種意義的區分並非是絕對的，而是一個大概的分類，如地方無賴可能就結合了生活無可依靠、行為耍賴者等特點（詳後）。由以上所論，可知「無賴」一詞並非侷限於《辭源》所列出的三種意義，本文更就「奸詐、刁狡、強橫之徒」此一解釋加以細分，期能對明清時期的無賴（亡賴）份子做更精確的論述。

第二節　政書中所指稱的「無賴」（一）——《䜝辭》中「無賴」之意義

《䜝辭》一書為明末張肯堂所撰，〔註4〕「肯堂字載寧，天啓乙丑（五年）進士，除濬縣知縣。……此書卷首載崇禎七年成靖之莞爾集序，知其為肯堂治濬縣之書牘。此書初亦收於莞爾集中，後始單行。……一案一則，凡十二卷，計三○四則，每則大抵述案情及斷獄經過，而寓勸善懲惡之詞，蓋亦所以令世相誡也。前有目錄，舉刑犯姓名。如不屬濬縣人，則註明縣籍，問亦註明定讞罪名，末附審錄要囚參語，則輯錄重刑犯之獄詞也，俾眾人知所鑒戒，凡二十一篇。」〔註5〕由以上的敘述，可知《䜝辭》是明末地方官員所記載的判例，其中透露出來的是地方的訊息，與《明實錄》所代表的中央觀點，自然有別，所以本文嘗試整理《䜝辭》中有關「無賴」一詞的陳述，觀察兩者有那些異同？

本文將《䜝辭》中「無賴」一詞整理分類，列舉如下：

〔註4〕　明·張肯堂（天啓五年（1625）進士），《䜝辭》（臺北：臺灣學生書局，明·崇禎年原刊影印本）。本文雖將《䜝辭》中「無賴」一詞全部輯出，但為求精簡，每類型視情況取2～3例為限。

〔註5〕　明·張肯堂（天啓五年（1625）進士），《䜝辭》，敘錄。

一、奸詐、刁狡、強橫之徒，又可分爲：

1. 地方上的不良份子、惡少等

《讞辭》，卷三，高正：（頁 198～199，臺灣學生書局的頁碼）

> 特君長無賴，借童死以爲正罪，欲因圖利，故唆海使訟耳，海之致
> 討於正也。

按：君長唆訟圖利，是地方無賴的作風，有關唆訟圖利可參看〈無賴的社會活動〉一章。

《讞辭》，卷八，李孔年：（頁 462～463）

> 服賈之人，錙銖比較，向國柱峻索，國柱不堪，率無賴劉進朝、劉
> 五虎等伺其獨身偶出，奮臂叢擊。

按：地方無賴在此扮演打手的角色，此亦爲無賴的社會活動之一，可參看〈打行的社會活動〉一節。

《讞辭》，卷十，陶隨文：（頁 540～541）

> 滑人陶尚賓、陶隨文父子，皆無賴之尤也。……爲聲稍厲，尚賓率
> 子隨文突出毆之，幾至不支。〔註6〕

按：此例是陶尚賓父子因別人對他們說話大聲了點，就毆打他人，屬地方型的不良份子。

2. 泛指不良份子

《讞辭》，卷二，魏宗舜：（頁 144～150）

> 周于德，故濬人。……據于才言于德平生爲人結交無賴，蹤跡詭秘，
> 自有取死之道。

按：此處的無賴亦可能是地方性的無賴，在本文第一節中提過此種分類並非絕對，而是取較接近的意含解釋之。文中周于德生平爲人喜歡結交無賴，蹤跡詭祕，如果周氏是結交地方型的無賴份子，不至於「蹤跡詭祕」，地方無賴橫行鄉里，哪有行爲詭祕可言，所以本文將此處的「無賴」歸爲泛指不良份子。

《讞辭》，卷八，晉子志：（頁 455）

> 濬民張一貫販灰東省而回，路過大名縣之段（田童）口，孤客無侶，
> 沿途僦驢，腳夫晉子志、陳國安等故索高價，一言不合，兇毆繼之，

〔註6〕 明·張肯堂（天啓五年（1625）進士），《讞辭》，卷十，〈盧天雨〉與此例相
　　　　似。

流血被面，尚不爲止，亦橫矣哉！該縣既已正法，一貫亦願聽和，然此風不戢，則出途者，幾至無告，而無賴白徒將駸駸爲攘奪之舉矣，子志、國安，一杖無縱。

按：此處的「無賴白徒」可能指地方無賴，但根據後面的陳述語氣，本文認爲有指一般無賴游手的傾向，而非特定的個人，故將其歸在一般不良份子。

3. 形容個性狡猾或素行不良之人

《讞辭》，卷三，謝進忠：（頁192～193）

謝進忠者，滑之無賴人也。……況進忠寒乞襤縷之狀，又可一望而知爲影役乎，即其訴詞中所稱別有可托之人，其微意可概見矣。

按：由此可印證《明實錄》中常出現的「無賴番役」一詞的意思，此例是指素行不良的人擔任衙役，易被稱爲「無賴番役」，其中無賴與衙役的關係可參看〈無賴的人際關係網〉一章。

二、生活無可依賴者

《讞辭》，卷七，李大成等：（頁404～406）

第念三犯皆赤貧無賴，本縣署事非久，恐貽後來案牘之累，姑擬杖刑仍加責。

《讞辭》，卷十一，尹自訓：（頁585～586）

滑人尹自訓，其族兄爲尹自講，……然自講惟赤貧無賴，故一地兩主，以致紛爭。

按：以上兩則「赤貧無賴」一語，很明顯都是指生活沒有依靠的意思。

三、行爲撒潑耍賴者

《讞辭》，卷一，夏尚儒：（頁88～89）

船戶主順成，昔年曾裝夏尚儒之麥，中途不戒於持楫，遭風漂損，當即議還銀四十五兩，積年補償，尚欠二十七兩。止緣順成身有殘疾，己甘爲無賴人，而其子之臣，爲他客運載石灰，頗獲蠅利，尚儒之舍順成而訟之臣者，其于索逋之術甚巧也。

按：此例中，船主順成賴人二十七兩不還，使得債主告其子要求還債，這種「負而不償，許而不予」的態度，地方志中曰「賴」，〔註7〕可見無賴亦有此含意。

〔註7〕 《松江府志》（臺北：成文出版社，清‧嘉慶二十二年刊本），卷五，疆域志，

《讞辭》，卷三，梅光啓：（頁155～158）

> 東明人梅光啓與高養志，甥舅也。光啓貧而無賴，一女即鬻養志爲婢，復偵知王可觀以無子卜妾也，夤緣趙捷屬以寒修匿其前情，而許此女爲妾。……夫光啓以已售之女許人爲妾，其中已伏騙機，至若養伏莽要路則究成搶局矣。

按：梅光啓在此處雖是「貧而無賴」，但本文不解釋爲生活沒有依靠，照前後文之意，梅光啓的行爲耍賴，應可解釋爲因爲貧困而使其行爲耍賴，故歸在此類。〔註8〕

《讞辭》，卷六，李春：（頁346～347）

> 李春老而無賴，自以爲人莫予毒也，與姬方春以睚眥成隙，直入其室，橫詈不休。

按：年老而蠻橫無理，辱罵他人，認爲別人也不能對他如何，行爲撒潑耍賴，亦稱「無賴」。

四、不事生產，沒有正當職業，依賴他人養活之人

《讞辭》，卷二，郭遁：（頁110～112）

> 郭遁，郭姓子也，……乃遁實無賴，比匪呼盧，絕不事家人生產，士名久而不堪，遂并其妻王氏逐之。

按：由文中的陳述，可知在此「無賴」一詞是指稱不事生產的人。

《讞辭》，卷八，崔應秋：（頁442～445）

> 崔應秋爲崔應冬親兄，而崔子興則其父也。應冬少而無賴，經分數畝，不足當呼盧一擲。

《讞辭》，卷十一，李生春：（頁595～596）

> 劉氏者，劉標世之親妹也，標世家計頗溫，即劉氏之嫁與李生春也，嫁資亦是不薄，特是生春無賴，耀首在筒之具，不足供其一擲，夫婦遂爲貧人。

《讞辭》，卷十二，李天戶等後：（頁651～654）

> 滑民秦定國、劉永福之斃於曠野也，……查定國、永福皆無賴竇人，

方言：「負而不償，許而不予，皆曰賴。」，頁174。

〔註8〕明·張肯堂（天啓五年（1625）進士），《讞辭》，卷八，〈李學禮〉中的「貧而無賴」解釋與之同。

生爲行尸，死作腐骨，固無足怪，即宋王二氏鵠面鶉衣之形可概睹矣。

以上三例皆是不事生產，沒有正當職業的人，沒有生活收入，只有依賴他人養活，通常是不事生產的丈夫依賴妻子過活，這類人在當時也稱「無賴」。

由《萏辭》中「無賴」一詞的陳述，可知道《萏辭》中「無賴」有「狡詐之徒」、「生活沒有依靠」、「行爲要賴」及「不事生產」四種含意。兩相對照，可以清楚看出《明實錄》及《萏辭》中對無賴的定義，以「行爲狡詐的不良份子」居多數。

再細究則可看出由於《萏辭》是地方官員記載判例的書，所記載的皆是地方的人與事，故「無賴」一詞的解釋，以地方上行爲不良的人物爲多數，而《明實錄》爲記載帝王一朝所發生的事情，屬中央觀點，站在國家的立場看全國事務，故實錄中無賴的分類以泛指一般不良份子爲多，此爲兩者不一樣的地方。

另外，我們可以看到《萏辭》中「無賴」的另一種類型──不事生產，沒有正當職業，甚至專依妓女或妻子養活的人，此在《明實錄》中，看不出專指這類型的無賴，而《萏辭》中卻有不少判例的指陳，特別是針對「不事生產」此點，如前引〈卷二，郭遁條〉。

此類無賴並非全指家裡貧困之人，或許是家裡有錢，但他並不工作，沒有正當職業，不事生產，也稱無賴，而此類份子與賭博關係最密切，如前引〈卷八，崔應秋條〉。

另外，此類「無賴」既不事生產，則「吃軟飯」的情況多有所見，有依靠妓女生活的「無賴」，如《萏辭》，卷六，徐應婁：

> 徐應婁等無一而非無賴人也，先是有老娼徐一者爲水戶，丁尚賢妻
> 與其女丁二姊賣笑，東明應婁挺身執爨，呼徐一爲母。

又《萏辭》，卷八，郝宗孔：

> 清豐殷雙兵從妹殷氏，隨王三省爲娼有年矣，……三省至無賴也，
> 罪之可也，逐之可也。

此類不事生產的「無賴」，經由《萏辭》判例生動的呈現出來，這在《明實錄》是看不到的，此亦是政書史料的優點之一──可清楚、生動的了解當地的事務，而中央性的史料則趨於大規模、概略性的陳述，這也是官方寫史的侷限──無法事事細述，故惟有朝廷與地方官員兩者記載互相配合對照，才能更進一步了解明清史料中所指稱「無賴」一詞的意義。

第三節　政書中所指稱的無賴（二）──《福惠全書》中「無賴」之意義

　　《福惠全書》爲清初黃六鴻所作，〔註9〕黃六鴻爲江西省新昌縣天德鄉人，字正卿，號思齋。於順治八年考中舉人，其後於康熙十四年，轉任直隸東光縣知縣，康熙三十年，身爲會試同考官，公正不阿，隨後又被提升爲工部都給事中，所有奏摺無不詳明，清聖祖極度讚賞他能善盡職守，但兩年後，即康熙三十二年，卻辭官退隱鄉里。翌年，完成《福惠全書》，刊行於世。

　　《福惠全書》爲黃六鴻在任期間行政經驗之累積而寫成的地方官員（特別是知縣）辦事規則，〔註10〕與《讞辭》一樣是地方官員所著。《讞辭》是明末的作品，而《福惠全書》是清初的作品，雖然二者記載重點不一樣，前者記載判例，後者記載官員辦事規則，但其出於地方官員之手是一樣的。故本文擬以《福惠全書》中「無賴」一詞指稱的意義，比較明、清交替之際，「無賴」一詞是否有意義上的轉變，或有何異同。

　　本文將《福惠全書》中的「無賴」一詞整理分類，列舉如下：

一、奸詐、刁狡、強橫之徒，又可分爲：

1. 地方上的不良份子、惡少等

《福惠全書》，卷十一，刑名部，禁打架：（頁127～128）

> 近日吳越州邑，有等無賴少年，並糾合紳衿不肖子弟，焚香歃血。
>
> 公請教師，學習拳棒，兩臂刺繡花紋。

《福惠全書》，卷十一，刑名部，用刑：（頁131）

> 用枷者，……此刑止可施之市井無賴，若稍有顏面身家之人未可輕
>
> 試，蓋辱甚于殺，一日之辱，終身之恥也。

按：由以上可知，地方官員認爲無賴是不要顏面的，也由此可知士大夫對無賴的刻板印象，如此片面式、威權式的態度，影響了地方官員對地方無賴游手的了解。

《福惠全書》，卷二十六，教養部，立義塚：（頁314）

> 又有募人拾骸骨，一石者酬金若干，市井亡賴利其酬金，遂掘人墓

〔註9〕清・黃六鴻，《福惠全書》（臺北：九思出版社，1978）。與《明實錄》、《讞辭》二例同，爲求精簡，所舉之例略有刪減。

〔註10〕山根幸夫，《明清史籍の研究》（東京：研文出版社，1989）。

而盜取其骸。

按：地方上不良份子為求酬金，居然盜挖他人墳墓，掘出墓中遺骸領取酬金。這裡的無賴明顯是地方上的無賴游手，因為外地人的無賴人生地不熟，不可能跑去挖掘當地的墳墓。

以上三例中「無賴」都可做地方上的不良份子、惡少解。

2. 形容個性狡猾或素行不良之人

《福惠全書》，卷十一，刑名部，差拘：（頁123）

> 凡刁猾地方但有詞狀，即有無賴矜棍，包攬料理，一狀准出，便為拜浼。

按：這裡的「無賴矜棍」指的是訟師，訟師是具有傳統功名的讀書人，諸如生員、監生等，這類人包攬詞訟，操控訟事，最為地方官員憎惡，是以稱之為「無賴矜棍」，關於訟師及包攬訟事方面可參看〈無賴的人際關係網〉一章。

《福惠全書》，卷十四，刑名部，禁抄搶：（頁160）

> 一經身屍倒地，其不肖子弟，無賴親屬，勾率多人，持鎗挾棍，蜂擁兇家，衝入內室，服飾器具，櫥櫃箱籠，劫掠一空。

按：死者的家屬或親屬利用人命的藉口，強行進入仇家搶掠，是當時不良的社會風氣，這裡的「無賴親屬」應是指品性不好的人。

二、生活無可依賴者

《福惠全書》，卷十四，刑名部，莊地呈報：（頁158）

> （小字）宜于到任時，鄉約地方莊頭俱宜並設，擇有身家老成者為之，因皆有命盜之責，未可同孤窮無賴而奴隸使之者也。

由上述可知，《福惠全書》中的無賴，大部份是指地方上的不良份子而言，意義上較統一，不似《明實錄》、《菅辭》等有較多的含義，顯示進入清朝後，「無賴」一詞的指稱逐漸趨於統一。

現在將三書所指稱的「無賴」一詞含義列出，更可看出這種趨向：

	奸詐、刁狡、強橫之徒	生活無可依賴者	沒有正當職業，不事生產者	行為要賴者
《明實錄》	v	v		v
《菅辭》	v	v	v	v
《福惠全書》	v	v		

　　檢視以上所陳列的無賴史料後，可以看出在地域上，「無賴」一詞的指稱，政書等地方史料多出「不事生產，沒有正當職業」一項的意義，可見在地方上，「無賴」一詞的指稱對象較中央為廣。另外，地方比中央更能提出具體的事跡，描述無賴的活動，這對後面無賴社會行為的研究有極大的助益。

　　就時間而言，在明中晚期時，無賴尚有各種不同的意思，而入清之後，其意義似較趨一致，大部份是指不良份子，不管是地方惡少或游民所聚集的團體，只要做出當時體制不能容忍的事，如偷、騙、搶等事的人，即被稱為無賴。

　　從另一角度分析，本文所區分出的各種無賴的涵義，也可以顯示出不良份子（做不合乎當時體制或價值觀的事，也可說是在當時體制外生存的人）的各種特性。譬如有些無賴是生活無依的、不事生產的、行為要賴的，在史料中或多或少的會看到具有一、二種這種特點的「無賴」，前面也說過此種分類並非絕對的，而是視文中「無賴」一詞選擇較接近的解釋意義，所以文中生活無依者比較不可能是無賴棍徒類的人，但惡少棍徒卻可能是因為生活無依而做惡的人。

　　參照〈無賴的各種定義〉交集圖表當可更清楚的看出：不良份子的無賴或許具有生活無依、行為要賴、沒有正當職業，不事生產等特點，但我們不能說不事生產的人就是本文所要研究的不良份子（行為不被當時體制接受的人），兩者之間並非是等同的，這種觀念的的釐清，有助於界定本文研究對象的範圍。

〈無賴的各種定義〉

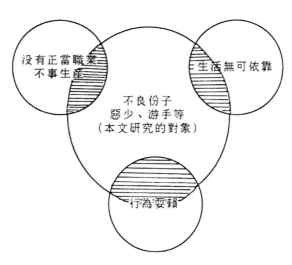

　　本文所要研究的「無賴」，便是界定在不良份子的範圍，包括地方惡少及四方游手，這些人大部份的行為都不為當時的士大夫階層所接受（參看〈無賴的社會活動〉一章），如何在士大夫既有的成見影響下的記載中，抽離出當時無賴的活動而加以重新詮釋，是本文的重要工作。而形容個性類似無賴，如《明實錄》中的「各宗無賴」，〔註11〕則不在本文的研究範圍內。

　　無賴游手在明末已有相當的數量，何良俊說：「昔日逐末之人尚少，今去農而改業為工商者，三倍於前矣。昔日原無遊手之人，今去農而遊手趨食者，又十之二三矣。大抵以十分百姓言之，已六七分去農。」，〔註12〕在北京「無賴之徒，饑寒之眾，不呼而至者，不下數萬人」，〔註13〕在南京「徒黨至數十百人，姓名聞數千百里，如曩之崔二、龔三，概可睹矣。」，〔註14〕數量皆不少。

　　到了清代，情況更為嚴重，清初朱澤澐說社會上閒人太多，十人中竟有六個人，「窮荒州縣之閒民十之六」，〔註15〕龔自珍則說乾隆末年以來，「不士、不農、不工、不商之人，十將五六」。〔註16〕他們說的閒民是沒有正當職業的百姓，其數量之大，實在驚人。

　　地方游手無賴在當地勢力甚大，尤其是當他們勾結官方人員時，如吏員、衙役等，則產生的惡勢力更加驚人。清・順治年間，有一李應試，別名黃膘李三，勾結六部胥吏，「交結官司，役使衙蠹」，「打點衙門，包攬不公不法之事，任意興滅」，連朝廷大臣都不敢開罪他。〔註17〕像這種的大無賴並不常見，地方無賴游手在包攬詞訟方面的活動，在後面探討無賴與吏員、訟師的關係時有較詳細的論述。

　　本文所研究的明清「無賴」類似現今我們所稱的流氓，「流氓」一語是十九世紀中葉長江三角州地區，主要是上海地區開始使用的。「氓」本指平民的

〔註11〕 《明世宗實錄》（臺北：中文出版社，中央研究院歷史語言研究所校勘本），卷四八三，嘉靖三十九年七月戊午條，頁8071。

〔註12〕 明・何良俊，《四友齋叢說》（北京：中華書局，1983），卷十三。

〔註13〕 明・劉宗周（1578～1645），《劉子全書》（臺北：華文書局，清・道光刊本），卷十五，〈再申人心國勢之論以贊廟謨疏〉。

〔註14〕 明・伍袁萃（明・萬曆八年（1580）進士），《林居漫錄・前集》（臺北：偉文圖書公司），卷五。

〔註15〕 《皇朝經世文編》（臺北：國風出版社），卷二八，〈養民〉。

〔註16〕 清・龔自珍（1792～1841），《龔自珍全集》（臺北：河洛圖書出版社），第一輯，〈西域置行省議〉。

〔註17〕 《清世祖實錄》（北京：中華書局），卷七十，順治九年十二月壬戌條。

意思，清代一些無賴光棍居無定所，有「流民」、「無業流民」等稱呼，將二者結合便成爲「流氓」一詞，意思是指「流亡的下層民眾」，〔註18〕這種稱呼在光緒年間其用法已與明代的無賴相去不遠。

不過我們由《點石齋畫報》所用的詞彙，可看出在清末「無賴」與「流氓」似仍有些微的活動差異。在《點石齋畫報》中，無賴就是騙吃騙喝，或用拐騙的手段拿取他人的錢財，如在〈串吃白食〉中，就是述說無賴四人闖入三陽樓麵館，白吃白喝，囂張而去（見後附圖）。〔註19〕

另外，〈無賴攫洋〉中，描述一位婦人用錢換了金飾，一個人上前假裝聲稱婦人欠其會錢，搶了這位婦人的錢跑了出去，〔註20〕類似這樣的人在畫報中稱「無賴」。

《點石齋畫報》中所描述的「流氓」大多是拿棍棒、動手腳的，屬破壞力較強的棍徒。〈流氓兇狠〉一圖中，說這些流氓「遇事生風，藉端滋訴」，凶器皆是「利刃」一類的東西，由圖中亦可知這些流氓比無賴破壞力要來得大。〔註21〕

由清末《點石齋畫報》中可知，就行爲而言，當時的「無賴」與「流氓」二者的指稱稍有不同，但這種騙吃騙喝、持刀傷人的行爲在明與清初皆稱之爲「無賴」。《點石齋畫報》的圖畫中雖可見「無賴」、「流氓」二者些微的差異，但在知識份子眼中，二者似沒有不同，《清稗類鈔》，譏諷類，〈地棍〉條：

> 社會之於無賴惡少，律所謂地棍者，輒加以特別之名詞，雖各省不同，而皆含有譏諷之意。曰地痞，曰痞子，曰青皮，曰撥皮，曰賴皮，曰混混兒，曰混子，曰闖棍，曰打溜，曰搭流，曰打流，曰爛崽，曰泥腿，曰野仙，曰田羅漢腳，曰聊蕩，曰濫聊，曰流氓，皆是也。〔註22〕

又《清稗類鈔》，方言類，〈上海方言〉條：

〔註18〕酒井忠夫，〈中國史上の氓と流氓〉，收錄於野口鐵郎編，《中國史における亂の構圖》（東京：雄山閣，1986），頁11～34。

〔註19〕《點石齋畫報》（臺北：天一出版社），〈串吃白食〉。

〔註20〕《點石齋畫報》（臺北：天一出版社），〈無賴攫洋〉。

〔註21〕《點石齋畫報》（臺北：天一出版社），〈流氓兇狠〉。

〔註22〕清・徐珂（清・光緒間舉人），《清稗類鈔》（北京：中華書局，1984），譏諷類，〈地棍〉。

> 流氓，無業之人，專以浮浪爲事，……京師謂之混混，杭州謂之光
>
> 棍，揚州謂之青皮，名雖各異，其實一也。〔註23〕

或許是因爲「流氓」一詞在清末剛出現，這個名詞的指稱隨著時間、地點的不同而有些差異，在《點石齋畫報》中無賴與流氓有差別，但在《清稗類鈔》中則兩者是等同的，致造成《點石齋畫報》與《清稗類鈔》中對「流氓」陳述的不同。

　　綜上所論明到清初所指稱的「無賴」，到清末已漸轉變爲「流氓」一詞。不過，因「流氓」一詞出現在十九世紀中葉，並未完全取代「無賴」的稱謂，兩者在清末時混用，仍有些微的差異。由於本文研究的斷代較趨於明中期至清初，所以仍稱這些游手棍徒爲「無賴」，而不稱「流氓」。

〔註23〕清・徐珂（清・光緒間舉人），《清稗類鈔》，方言類，〈上海方言〉。

（附圖）

點石齋畫報（天一出版社）　　流氓兇橫

點石齋畫報（天一出版社）　　無賴攪洋

無賴攪洋

白晝叔肇者盜也而設計攫騙者為賊乃為有人以戰之智為盜之行者如前日小東門內東萊丹金子鋪有某婦在櫃兌換金飾哭有一人飛奔上二前大聲謂婦日昨日向爾取錢付會堅稱無有今忽有洋里物乎奮手掌婦頹取其洋向外便走謊婦羞憤亥集目突神呆房中人出以底如末明不便攔阻祇此片剃遐处及婦說明追取到已如黃鶴凌風不知去向吳方人去哉有賊智良煞

二十五

庚四

點石齋畫報（天一出版社）　　串吃白食

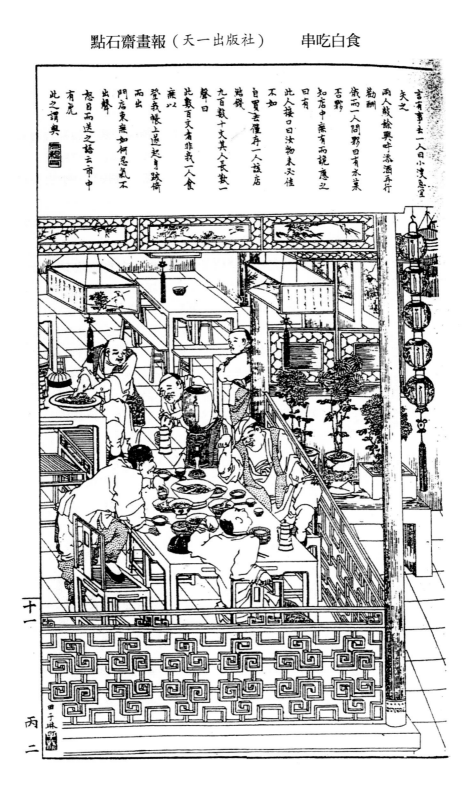

第三章　明清無賴的社會活動

研究明清無賴的社會活動對於了解明清的社會問題有很大的幫助，也可藉此了解無賴階層的行為模式。大體上，無賴的社會活動不為士大夫階層所接受，士大夫認為無賴的社會活動破壞社會秩序，對社會有不良影響，是以對無賴的行為皆大加指責，嚴厲抨擊，本文亦將就士大夫的態度進行探討。

無賴惡少或游手所呈現的社會行為很多元，本章主要依據地方志為主所整理出地方無賴游手平日集體的活動，而非突發性的事件（如民變、土匪之類）。明清無賴游手的社會活動當不止本文所論，此處僅就筆者所見之地方志為主，粗略勾勒出地方無賴的社會活動，藉由無賴的活動亦可了解明清時的社會問題。

第一節　賭博、花鼓戲

一、賭　博

無賴與賭博的關係幾乎是密不可分的，故在講述無賴的社會行為時，賭博列為第一項。明代京城的賭風流行，成化十六年朝廷頒佈京城內外不許開張賭坊的禁令，〔註1〕但明代的賭風卻在明中朝大熾，嘉靖時「游手光棍賭博者，小則飲食，大則錢鈔，即今風俗薄惡，日甚一日，雖富貴子弟皆習此風」，〔註2〕到了「萬曆之末，太平無事。士大夫無所用心，間有相從賭博

〔註1〕 明·戴金編，《皇明條法事類纂》（臺北：文海出版社），卷四四。
〔註2〕 明·田藝蘅（1524～1574？），《留青日札》（臺北：廣文書局，筆記續編），卷一，賭博。

者。至天啓中，始行馬弔之戲，而今之朝士，若江南山東，幾於無人不爲」。〔註3〕

到了清代天聰年間，皇太極曾申諭「近聞游惰之民，多以賭博爲事，夫賭博者，耗財之源，盜賊之藪也，嗣後凡以錢及貨物賭博者，概行禁止，違者照例治罪」。〔註4〕清初這股賭博的風氣應是延續自明代，雖然清初政府下令嚴禁賭博，但在乾隆年間，賭博之風仍然從南到北，由東至西，由民間至軍隊迅速蔓延開來。〔註5〕

明清的無賴既沒有正當職業，便專靠些勇力、詐、騙來維持生活，賭博便是其中之一，《埋憂集》，卷五，（鰨）餅阿六：

> （鰨）餅阿六者，邑北柵民沈氏子名鳳翔，自幼狡黠無賴，少長以賭爲業，而窩娼窩賊，無不爲也。〔註6〕

以賭詐騙是市井無賴常做的勾當，無賴在自家開賭場，當時稱「賭窩」，「所謂賭窩，皆無賴積棍專一引誘不肖子弟，市井浮浪之徒，窩頓其家」，〔註7〕無賴就「二八抽豐，利則半歸於己，俗謂之賭錢不輸家也」，用賭博的方式引誘富家子弟，藉以詐財圖利。這種「以賭爲業」的無賴往往是賭場中的主持人（開場者），《湧幢小品》，卷三十二，小匡：

> 今各鎮市中，必有魁猾，領袖無賴子，開賭博，張騙局。〔註8〕

《石門縣志》，卷十一，雜類志，風俗：

> 他若惰游之士，專恃賭博以爲生，嚚訟之流，且通隸胥而作蠹，是皆風之急宜變者。〔註9〕

在當時賭博是不被允許的，所以無賴開賭場時，常會找有力人士（往往是土豪）當靠山，公然的開賭場（無賴與土豪的關係可參看〈無賴的人際關係網〉一章），《崇明縣志》，卷四，地理志，風俗：

〔註3〕明．顧炎武（1613～1682），《日知錄》（臺北：明倫出版社），卷十六，賭博。

〔註4〕《清太宗實錄》（北京：中華書局），卷十一，天聰六年二月丁丑條。

〔註5〕魏忠，〈清朝中後期的賭博之風〉，《社會科學輯刊》1992-3，頁97～99。

〔註6〕清．朱梅叔，《埋憂集》（臺北：新興書局，筆記小說大觀本，同治十三年（1874）序），頁2056。

〔註7〕清．黃六鴻，《福惠全書》（臺北：九思出版社，1978），卷二十三，保甲部，嚴禁賭博條。

〔註8〕明．朱國禎（1557～1632？），《湧幢小品》（臺北：新興書局，筆記小說大觀本），頁5077。

〔註9〕《石門縣志》（臺北：成文出版社，清．光緒五年刊本）。

> 煙賭爲害尤烈，……博尤豪恣，村市無賴倚庇土豪，保甲公然聚賭，
> 商貫農夫輟業以嬉，不幸蹉跌，則逋租倒閉，甚至自戕，而紳士且
> 或溺焉，烏可以不懲。〔註10〕

無賴倚恃當地有勢力的土豪劣紳公然聚賭，一般民眾賭到家產散盡，甚至自殺，官員主張一定要嚴禁。當時無賴所開的賭場地點不一定，有的在熱鬧的廟口，有時還一連數十個賭場，場面相當可觀，可見當時賭風之盛，《埋憂集》，卷五，（鰡）餅阿六：

> （鰡）餅阿六者，邑北柵民沈氏子名鳳翔，自幼狡點無賴，少長以
> 賭爲業，……邑有烏將軍廟，在司馬署南半里而近，俗稱土地堂，
> 堂之前，小賭場數十，開賭者，皆其爪牙也，人呼爲堂前兵。〔註11〕

像這種在廟口等熱鬧地方開場，招徠人群聚賭，周圍常常有一些商販湊熱鬧，也擺起商品玩具陳售販賣，熱鬧之景象，使「喧嚷之聲，常聞數里」，如此亦有帶動當地經濟繁榮的作用，《定海縣志》，冊五，方俗志第十六，風俗：

> 無業游民多在廟側擺設賭具，誘人往博，抽取頭錢，而商販亦皆設
> 攤，陳列食品玩具等以逐利，喧嚷之聲，常聞數里。〔註12〕

無賴游手也有在屋內開設賭場，這種賭場有時候會遭到同是無賴索取規費的情形，當時天津市賭場的規費之取得，不像現在是強索保護費，而似是看個人的表現，《耳郵》，卷三：

> 天津市中，無賴少年往往於博場索規例錢，諸博徒亦樂應之，然其
> 始得也，頗不容易，余寓天津時，有粗作人田升，日往來於博場。
> 一日見有醉人昂然而至，上不衣，下不褲，止以尺布蔽下體，一入
> 局中，便肆口嫚罵，博徒群起，各執白木棍痛打之，然打者自打，
> 罵者自罵。至體無完膚，氣息僅屬，猶喃喃不絕口，於是群歡曰：
> 好漢，好漢。以童便飲之，又以溫水滌其血污，負而歸之開局者之
> 家，自此月有規例矣。斯人也，豈所謂北方之強者與。〔註13〕

另一開賭場的地點則是在茶肆、酒肆等人群較易聚集的地方，當時的「鄉鎮

〔註10〕《崇明縣志》（臺北：成文出版社，民國19年刊本）。

〔註11〕清・朱梅叔，《埋憂集》（臺北：新興書局，筆記小說大觀本，同治十三年（1874）序），頁2056。

〔註12〕《定海縣志》（臺北：成文出版社，民國13年鉛印本）。

〔註13〕清・羊朱翁，《耳郵》（臺北：新興書局，筆記小說大觀本，記清末年事），頁6278。

茶坊大半賭場也」，由於賭博之風盛行，使得民眾習慣在茶肆聚集，致有「十室九空」之狀，《金壇縣志》，卷一，輿地志，風俗：

> 農民則場工未畢，群聚於茶酒肆，甚者復營營於博，是以土地日瘠，
> 收斂日薄，既奢且惰，宜乎十室九空，而未有艾也。〔註14〕

又《光緒嘉定縣志》，卷八，風俗：

> 害民之事，曰花鼓戲，曰博場，博有鬥牌，有搖寶，有鬥蟋蟀，鬥
> 鵪鶉，千百輸贏。富者貧，貧者餓，作奸犯竊，率由於此鄉鎮茶坊
> 大半賭場也。〔註15〕

茶肆的功能在明末突顯出來，明末江南的茶社日益增多，在南京，「萬曆癸丑年（萬曆四十一年）新都人開一茶坊于鈔庫街」，據說這是南京城第一家茶社，被認為是「此從來未有之事」。〔註16〕迨至萬曆四十六年，又有一僧人開茶社於南京柵口，起名為「五柳居」，此後南京的茶樓、茶社日益增多，而散處江南各地星羅棋布的無數村鎮亦相繼遍設茶肆。〔註17〕《宜興荊谿縣志》，卷一，疆土，風俗記：

> 今十家之屯立茶社，一闤之肆置酒壚，閒談群飲，侈肆日萌，而害
> 人之事，顧猶非其至者。〔註18〕

明末的茶肆功能極多，不只是提供賭博場地，在明清市鎮的運行中，茶館不僅是一個飲茶聊天的處所，更重要的是市鎮社會的一個縮影，兼具信息、娛樂、賭博的多種功能，成為市鎮不可或缺的一個環節。「鄉民如市肆飲酒外，無不飲茶者。而地棍游食之徒，一日率二時踞其中，故浮浪不根之說，及圖財利、探事情，率由于此。」〔註19〕茶館在當時亦有談判、裁決的功能，「俗遇不平事，則往茶肆爭論曲直，以憑旁人聽斷，理屈者則令出茶錢以為罰，謂之吃講茶。」〔註20〕由於這是屬於常設性、固定的地點，地方上一些沒有

〔註14〕《金壇縣志》（臺北：成文出版社，民國10年刊本）。

〔註15〕《光緒嘉定縣志》（上海府縣志輯，上海書店、巴蜀書店、江蘇古籍出版社，中國地方志集成八），頁159。

〔註16〕明·周暉，《二續金陵瑣事》（臺北：成文出版社，明·萬曆三十八年刊本），上卷，〈茶坊〉，頁1036。

〔註17〕吳仁安，〈明代江南社會風尚初探〉，《社會科學家》1987-2，頁43。

〔註18〕《宜興荊谿縣志》（臺北：成文出版社，清·光緒八年刊本），頁179。

〔註19〕樊樹志，〈江南市鎮文化面面觀〉，《復旦學報》（社科版）1990-4，頁63～64。

〔註20〕《光緒羅店鎮志》。轉引自樊樹志，〈江南市鎮文化面面觀〉，《復旦學報》（社科版）1990-4，頁64。

職業的游手閒人常聚集在茶肆，遇到「吃講茶」時就不免有暴力的場面出現，《淞南夢影錄》，卷一：

> 失業工人及游手好閒之類，一言不合，輒群聚茶肆中，引類呼朋，紛爭不息。甚至擲碎碗琖，毀壞門窗，流血滿面，扭至捕房者，謂之吃講茶。〔註21〕

「吃講茶」盛行於十九世紀的上海地區，主要是一種調停的手段，晚清時儘管各茶館均懸牌大書「奉憲嚴禁講茶」，但如有流氓集團前來「吃講茶」，則只能默認，並提供方便，久而久之，有不少茶肆就成爲約定俗成的「吃講茶」地點。〔註22〕

　　茶坊之出現自然有其需要，如前所述，除人們農閒時需要有聊天休息的地方之外，茶肆也是兼具信息、娛樂、裁判的場所，但賭風大熾之後，茶坊因而成爲聚賭場所，此種因素更加速了茶坊如雨後春筍般的出現。

　　因著提供聚賭的場所，就有生意上門，無賴棍徒又沒有一技之長，所以一些沒有正當職業的人便開起茶坊來。一方面開茶坊不用特殊的技能，另一方面則是聚賭抽頭方便，使得茶坊在當時大量出現，《海寧州志稿》，卷四十，雜誌，風俗：

> 城鎮之有茶肆，始於乾隆時，今則村落之有橋亭者，無不遍設矣。清晨趨市曰喫早茶，午後曰喫晚茶，習以爲常。農工遂惰，且茶肆皆設賭具，接龍、鬥虎，無肆不然，民力日窮，賭風日熾，是不可不並禁焉。（李纂參海鹽縣志）〔註23〕

又《寶山縣志》，卷十四，風俗：

> 更有遊惰之輩，於鄉村開設茶坊，視若無甚害事，然賭博、鬥毆、演戲種種干例之事，皆由聚集坊中所致，亦當嚴禁。〔註24〕

另外由「邑無游民，故城市鄉鎮罕有茶坊酒肆」〔註25〕一語看來，更可見當時游民開茶坊的人數必定不少，此亦可解釋爲地方無賴游手多聚集在「茶

〔註21〕清·畹香留夢室編，《淞南夢影錄》（臺北：新興書局，筆記小說大觀本，光緒九年（1883）序），頁4261。

〔註22〕蘇智良、陳麗菲，《近代上海黑社會研究》（杭州：浙江人民出版社，1991），頁134～137。

〔註23〕《海寧州志稿》（臺北：成文出版社，民國11年排印本）。

〔註24〕《寶山縣志》（臺北：成文出版社，清·光緒八年刊本）。

〔註25〕《江山縣志》（臺北：成文出版社，清·同治十二年刊本），頁261，卷一，輿地志六，風俗。

坊酒肆」，致使游民（游手）少的地方，茶坊酒肆就生存不下去。當時茶坊往來的份子往往是「下等社會」的人，而無賴、游民、無業之人更是經常出入，〔註26〕這些人以茶肆作聚點，有時還「強賒白吃」，遇到婦女，尾隨其後評頭論足一番，當時稱這種游手好閒的人為「拆白黨」。《杭俗遺風》，〈拆白黨〉：

> 游手好閒之輩，不事生計，終日呼朋引類，入茶坊酒肆，強賒白吃。
> 或遇年輕女子，則走而隨其後，評頭品足，不顧廉恥者，人無以名
> 之，錫以佳號曰拆白黨。言有機可乘，類於拆稍之流氓，無事可為，
> 慣吃白食之空心大老官也。〔註27〕

茶肆演變到最後，甚至還產生有妓女坐陪的「花茶坊」，《杭州府志》，卷七十五，風俗二：

> 又有茶肆專是五奴打聚處，亦有諸行借工，賣伎人會聚，行老謂之
> 市頭。大街有三五家開茶肆，樓上專安著妓女，名曰花茶坊。（夢梁
> 錄）〔註28〕

一直到光緒年間，茶坊依舊盛行，《續纂句容縣志》，卷六下，風俗物產：

> 茶坊之盛亦在近年，舊家廳屋改而開設，入其中，座上客常滿也，
> 何處得許多閒漢。（小字：以上金鰲待徵錄　按鄉村之有茶肆自近年
> 始。）
> 按以上諸論雖不為本邑而言，然皆切中今日之流弊，故採而錄之，
> 以為轉移風氣者勸。〔註29〕

聚賭的場所，除茶坊酒肆外，還有一些是在兩地交界，三不管的地帶，進行聚賭，《松江府續志》，卷五，疆域志，風俗：

> 游手無賴之徒開場聚賭，率當兩界之交，以為兔窟，然亦有匿跡城
> 市者，少年子弟往往入其殼中，以致敗名失業。〔註30〕

賭場也有簡陋些的，便是臨河空地，較隱密的地方，《桐鄉縣志》，卷二，疆

〔註26〕鈴木智夫，〈清末江浙の茶館について〉，《歷史における民眾と文化——酒井
忠夫先生古稀祝賀記念論集——》（東京：國書刊行會，1982），頁529～540。

〔註27〕清・范祖述，《杭俗遺風》（上海：上海文藝出版社，1989，清・同治二年（1863）
序），頁98，〈拆白黨〉。

〔註28〕《杭州府志》（臺北：成文出版社，民國11年鉛印本），頁1512。

〔註29〕《續纂句容縣志》（臺北：成文出版社，清・光緒三十年刊本），頁541。

〔註30〕《松江府續志》（臺北：成文出版社，清・光緒九年刊本）。

域下，風俗：

> 北柵當江浙之交，每於臨河空曠處所，搭蓋蓬廠，晝夜聚賭。〔註31〕

像前所述廟口數十個賭場的規模，如果沒有吏員的包庇或土豪的撐腰，是不太可能如此囂張的，由於有當地勢力的保護，官府想禁也禁不了，主持賭場的無賴還揚言「區區一縣令何能爲？」。〔註32〕

　　賭風大熾的影響，甚至連士紳也親自下海開場主持聚賭，《太倉州志》，卷三，風土，風俗：

> 賭博之害已久，……近則紳士儼爲窩主，習不知非，鄉鎮倚庇衙差，
> 公然聚賭，以至私梟光蛋，百十成群，開場縱博，農人輟耒以嬉，
> 遂至抗租傾產。〔註33〕

不過這種士紳階層聚賭的規模恐怕比路旁設攤的無賴游手聚賭還大許多，史料稱其爲「大賭」，在密室裡賭的，頗類似現在的豪賭。《吳縣志》，卷五十二下，風俗二：

> 三吳賭風甚盛，其爲害亦甚烈，地方官現在查挐不過小賭，其眞正
> 大賭皆紳士富戶，深居密室，或衙門吏胥暗中包庇，役不能挐，人
> 不敢問。〔註34〕

衙役不止包庇無賴，也包庇這些聚賭的士紳，有時士紳的奴僕便是在衙門當差的衙役，〔註35〕兩者關係密切，每當官府有取締的行動時，衙役便通風報信，官府往往無功而返。衙門裡的衙役不但包庇士紳，也包庇開賭場的無賴份子，在衙役的包庇下，私梟光棍當然可以「開場縱博」了，而開場主持的無賴就得給規費，當時稱「使費」，《桐鄉縣志》，卷二，疆域下，風俗：

> 邑中之敝俗，約有數端，……一曰賭棍，習俗好賭，而有棍徒之恃
> 賭爲生者，每交通文武衙門丁胥兵役，講明使費，公然開場聚賭，
> 動輒數百人，官府即欲拿究而差役通風，聞信即散。〔註36〕

〔註31〕《桐鄉縣志》（臺北：成文出版社，清・光緒十三年刊本）。
〔註32〕清・朱梅叔，《埋憂集》（臺北：新興書局，筆記小說大觀本，同治十三年（1874）序），頁2056。
〔註33〕《太倉州志》（臺北：成文出版社，民國8年刊本）。
〔註34〕《吳縣志》（臺北：成文出版社，民國22年鉛印本）。
〔註35〕酒井忠夫，《中國善書の研究》（東京：圖書刊行會，1960）中提到「奴僕、胥吏、無賴是相互一體的關係。」，頁111。
〔註36〕《桐鄉縣志》（臺北：成文出版社，清・光緒十三年刊本）。

聚賭「動輒數百人」，與前面開「數十個賭場」的記載相對照，看來是可能的，其中的利潤應該相當可觀，給衙門人員的「使費」（規費）想必不寒酸，所以吏員才肯包庇，有著衙役的通風報信，官府當然查不到、抓不到人。而清代更有些不肖士紳利用聚賭抽頭，獲一己之利，〔註37〕這些都是造成官府取締賭博的阻力。

這些主持開場聚賭的無賴，並非衣衫襤褸，臉上寫著「我是無賴」的人，相反的，他們的外表打扮得光鮮亮麗，面貌應也長得不錯，地方志上稱「多美丈夫」，《杭州府志》，卷十九，風俗：

> 今學刀筆者工教唆，開騙局者趨賭博，好攘奪者習穿窬，是三等人
> 被服綺紈，脩然多美丈夫。〔註38〕

在當時專門設局陷害富家子弟的無賴，稱「牌九司務」，此類無賴與路邊設賭攤的無賴不同，這些人外表都修飾得很體面，光鮮耀人，易使往來的富家子弟沒有戒心，誘使富家子弟吃喝玩樂，然後設局詐賭，「至數千金，或數百金」，「務使其稱貸以償，然後已」，《淞南夢影錄》，卷一：

> 所惡於牌九司務者，謂其設局害人，破家蕩產也。牌九司務者何？
> 無賴少年，習成五木訣，呼盧得盧，呼雉得雉。日裝作富商大賈，
> 往來於歌樓妓院中，翩翩裘馬，照耀途人。一遇少年子弟之可欺者，
> 多方引誘……。然後脅其賭博，通宵達旦，負至數千金，或數百金，
> 則逼勒嚇詐，反顏若不相識，務使其稱貸以償，然後已。〔註39〕

無賴除了開場主持外，參加聚賭者亦有無賴份子，一群無賴在一起賭博是免不了的行為，地方志描述無賴的行為往往有「聚為賭博」〔註40〕的字眼，《嘉定縣志》，卷二，疆域考下，風俗：

> 城市無賴率尚賭博，夜聚曉散，在在成夥，釀成奸盜。〔註41〕

〔註37〕 Chang Chung-li, *The Chinese Gentry: Studies on Their Role in Nineteenth-Century Chinese Society*, University of Washington, 1955. pp.43-51.
〔註38〕《杭州府志》（臺北：成文出版社，明・萬曆七年刊本）。
〔註39〕 清・畹香留夢室編，《淞南夢影錄》（臺北：新興書局，筆記小說大觀本，光緒九年（1883）序），頁4258。
〔註40〕《青浦縣志》（臺北：成文出版社，清・光緒五年刊本），卷二，疆域下，風俗：「王志云：俗漸驕侈，婚嫁宴會率尚虛禮。又迎會演劇，會首鳩財，各村賽祭，引誘招搖，釀成竊盜。甚至跳習拳勇，聚為賭博，而財力愈耗矣。」
〔註41〕《嘉定縣志》（臺北：成文出版社，明・萬曆三十三年刊本）。

當時賭博已成風氣，參加者自然不只是無賴而已，最令當局注意的是世家子弟的加入，「破家蕩產，典妻鬻子」，家道因而中落者，不在少數，《長興縣志》，卷十四，風俗：

> 賭博之風，始不過市井惡少，近則世家子弟亦多染之，破家蕩產，典妻鬻子，至于凍餒而不悔，眞爲怪事。（張志）〔註42〕

除了世家子弟參賭外，尚有一般百姓參加，包括商賈農夫，《崇明縣志》，卷四，地理志，風俗：

> 博尤豪恣，村市無賴倚庇土豪、保甲，公然聚賭，商賈農夫輟業以嬉，不幸蹉跌，則逋租倒閉，甚至自戕，而紳士且或溺焉，烏可以不懲。〔註43〕

由「商賈農夫輟業以嬉」可以想見當時賭博的人應是不少，再由「公然開場聚賭，動輒數百人」〔註44〕、「百十成群，開場縱博」〔註45〕等字句看來，當時賭風大熾，對地方風氣影響甚深。

　　開場的無賴沒有正當職業，聚賭是其維生的方式，所以詐賭、誘賭的事時有所見，尤其是對世家子弟、富家子弟，士大夫往往稱爲「良家子弟」，這類富家子弟被設局詐賭後，如無力償還，則易與無賴游手混在一起，最後就成爲其中的一份子（參看〈淺論無賴的社會階層流動〉一章）。《吳縣志》，卷五十二下，風俗二：

> 無賴棍徒引誘富豪子弟，一副之內，動經數千，一夕之間，輸輒盈萬，夜以繼日，叫呼若狂，主僕混雜，上下無分，姦淫竊盜乘間而起，眞可痛恨。……良善子弟流入無賴匪徒，皆由賭博。〔註46〕

有些「良家子弟」本身如果又喜歡喝酒賭博，雙方一拍即合，《重修常昭合志》，卷六，風俗志：

> 近多游手好閒棍徒打降，不事恆業，專一鉤引良家子弟，視其所好，曲意趨承。如性耽酣酒賭博者，則以麴蘗呼盧誘之。〔註47〕

〔註42〕《長興縣志》（臺北：成文出版社，清・嘉慶十年刊本）。
〔註43〕《崇明縣志》（臺北：成文出版社，民國13年修，民國19年刊本）。
〔註44〕《桐鄉縣志》（臺北：成文出版社，清・光緒十三年刊本），卷二，疆域下，風俗。
〔註45〕《太倉州志》（臺北：成文出版社，民國8年刊本），卷三，風土，風俗。
〔註46〕《吳縣志》（臺北：成文出版社，民國22年鉛印本）。
〔註47〕《重修常昭合志》（臺北：成文出版社，清・光緒三十年刊本）。

無賴為維持富家子弟聚賭詐財，無所不用其極，有一種叫「花賭」的方式，用花船演習女戲，專門引誘良家子弟上門賭博，《桐鄉縣志》，卷二，疆域下，風俗：

> 邑中之敝俗，約有數端，……一曰賭棍，習俗好賭，而有棍徒之恃賭為生者，……北柵當江浙之交，每於臨河空曠處所，搭蓋蓬廠，晝夜聚賭，並招徠蘇常一帶花船演習女戲，名曰花賭，引誘良家子弟。〔註48〕

另外，尚有類似「花賭」者，在賭局中安排一二位女子，引誘富家子弟入賭局，名曰：「擺攤盤」，《北東園筆錄四編》，卷六，擺攤盤：

> 揚州賭風最盛，近日有搖攤之戲，官與商每合而為一，以貲財角勝負，……甚至有誘賭之局，外張筵席，中蓄裙釵，名曰擺攤盤。……近有商夥某甲者，家設攤盤，誘人子弟，破人家貲者，亦不可數計。……某甲於攤盤中每年必購一二少婦居中作餌。〔註49〕

除了一般的賭博外，游手無賴為迎求富家子弟的需求或刺激富家子弟的賭性，也有鬥蟋蟀或鬥鵪鶉的賭法，前者稱為「秋興」，後者則稱為「冬興」，《南匯縣志》，卷二十，風俗志：

> 鄉鎮游手每以秋末冬初開場鬥蟋蟀，名曰秋興。既罷，則鬥鵪鶉，曰冬興，又曰鵪鶉圈。少年子弟多由此廢時失業。〔註50〕

鬥蟋蟀在太湖一帶尤其風行，「杭則聖因寺，蘇則瑞光寺，嘉則南橋頭，湖則北街上，聚處之最著也」，其實「無處不有，無時不鬥」，盛況空前，臺下一群人就以臺上蟋蟀的輸贏下注，《夜航船》，卷二，將軍勝負不常：

> 江浙風俗，至秋深候，以鬥蟋蟀為事，白露左右，提籠相望，結隊成群。……臺下開人並無蟲鬥，即以臺上之輸贏為輸贏，謂之貼標。鬥分籌碼，謂之花，一杖花到百杖花、千杖花，憑兩家議定，勝者得彩，不勝者輸金，無詞費也。〔註51〕

〔註48〕《桐鄉縣志》（臺北：成文出版社，清·光緒十三年刊本）。

〔註49〕清·梁恭辰，《北東園筆錄四編》（臺北：新興書局，筆記小說大觀本，清·道光壬寅（1842）序），頁5238～5239。

〔註50〕《光緒南匯縣志》（上海府縣志輯，上海書店、巴蜀書店、江蘇古籍出版社，中國地方集成五），卷二十，風俗，頁900。而《南匯縣志》（臺北：成文出版社，民國16年重刊本），頁1440。亦有載。

〔註51〕清·破額山人，《夜航船》（臺北：新興書局，筆記小說大觀本，清·嘉慶庚申（1800）序），頁360～361。

鬥蟋蟀相傳始自宋明，入清後才流爲賭具，故在清代有專門從事養蟋蟀者，以提供這種賭局的需求，《螢窗異草三編》，卷四，鬥蟋蟀：

> 促織之戲，肇自宋明，沿及近世以來，遂流爲賭具，日出爲市，好
> 事者多從之，……都人有楊姓者，專其利十餘稔矣，生子頗聰慧，
> 貌且秀美，楊故習於市井，不使讀書，日惟攜貲從己游。因而蟲之
> 材力，蟲之性情，靡不知，耳濡而目染，童而習之，較乃父爲尤勝
> 焉。〔註52〕

鬥鶉鶉的則稱鶉鶉圈，開賽的時間爲秋末冬初，富家子弟、無賴游手耽溺其中，故有「廢時失業」〔註53〕之語。鶉與鶉不一樣，「無斑者爲鶉，有斑者爲鶉，但形狀類似，俱黑色」，所以就總稱其爲「鶉鶉」，「多產於滬上田間」，〔註54〕每鬥一次謂之一圈，所以稱開圈，這種開圈其實與賭無異，《太倉州志》，卷三，風土，風俗：

> 游手無賴於秋間設局，爲鬥蟋蟀之戲，謂之開插。以紙花爲籌標決
> 勝負，冬則易爲鬥鶉鶉，謂之開圈，與賭無異。〔註55〕

鬥蟋蟀及鬥鶉鶉在太湖一帶相當風行，有人描寫上海盛行的風氣，曰「輕平蟋蟀重平銀，結伴登場秋興新，拋去花枝纏歇手，提囊又約鬥鶉鶉」，〔註56〕而這些鬥蟋蟀、鬥鶉鶉的人是「十市三鄉閒少年」，深刻的描繪出當時盛行的賭風。

清代賭風猖獗的原因，陳宏謀認爲有兩點，一是消遣，一是圖利。賭博是在民間智力、機遇性競技游藝基礎上產生的，具有刺激性與趣味性，人們往往以游藝開始，然後轉爲賭博。〔註57〕不只官方主張嚴禁，一般的士大夫更是主張嚴禁，除了社會經濟的因素外，尚有禮教社會下的尊卑堅持，認爲在賭桌上主僕不分，混雜在一起，使得「姦淫竊盜乘間而起」，《吳縣志》，卷五十二下，風俗二：

〔註52〕 清·長白浩歌子，《螢窗異草三編》（臺北：新興書局，筆記小說大觀本，清·光緒三十一年（1905）序），頁 1735～1739。

〔註53〕 《川沙廳志》（臺北：成文出版社，清·光緒五年刊本），卷一，疆域志，風俗，頁 74。

〔註54〕 清·王韜，《瀛壖雜志》（臺北：華文書局，清·同治五年刊本），卷一，頁 38。

〔註55〕 《太倉州志》（臺北：成文出版社，民國 8 年刊本）。

〔註56〕 清·王韜，《瀛壖雜志》（臺北：華文書局，清·同治五年刊本），卷一。

〔註57〕 馮爾康、常建華，《清人社會生活》（天津：天津人民出版社，1990），頁 283～291。

> 民生於勤，荒於嬉，故禮有游墮之罰律，嚴賭博之禁，……無賴棍
> 徒引誘富豪子弟，一副之內，動經數千，一夕之間，輸輒盈萬，夜
> 以繼日，叫呼若狂，主僕混雜，上下無分，姦淫竊盜乘間而起，眞
> 可痛恨。〔註58〕

士大夫痛恨賭博的程度，甚至到了賭酒食亦要懲罰的地步，《長興縣志》，卷
十四，風俗：

> 賭博之禁，新奉部檄通飭，凡鬥馬、吊打、混江與賭博同科，即賭
> 酒食者亦杖儆無赦。〔註59〕

還有些士大夫不是以既有的社會問題來主張嚴禁賭博，而是以假設性的口
氣，既定的刻板印象──凡游手就是不好的，就是滋事之徒，以「遊手遊食
之人未必非作奸犯科之徒」的說詞反對賭博的存在，《龍游縣志》，卷三十五，
文徵三：

> 今龍邑之民，力田者固多，而游墮賭博者亦復不少，三五成群，聚
> 散不常，以窩賭爲窟穴，以良家爲魚肉，似此遊手遊食之人未必非
> 作奸犯科之徒，此賭博之所當亟爲嚴禁者一也。〔註60〕

由以上所述，足以證明士大夫階層對賭博的態度是一致的，皆主張嚴禁，而
嚴禁的原因有社會、經濟、尊卑秩序、對游手的刻板印象等，但就如大部份
的「惡俗」一樣，士大夫痛斥指責這種風氣，卻沒有用一種關心的態度，探
討其發生及風行的原因，只看到表象的壞處，就一味的主張打壓嚴禁，如此
非但不能解決問題，反而阻礙了對問題的了解。

二、花鼓戲

　　花鼓戲乃是指無賴棍徒、婦女演唱淫詞藉以營生的一種行爲，而主要操
縱者或合作者則爲無賴游手階層，所以花鼓戲也是明清地方無賴的社會行爲
之一。由於演此戲者有些爲「聚賭窩匪」之徒，「以故淫戲一開，賭風日甚」，
〔註61〕故將花鼓戲與賭博列爲同一節陳述。

〔註58〕《吳縣志》（臺北：成文出版社，民國22年鉛印本）。

〔註59〕《長興縣志》（臺北：成文出版社，清・嘉慶十年刊本）。另外，《長興縣志》
　　　　（臺北：成文出版社，清・同治十三年修，清・光緒十八年增補刊本），卷十
　　　　六，風俗。及《湖州府志》（臺北：成文出版社，清・同治十三年刊本），卷
　　　　二十九，輿地略，風俗，亦有載。

〔註60〕《龍游縣志》（臺北：成文出版社，民國14年鉛印本）。

〔註61〕清・吳雲，《得一錄》（臺北：華文書局，清・同治八年得見齋刻本），卷十一，

　　花鼓戲的內容為《海陬冶遊錄》卷中所言：「西園隙地，男女雜坐圍聽者，謂之說因果，又有花鼓戲，皆淫媒色餌也，演者約三四人，男敲鑼，婦打兩頭鼓，和以胡琴逐板，所唱皆穢詞褻譚，賓白亦用土語，取其易曉。觀劇啜茗之餘，日斜人稀之候，結伴往聽，亦時有之，然名妓則不屑一至也」。〔註62〕

　　花鼓戲的行為者最主要是無賴份子，婦女似是被操縱的，地方志的敘述也是著重在指責無賴棍徒，《石岡廣福合志》，卷一，風俗：

> 地棍夤緣，……凡戶婚、田土、鬥毆、逼醮、花鼓戲皆若輩簸弄主
> 持。〔註63〕

另《松江府續志》，卷五，疆域志，風俗：

> 又有棍徒攜帶婦女出沒鄉鄙演唱淫詞，（小字：俗稱花鼓戲。）亦導
> 淫之弊俗也。（小字：錢學綸語新謂此風始於乾隆年）〔註64〕

又《寶山縣志》，卷十四，風俗：

> 更有不逞之徒……糾率少婦演習俚歌，謂之花鼓戲。其間設立寶場
> 抽頭分用，淫奔爬竊，雜出其間，為害甚烈，當痛懲之，以端風化。
>
> 〔註65〕

由「攜帶婦女」、「糾率少婦」等語，可判斷婦女是被動或合作的對象，並非主動者，這些少婦在當時稱「花鼓婆」，《墨餘錄》，卷三，風月談資：

> 又有花鼓婆者，日唱淫詞，因以招客。〔註66〕

也有失業的梨園子弟及流民，與土娼合作演出的，《淞南夢影錄》，卷一：

> 無業流民及梨園子弟之失業者，糾土娼數輩，薄施脂粉，裝束登場，
> 蕩態淫聲，不堪聽睹，名曰花鼓戲。〔註67〕

由上述的「演習俚歌」可知，這些表演應是相當通俗化，據此吸引民眾觀看，

　　禁止花鼓串客戲議，頁817。
〔註62〕清・玉默生，《海陬冶遊錄》（臺北：新興書局，筆記小說大觀本，清・光緒
　　　　己卯（1879）序），頁2855。
〔註63〕《石岡廣福合志》（清・嘉慶十二年刻本，即今上海市嘉定縣石岡鎮、廣福鎮，
　　　　上海書店、巴蜀書書、江蘇古籍出版社），卷一，風俗，頁544。
〔註64〕《松江府續志》（臺北：成文出版社，清・光緒九年刊本）。
〔註65〕《寶山縣志》（臺北：成文出版社，清・光緒八年刊本）。
〔註66〕清・毛祥麟，《墨餘錄》（臺北：新興書局，筆記小說大觀本，清・同治庚午
　　　　年（1870）序），頁5439～5440。
〔註67〕清・畹香留夢室編，《淞南夢影錄》（臺北：新興書局，筆記小說大觀本，清・
　　　　光緒九年（1883）序），頁4253。

至於「淫詞」可能就是棍徒們為招徠顧客所用的手段，通俗化的表演及藉著一般人「食色性也」的心理，使得觀賞花鼓戲的民眾不減，這可能是花鼓戲沿續到民國初年的原因了。〔註68〕

花鼓戲在杭州稱「打花鼓」，是女男相雜的表演，「過江年輕堂客，搽眉畫粉，穿著背心等衣，手持花鼓。又以男人扮小丑模樣，手持戲鑼，對唱對做，亦有胡琴等器，相雜成調，惟見其肉麻而已，此僅街市有之，人家中斷不做也。」，〔註69〕范祖述稱這種「打花鼓」為「傷風敗俗之戲」。另外，還有一種花鼓調，是「以花鼓戲鑼，一人獨敲獨唱，火神會夜間多見之。」〔註70〕聽這種戲調的人，大多是「下流社會人」。

花鼓戲上演的地點不一，其中和賭博一樣的就是在茶肆中，如樊樹志所提茶肆的娛樂功能，〔註71〕《光緒南匯縣志》，卷二十，風俗志：

> 鄉鄙有演唱淫詞者，或雜以婦人，曰花鼓戲。或在茶肆，或在野閒
> （間），開場聚眾，最足傷風敗俗，近因官司嚴禁暫息。〔註72〕

要不就在比較偏僻的地方，前引已提到野間，浙江的地方志則提到僻靜之處，《定海縣志》，冊五，方俗志第十六，風俗：

> 鄉間多有在僻靜之處唱演淫戲者，謂之花鼓戲，演者多甬中游民，
> 近則多演紹興之的，篤班演者常雜有嵊匪，往往為搶劫之媒，誨盜
> 誨淫，莫此為甚。〔註73〕

但與江蘇省不一樣的是，演出者多為流民，而非無賴加上婦女，根據今人研究，「鳳陽花鼓」與流民關係密切，「這種文化似可稱為乞食文化」。〔註74〕由

〔註68〕《寶山縣續志》（臺北：成文出版社，民國10年・20年鉛印本），卷五，風俗：「舊時民間惡習，如扛孀、逼醮、拆梢、打降、迎神燈會、花鼓淫戲之類，數十年來迄未少衰。」

〔註69〕清・范祖述，《杭俗遺風》（上海：上海文藝出版社，1989，清・同治二年（1863）序），〈打花鼓〉，頁52。

〔註70〕清・范祖述，《杭俗遺風》（上海：上海文藝出版社，1989，清・同治二年（1863）序），〈花鼓調〉，頁53。

〔註71〕樊樹志，《明清江南市鎮探微》（上海：復旦大學，1990），頁281。

〔註72〕《光緒南匯縣志》（上海府縣志輯，上海書店、巴蜀書店、江蘇古籍出版社，中國地方集成五），卷二十，風俗，頁901。而民國《南匯縣志》（臺北：成文出版社，民國16年重刊本）亦有載。

〔註73〕《定海縣志》（臺北：成文出版社，民國13年鉛印本）。

〔註74〕池子華，〈從「鳳陽花鼓」談淮北流民的文化現象〉，《歷史月刊》六十六期（1993），頁30。

以上引文看來，花鼓戲亦與流民有關，則鳳陽花鼓與花鼓戲之間是否有關係，
尚需要進一步的研究。

　　花鼓戲之所以選在茶肆或較偏僻的地方，或許是因為官府對這類淫戲取
締較嚴，演唱花鼓戲的營收或許不及賭場的多，也就沒錢可以收買吏員等衙
門人員，缺乏有力的靠山，加上行為不容於士大夫間，官府當然抓得緊了，
所以演唱時，有官府來查，就「跑路」到別的路口。《川沙廳志》，卷一，疆
域志，風俗：

> 各團路秋成時間，有外來男女演唱淫詞，曰花鼓戲。每十日為一排，
> 賄蔽開場，及官司訪究，又逸往別路口矣。〔註75〕

花鼓戲上演的時間多在夏秋之夜，《嘉定縣續志》，卷五，風土志，風俗：

> 花鼓戲來自東鄉，每於夏秋之夜，搭臺扮演，情節淫穢，歌詞鄙俚，
> 而鄉民甚好之，雖禁不絕，大為風俗之害。〔註76〕

花鼓戲似乎不只限於蘇松等地盛行而已，湖南亦有，《撫湘公牘》：

> 照得長沙府屬地方鄉間酬神報賽，有廟會、戲會等名目，平時捐
> 存田地穀石，預備花用，屆期復斂錢，聚眾演唱花鼓淫戲。〔註77〕

由於花鼓戲演唱淫詞，士大夫認為敗壞風俗，主張嚴禁，並一再宣稱其為地
方惡習，《江陰縣志》，卷九，風俗，遊民：

> 至搖攤聚賭，花鼓灘簧，破家傷身，傷風敗俗，尤屬四鄉惡習。
> 〔註78〕

又《光緒青浦縣志》，卷二，疆域志，風俗：

> 王志云：……邇來城鄉游手好閒之徒，驕侈彌甚，最壞者花鼓淫詞，
> 村臺淫戲。引誘子弟游蕩廢業，皆有例禁。〔註79〕

在引文中也可以看到「皆有例禁」、「官司嚴禁」、「當痛懲之」等語，可見士
大夫對花鼓戲這種俚俗加淫詞的演戲方式相當不以為然。在善會講語中還用
報應說來阻止他人點淫戲，《得一錄》，卷一，〈善會講語〉，點淫戲講語：

> 世人每喜點淫戲取樂，全不知小戲誨淫，不但得罪神明，而且為害

〔註75〕《川沙廳志》（臺北：成文出版社，清・光緒五年刊本）。
〔註76〕《嘉定縣續志》（臺北：成文出版社，民國19年鉛印本）。
〔註77〕《撫湘公牘》2，札長沙府示禁廟會廟戲改作因利局。
〔註78〕《江陰縣志》（臺北：成文出版社，清・道光二十年刊本）。
〔註79〕《光緒青浦縣志》（上海府縣志輯，上海書店、巴蜀書店、江蘇古籍出版社，
　　　　中國地方集成六），頁65。

自己，……蘇州某人每喜點小戲，自誇得意，後來其妻女皆不端，
同時跟奸夫逃走，某立時氣死，可以鑑矣。〔註80〕

賭博、花鼓戲之所以會盛行、沿續，應有其社會需求才能存在，賭博在歷代
社會都可見，原因就在人的投機心態及靠它吃飯的無賴游手。而花鼓戲則與
下面所要探討的〈迎神賽會〉一樣，具有社會娛樂的功能，所以它才能存在。
在士大夫大力抨擊下，仍是「鄉民甚好之」，地方的賽會中亦有聚眾演唱花鼓
戲的情事，可見士大夫與民眾之間的認定是有差距的。

花鼓戲在當時的鄉鎮亦相當流行，一些鄉鎮志都有記載，如「花鼓詞最
易壞人心術」〔註81〕、「害民之事曰花鼓戲」等。〔註82〕花鼓戲滿足了社會中
下階層的娛樂需求，但當時士大夫站在自己的立場，用禮教的觀點來看，自
然指花鼓戲是破壞善良風俗，力主嚴禁。而如果中下階層的民眾有留下記載
的話，說不定會指責士大夫破壞了他們日常生活中難得一見的娛樂呢。階層
不同，其需求、著眼點自然不同，可惜的是，當時的士大夫似沒有看到一般
民眾的需要，而一味的站在禮教的立場痛斥，雖說有當時的時代背景限制，
但總不免是遺憾。

第二節　迎神賽會

明清兩代一些地方在春、秋兩季時會舉辦迎神賽會，祈求風調雨順，農
耕順利。迎神賽會時，有各種演劇，吸引人潮，熱鬧非凡，迎神賽會可由「百
戲羅列」〔註83〕、「塗飾厲鬼之形，炫駭市人之目」〔註84〕等語得知當時的盛

〔註80〕　清·吳雲，《得一錄》（臺北：華文書局，清·同治八年得見齋刻本），卷一，
　　　　〈善會講語〉，點淫戲講語，頁98。
〔註81〕　《蒸里志略》（上海府縣志輯，上海書店、巴蜀書店、江蘇古籍出版社，清·
　　　　宣統二年青浦葉桐叔鉛印本，即今上海市青浦縣大蒸鎮、小蒸鎮），卷二，疆
　　　　域，風俗，頁732。
〔註82〕　《錢塘門鄉志》（上海府縣志輯，上海書店、巴蜀書店、江蘇古籍出版社，南
　　　　京大學圖書館藏抄本，即今上海市嘉定縣錢塘門鎮，民國元年序），卷一，風
　　　　俗，頁13。
〔註83〕　《蘇州府志》（臺北：成文出版社，清·光緒九年刊本），卷三，風俗，頁142。
〔註84〕　《重修常昭合志》（臺北：成文出版社，清·光緒三十年刊本），卷六，風俗
　　　　志：「錢氏陸燦曰……至若田家報賽，專以祈年祝苗，乃迎神集會，漫衍軍儀，
　　　　塗飾厲鬼之形，炫駭市人之目。或市井亡賴箕斂演劇，搆鬥傷生，最為稔虐。
　　　　又曰民畏訟而蘗生於唆訟之奸徒，性懦而受患於欺懦之拳勇，紈夸之局，於
　　　　陸博場，洗業傾家而不知悔。（錢志）」，頁227〜228。

況，爲當時缺乏休閒娛樂的農村社會注入一股活力。

迎神賽會大部份是爲求農耕順利，所以舉辦的時間大多選在農耕前後舉行，各地時間不一，有些在春一、二、三月，有些在秋七、八、九月，也有在冬十、十一月。〔註85〕而蘇松地方迎神賽會舉辦的時間應是二、三月間，《重修華亭縣志》，卷二十三，雜志上，風俗：

> 明倭亂後，每年鄉鎮二三月間迎神賽會，地方惡少喜事之人，先期聚眾搬演雜劇故事，然初猶以豐年舉之，亦不甚害。……每鎮或四日或五日乃止，日費千金。〔註86〕

又《寶山縣志》，卷十四，風俗：

> 鄉民斂錢，迎神賽會，每於三月間，解黃錢赴東嶽行宮焚納。〔註87〕

也有春、秋各舉辦一次的，《光緒嘉定縣志》，卷八，風俗：

> 俗好佞佛，春秋二季，迎神賽會，演戲出燈，幾無虛日，爭奇競勝，呼朋引類，沈酣酒食，靡費既多，正用立絀。〔註88〕

也有三月辦一次，五月再辦一次的，《阜寧縣新志》，卷十五，社會志，禮俗：

> 賭賽神會，昔以城中爲甚，三月賽東嶽會，五月賽城隍會，都天會有抬閣（以鐵竿棚小兒於上，裝扮諸戲）、高橇、鞦韆等戲靡麗爭奇，傾動遠近，自毀淫祠，此風遂絕。〔註89〕

當時一些士大夫對迎神賽會的活動不以爲然，認爲「浮夸粉飾，動多無益之費」，並不是很贊同，加上某些地方的賽會是由當地的無賴游手舉辦的，「地方惡少喜事之人，先期聚眾搬演雜劇故事」〔註90〕，當局便認爲「此皆地方無賴棍徒借祈年保賽爲名，圖飽貪腹」。《吳縣志》，卷五十二下，風俗二：

> 迎神賽會，搭臺演劇一節，耗費尤甚，釀禍更深。此皆地方無賴棍徒借祈年保賽爲名，圖飽貪腹。每至春時，出頭斂財，排門科派，

〔註85〕田仲一成，〈清代初期の地方劇について〉，《日本中國學會報》第十七集（1965），頁147。

〔註86〕《重修華亭縣志》（臺北：成文出版社，清·光緒四年刊本）。

〔註87〕《寶山縣志》（臺北：成文出版社，清·光緒八年刊本）。

〔註88〕《光緒嘉定縣志》（上海府縣志輯，上海書店、巴蜀書店、江蘇古籍出版社，中國地方集成八），卷八，風俗，頁159。

〔註89〕《阜寧縣新志》（臺北：成文出版社，民國23年鉛印本），卷十五，社會志，禮俗，頁982。

〔註90〕《重修華亭縣志》（臺北：成文出版社，清·光緒四年刊本），卷二十三，雜志上，風俗。

於田間空曠之地，高搭戲臺，鬨動遠近，男婦群聚往觀，舉國若狂，
廢時失業，田疇菜麥踩躪無遺。〔註91〕

在當時迎神賽會是農村難得的娛樂，而一般農民對舉辦這種活動也不熟悉，
反而是一些游手無賴等，因沒有正當職業而有空閒的時間來舉辦這類的活
動。當時迎神賽會熱鬧非凡，「至萬曆庚寅，各鎮演劇華麗尤甚，街道橋梁皆
用布幔以防陰雨，郡中士庶爭挈家往觀，所謂舉國若狂也」。〔註92〕

迎神賽會一次費時四日或五日，而所費金錢極多，「日費千金」、「一會之費
動以千計」，〔註93〕這些錢大多是以「挨戶斂錢」、「挨門派斂」、「逮戶斂索錢文」、
「散帖斂錢」等方式聚集的，〔註94〕也就是因為如此，迎神賽會的金錢問題受
到士大夫的攻訐與反對。地方無賴利用民眾信仰，擴大舉辦類似的活動，藉以
斂財，所費皆在數百金，甚至千金以上，《見聞雜記》，卷五，五十九：

里中故有佛會，如老人婆子輩念佛群聚而已，自萬曆辛丑，而惡少
始倡觀音會，則費在二三百金以上矣！……其明年壬寅，則風益熾，
費近五六百金，而四郊鄉村之家爭來市，上親友家看會，說者云：
共費千金。〔註95〕

可知無賴份子利用民眾信仰以斂財的行動，是無所不在的，連雪作的彌勒佛，
也可以用來斂財，《耳郵》，卷三：

某歲津門大雪，好事者戲聚雪作彌勒，低眉垂目，笑態可掬，偏袒
踞坐，大腹膨亨，右手持牟尼珠，左手持布袋，又作為侍者二人，
皆生動有致。愚夫愚婦見之，膜拜作禮，竟有以香燭供奉者，諸無
賴子，遂藉以斂錢，侈談靈異，瞻禮者眾，乃搭棚以蓋之，簷前懸
紅燈二，居然一佛殿矣。〔註96〕

因為無賴游手沒有正當的職業，要藉各種機會攢錢營生，迎神賽會便是一個
機會，無賴棍徒參與迎神賽會，花費甚鉅，藉此向當地住戶「要求分攤」，便

〔註91〕《吳縣志》（臺北：成文出版社，民國 22 年鉛印本）。
〔註92〕《重修華亭縣志》，卷二十三，雜志上，風俗。
〔註93〕《吳縣志》（臺北：成文出版社，民國 22 年鉛印本），卷五十二下，風俗二。
〔註94〕田仲一成，〈清代初期の地方劇について〉，《日本中國學會報》第十七集
　　　　（1965），頁 147。
〔註95〕明・李樂（隆慶二年（1568）進士），《見聞雜記》（臺北：新興書局，筆記小
　　　　說大觀本，明・萬曆戊戌序），頁 468。
〔註96〕清・羊朱翁，《耳郵》（臺北：新興書局，筆記小說大觀本，記清末年事），頁
　　　　6283。

成了士大夫眼中的斂財。或許其中有些棍徒的確是有心詐財，但在賽會中「百戲羅列」下，無賴怎會有錢出資，當然要向居民「募捐」，自己也可以趁機獲得合理的利潤，但這卻是迎神賽會受到士大夫詬病的原因之一。〔註97〕

　　無賴游手舉辦迎神賽會是由一人爲首，出面籌辦，稱「會首」，費盡心思，百戲羅列，以盡力吸引人潮，《蘇州府志》，卷三，風俗：

　　　吳俗信鬼巫，好爲迎神賽會，春時搭臺演戲，遍及鄉城，五六月閒

　　　（間）。……群無賴推一人爲會首，畢力經營，百戲羅列。（康熙志）

　　〔註98〕

由清代宮廷畫家徐揚所繪製的《姑蘇繁華圖》（原名《盛世滋生圖》），作品主題描繪乾隆年間江南蘇州城郊景物與商業之欣欣向榮，〔註99〕其中有一段是獅山腳下的春臺戲，〔註100〕在臺前的左側即畫面的上方，用席子搭出一架長棚，裡面都是女客，臺前則人頭攢動，濟濟軋軋，有翹首仰目的，有掇凳高立的，由這些場面看來，當時賽會的演劇的確帶給民眾難得的休閒娛樂。圖中旁邊還有一些小販藉此做些生意，可見在迎神賽會中使無賴游手、生意販子及一般民眾皆蒙其利，是一種民間的互惠行爲。

　　由於迎神賽會有大量的人潮，容易滋生各種社會問題，如「勒派良善，夥賭窩娼，留蔽盜賊」〔註101〕、賭博、竊盜、結仇、構怨等，《青浦縣志》，卷二，疆域下，風俗：

　　　王志云：……又迎會演劇，會首鳩財，各村賽祭，引誘招搖，釀成

　　　竊盜，甚至跳習拳勇，聚爲賭博，而財力愈耗矣。〔註102〕

又《吳縣志》，卷五十二下，風俗二：

〔註97〕其實這種現象在宋代就存在，可由當代文集的言論看出，如陳淳，《北溪大全集》（臺北：臺灣商務印書館四庫全書本）及程顥、程頤，《二程全書》（臺北：中華書局，四部備要本，1965）等。

〔註98〕《蘇州府志》（臺北：成文出版社，清·光緒九年刊本），頁142。

〔註99〕秉琨，《清·徐揚《姑蘇繁華圖》介紹與欣賞》（香港：商務印書館，1986），頁9。

〔註100〕清·顧祿，《清嘉錄》（國立北京大學中國民俗學會民俗叢書128，清·道光十年（1830）序），卷二，頁6，〈春臺戲〉：「二三月間，里豪市俠，搭臺曠野，……爲之春臺戲。」

〔註101〕《光緒南匯縣志》（上海府縣志輯，上海書店、巴蜀書店、江蘇古籍出版社，中國地方地集成五），卷二十，風俗，頁901。而《民國南匯縣志》（臺北：成文出版社，民國16年重刊本）亦有載。

〔註102〕《青浦縣志》（臺北：成文出版社，清·光緒五年刊本）。

> 一春祈秋報，例所不禁，聚眾賽會，酬神結會，誤農耗財。……一
> 會之費，動以千計，一年之中，常至數會，地棍藉此飽囊，平民因
> 此揭債，他如擁擠、踐踏、爭路、打降、剪綹、搶竊、結仇、搆怨、
> 命盜之案，每釀於此。〔註103〕

其中所謂的「剪綹」，就是剪人衣袖，攫取財物的行為，《杭州府志》中有詳
細的解說，就是「夾剪衫袖，以掬財物，謂之剪綹」，〔註104〕類似現今的扒手。
還有人特別挑迎神賽會的時候，趁機報仇，每每釀成命案，《定海縣志》，冊
五，方俗志第十六，風俗，賽會：

> 鄉間賽會，常有恃眾以報私仇，械鬥爭毆，釀成命案者。〔註105〕

為此士大夫大聲疾呼「市井亡賴箕斂演劇，搆鬥傷生，最為稔虐」，力主反對
的立場。另外一種社會問題並不出在棍徒無賴身上，而是參加的民眾身上，
原因是迎神賽會時人潮洶湧，有時便會產生踐人致死的慘劇，〔註106〕故士大
夫認為賽會是惡習，主張廢除，所以當有官員嚴禁迎神賽會的時候，難怪士
大夫要說「識者快之」了。〔註107〕

　　由迎神賽會中的熱鬧景象，如「舉國若狂」、「挈家往觀」等，可以知道
當時民眾參與賽會的熱烈程度，平時一成不變的農村生活是需要娛樂的，再
加上游手們的刻意經營，迎合社會中下階層的需求，滿足了一般人民的娛樂
心理，使一些走唱演戲的人生活有著落，自己也小賺一筆，何樂而不為呢？
可見迎神賽會是一種民眾間互惠的社會活動，自然是沿續不衰了，至民國初
年還有記載，《寶山縣續志》，卷五，風俗：

> 舊時民間惡習，如扛孀、逼醮、拆梢、打降、迎神燈會、花鼓淫戲
> 之類，數十年來迄未少衰。〔註108〕

士大夫與一般民眾是不同的社會階層，觀念和需求都不同，士大夫有其社會、
經濟、治安等方面的批判，歷史上的平民百姓沒有留下記載，卻以行動表達
他們的需求，所以從另一個角度看，地方無賴游手份子自有他們的社會服務

〔註103〕《吳縣志》（臺北：成文出版社，民國22年鉛印本）。

〔註104〕《杭州府志》（臺北：成文出版社，民國11年鉛印本），卷七十五，風俗二，
　　　　頁1517。

〔註105〕《定海縣志》（臺北：成文出版社，民國13年鉛印本）。

〔註106〕《杭州府志》（臺北：成文出版社，民國11年鉛印本），卷七十五，風俗二。

〔註107〕《重修華亭縣志》（臺北：成文出版社，清・光緒四年刊本），卷二十三，雜
　　　　志上，風俗。

〔註108〕《寶山縣續志》（臺北：成文出版社，民國10年・20年鉛印本）。

功能，也不全然是個負面的存在。

第三節　扛孀、打圍

一、扛孀、搶孀

　　扛孀，即是無賴棍徒與孀婦之遠親私立婚書，強迫孀婦改嫁的行爲，《光緒南匯縣志》，卷二十，風俗志：

> 孀婦再醮，皆其自願，乃有強娶孀婦者，誘其遠族，私立婚書，夜
> 率鼓樂，破門而入，挾婦升輿，謂之扛孀（欽志）。〔註109〕

搶孀則是直接搶奪孀婦賣予他人的行爲，較扛孀更不爲士大夫所接受，「鳩眾搶醮，或略（掠）賣者，此視扛孀爲尤惡，雖司牧嚴懲，未能革也」（《光緒南匯縣志》）。

　　扛孀或搶孀的情形在清道光、咸豐年間達到高峰，大概與當時戰亂，婦女多喪生，而單身男子突然激增的社會因素有關，「搶孀逼醮，清代道咸間，惡氛最烈」，〔註110〕《光緒嘉定縣志》，卷八，風俗：

> 咸豐末，婦女殉難者十八九，鄉民無室者多，遂有棍徒乘機抄醮，
> 俗謂之白螞蟻。〔註111〕

無賴棍徒之所以「扛孀」，甚至「搶孀」，背後是有金錢運作的，將孀婦嫁與他人，獲得財禮，就幾個無賴私下分了，這類的「扛孀」有販賣人口的嫌疑。不問孀婦本人意願，誘使遠族私立婚書，強娶孀婦的行爲，背後的金錢運作是誘使無賴棍徒份子扛孀的主要原因，使得逼醮都是「若輩簸弄主持」，〔註112〕《吳縣志》，卷五十二下，風俗二：

> 一鄉一鎮之中，有一二凶頑巧詐之徒，官司法不能及，鄉愚不敢與
> 較。……或遇孀婦再醮，詐分財禮，又私下說合，不問本婦願否，

〔註109〕《光緒南匯縣志》（上海府縣志輯，上海書店、巴蜀書店、江蘇古籍出版社，
　　　　　中國地方集成五），卷二十，風俗，頁901。另外，民國《南匯縣志》（臺北：
　　　　　成文出版社，民國16年重刊本）亦有載。
〔註110〕《阜寧縣新志》（臺北：成文出版社，民國23年鉛印本），卷十五，社會志，
　　　　　禮俗。
〔註111〕《光緒嘉定縣志》（上海府縣志輯，上海書店、巴蜀書店、江蘇古籍出版社，
　　　　　中國地方集成八），頁158。
〔註112〕《石岡廣福合志》（清·嘉慶十二年刻本，即今上海市嘉定縣石岡鎮、廣福鎮，
　　　　　上海書店、巴蜀書店、江蘇古籍出版社），卷一，風俗，頁544。

　　搶掠上船上轎，釀成人命。〔註113〕

另外，也有的是孀婦親族覬覦其財產，與棍徒勾結串同，強迫寡婦改嫁，《民國川沙縣志》，卷十四，方俗志：

　　年輕孀婦，飲茶茹苦，……乃有不肖親族，往往覬覦資產，串同痞
　　棍，強迫抄醮。〔註114〕

這種專門從事扛孀的無賴棍徒，當時稱爲「白螞蟻」，形容其「無孔不入，無堅不蠹」。〔註115〕扛孀、搶孀等實屬不良行爲，人賤之，故一般人也稱其爲「蟻棍」，《太倉州志》，卷三，風土，風俗：

　　鄉間有號白螞蟻者，陰與衙役朋比，覬年少孀婦，賄其親族，私立
　　婚書，乘夜破門劫出，其素願守節者亦不免爲強暴所凌。〔註116〕

又《上海縣志》，卷五，風土志，風俗：

　　白螞蟻，專爲寡婦作媒，販賣於人者，俗謂白螞蟻。甚有寡婦不願
　　適人，搶去逼醮者，謂之搶醮。〔註117〕

除了扛孀、搶孀以外，另外還有爭醮、逼醮、搶醮〔註118〕或抄醮〔註119〕等名稱，內容大約與扛孀相去不遠，《吳縣志》，卷五十二下，風俗二：

　　豐順丁中丞日昌告諭曰……前在上海道任內，查得所屬州縣各孀婦
　　每多再醮，訪察其由，薄俗所稱，名目有三，一曰爭醮，一曰逼醮，
　　一曰搶醮，皆由一種蟻棍，觑場爲心，逞其簧鼓，不願壞人名節，

〔註113〕《吳縣志》（臺北：成文出版社，民國22年鉛印本）。
〔註114〕《民國川沙縣志》（上海府縣志輯，上海書店、巴蜀書店、江蘇古籍出版社，中國地方集成七），卷十四，方俗志，頁263。
〔註115〕《民國崇明縣志》（上海府縣志輯，上海書店、巴蜀書店、江蘇古籍出版社，中國地方集成十），卷四，地理，風俗：「又蟻媒（俗稱再醮媒爲白螞蟻，言其無孔不入，無堅不蠹也）見寡婦年少，多方慫恿改醮，甚以脅迫，利其醮貲，而忍其子女流離凍餓以死，恬不爲怪，此最宜嚴禁者。」，頁530。
〔註116〕《太倉州志》（臺北：成文出版社，民國8年刊本）。
〔註117〕《上海縣志》（臺北：成文出版社，清·同治十一年刊本），頁300。《民國嘉定縣續志》，卷五，風俗，〈白螞蟻〉一項的記載與之同。
〔註118〕清·陳其元，《庸閒齋筆記》（臺北：新興書局，筆記小說大觀本，清·同治十三年（1874）序），卷十二，金余二善人：「（余）蓮村以諸生……勸人爲善，舌敝唇焦，不以爲苦，遍遊江浙地方，以因果戒人，如溺女、搶醮、淫殺諸事，諄諄誘掖勸化，人苟允之，即叩首以謝，不以爲辱。」，頁316～317。
〔註119〕《寶山縣志》（臺北：成文出版社，清·光緒八年刊本），卷十四，風俗：「里中豪橫，窺有少艾孀婦，則賄誘其族，私立婚書，糾黨結夥，昏夜入門，挾婦登輿，不問其從與否，謂之扛孀，今稱抄醮。」

祇圖快己貪婪，爲之主謀，媒說，哄誘，逼勒，⋯⋯因而喪節者有
之，或不甘被辱，因而自盡者亦有之。（同治間江蘇省例）〔註120〕
類似這種因搶醮而孀婦不從，鬧出人命者是要處以「邊衛充軍」的刑罰，〔註121〕
不過在記載中尚未發現有因鬧出人命而被處罰的無賴游手。「逼醮」有時也成
爲一種報復的手段，某甲如果故意陷害某乙，便可連絡無賴對其妻進行「逼
醮」，《淞濱瑣話》，卷十，徐太史：

> （徐太公）公竟以第二人報至，悲喜交集，忽家書至。言夫人因見
> 北榜無公名，日夜哭泣。琛兄弟更揶揄之，⋯⋯珍陰唆無賴何二以
> 僞券索欠，劫夫人醮某姓，得身價瓜分之，夫人自縊死。〔註122〕

此即是爲報復而逼醮的例子，都是無賴游手爲了獲得金錢而做的事，往往劫
騙婦女改嫁，只爲報復某人，最後鬧出人命。扛孀的惡俗甚至到了民國初年
尚存在，《寶山縣續志》，卷五，風俗：

> 舊時民間惡習，如扛孀、逼醮、拆梢、打降、迎神燈會、花鼓淫戲
> 之類，數十年來迄未少衰。〔註123〕

當時並不禁止孀婦再嫁，只要其本身願意都可再嫁，不過扛孀則不管孀婦的
意願，強迫其再嫁，在重視節操的傳統社會，當然會激起士大夫階級的憤怒，
直指其爲「殺不可恕」的匪徒，《桐鄉縣志》，卷二，疆域下，風俗：

> 搶孀賣寡，寡婦再醮，例所不禁，然必出於自願，乃近有一種棍徒，
> 專作二婚媒，人有誘拐寡婦轉鬻他方者，更有糾夥強搶逼迫成親者，
> 三貞九烈之風不能概責之鄉愚，而一經成婚，則即由夫家母家告官
> 斷離，而寡婦之節已失矣，此等匪徒實屬殺不可恕。〔註124〕

這種不問孀婦意願，強迫孀婦改嫁失節者，在傳統重名節的社會及女子無力
反抗下，往往釀成人命。爲了防止這種惡習，便有人提倡保節會來加以反制，
《阜寧縣新志》，卷十五，社會志，禮俗：

> 搶孀逼醮，清代道咸間惡氣最烈，邑人裴蔭森、孫太初等創保節會，
> 請示嚴禁，嗣因日久玩生。邑人丁慶黿、張錫蘭、趙承蝦等與山陽

〔註120〕《吳縣志》（臺北：成文出版社，民國22年鉛印本）。
〔註121〕清·徐文弼，《吏治懸鏡》（臺北：廣文書局，筆記五編），律總，頁776。
〔註122〕清·王韜，《淞濱瑣話》（臺北：新興書局，筆記小說大觀本，清·光緒丁亥
　　　　年（1887）序），頁1617。
〔註123〕《寶山縣續志》（臺北：成文出版社，民國10年·20年鉛印本）。
〔註124〕《桐鄉縣志》（臺北：成文出版社，清·光緒十三年刊本），頁89。

> 鹽城安東各縣士紳，擴爲保節聯合會，稟請漕督陸元鼎，通飭勒石，
>
> 此風漸止。〔註125〕

在十八世紀後期，專門收容清貧守節寡婦的清節堂已日漸普及，〔註126〕可顯示出當時對寡婦問題的重視，不過這種清節堂的運作並不能徹底解決當時的社會問題，搶孀並未因爲清節堂的設立而消失。〔註127〕

「扛孀」這種不問孀婦本身的意願，強迫改嫁的作法，不尊重婦女本身的意願，應該給予嚴屬的譴責。本文的疑問是爲何扛孀這種破壞禮教社會的行爲能一直進行，到「鄉人視以爲常」〔註128〕的地步，甚至沿續到了民國初年，難道民眾又以行動表達了他們的需求？但與前不同的是花鼓戲、迎神賽會是一種社會大眾互惠的行爲，而扛孀、搶孀，則只有無賴游手、親族、孀婦再嫁的夫家片面獲利，這對當時的孀婦是相當不公平的事。

二、打圍（打圈）

一般來說，傳統社會的婦女是不常拋頭露面的，偶爾外出，便是到廟裡燒香，或是看戲，當時廟口亦是無賴游手聚集的地方，無賴份子在廟口，免不了對到廟裡上香的婦女品頭論足一番，《南匯縣志》，卷二十，風俗志：

> 四月十二日爲城隍白夫人誕，商賈雲集，廟中演戲，小家婦女排坐
>
> 東西樓觀劇，浮蕩子弟評頭量足，恬不爲怪。〔註129〕

在品頭論足之餘，還有順手牽羊，「攖取釵釧」的扒手，《北東園筆錄四編》，卷二，廣東火劫：

> 粵東酬神演劇，婦女雜遝列棚以觀，名曰看臺，又曰子臺。市廛無
>
> 賴子混跡其間，斜睨竊探，恣意品評，以爲笑樂，甚有攖取釵釧者，
>
> 最爲惡俗，屢禁不悛。〔註130〕

〔註125〕《阜寧縣新志》（臺北：成文出版社，民國23年鉛印本）。

〔註126〕梁其姿，〈明末清初民間慈善活動的興起——以江浙地區爲例〉，《食貨月刊》15-7/8（1986），頁69。

〔註127〕Angela Ki Che Leung, To Chasten the Society: The Development of Widow Homes in the Ch'ing, 1773～1911,《近世家族與政治比較歷史論文集》（臺北：中央研究院近代史研究所，1992），頁424～429。

〔註128〕《松江府續志》（臺北：成文出版社，清·光緒九年刊本），卷五，疆域志，風俗。

〔註129〕《南匯縣志》（臺北：成文出版社，民國16年重刊本），頁1433。

〔註130〕清·梁恭辰，《北東園筆錄四編》（臺北：新興書局，筆記小說大觀本，清·道光壬寅（1842）序），頁5159～5161。

這種行為是當時普遍的現象，但有一種是故意包圍到廟裡上香、看戲、或出遊的婦女，被困的婦女往往不易解圍，有時無賴則趁機搶東西，當時稱打圍（或打圈）。另有一種，則是從較輕鬆戲謔的角度來描寫此一現象，無賴份子在廟門口群聚，分程度品評婦女，最漂亮的婦女受到大家圍繞的就叫「打圍」，純就此現象做風俗方面的詮釋。《夜航船》，卷四，阿瘡瘡：

> 阿瘡瘡，苦惱之聲，今作閧起之聲。……此聲盛于吳俗，吳儂輕薄，
> 游手好閒，三三兩兩，結黨成群，遇有壞事及可笑事，輒拍手齊聲
> 曰：阿瘡瘡。……至于最易瘡瘡，極喜瘡瘡者，莫過于婦女出游，……
> 一到游玩之地，若虎邱、西園、獅子林、拙政園、圓妙觀等，……
> 妝艷人自艷，人艷妝更艷。由是油頭年少，正如景星慶雲，爭先睹
> 之為快，花香蜂起，羊羶蟻集，艷者亦沾沾自喜，……而看客又分
> 名目，疾忙兜其前曰：前呼。熨貼尾其後塵曰：後擁。左右顧盼曰：
> 眉眼。合前後左右而層層繞匝者曰：打圍。散場出醜曰：阿瘡瘡。
> 〔註131〕

在此條史料中可看出作者從另一角度描述游手無賴的行為，對婦女心態也做另一種詮釋，使人有擺脫刻板禮教的感受，尤其是游手大眾齊喊「阿瘡瘡」時，場面一定相當有趣。有人對這種現象寫了一首詩云：「彌羅閣陰花爆稀，長生殿邊絲鶵飛，冶容少婦入人海，輕薄兒郎慣打圍。」。〔註132〕但是同樣的行為，在另一位作者手中，便有不同的描寫，《里乘》，卷七，記海鹿門別駕少時事：

> 保字鹿門，裔出自襄陽孟氏，先世忠毅公喬芳，……性喜任俠，負
> 氣好義，見不平事，不惜以身殉之。姑蘇玄妙觀者，一郡遊觀之藪
> 也，士女日集恆萬人，無賴惡少，見遊女少具姿首，必環而尾之，
> 甚至一人唱呵，萬聲應響，四方攢裡，將隻身婦女迫困重圍，恣意
> 戲侮，手摩足弄，無所不至，既將巾履簪珥，分劫攜去，名曰「打
> 圍」。……緣陋俗相沿既久，浸習成風，都人士為慣常，恬不為
> 怪。……君少時嘗同人捄一雛女，得免打圍之辱，其事甚快，故為

〔註131〕清‧破額山人，《夜航船》（臺北：新興書局，筆記小說大觀本，清‧嘉慶庚
申（1800）序），頁406～407。

〔註132〕清‧顧祿，《清嘉錄》（國立北京大學中國民俗學會民俗叢書128，清‧道光
十年（1830）序），卷一，頁6。

　　誌之。（後面便是事情的敘述）〔註133〕

「將巾履簪珥，分劫攜去」恐怕是打圍習俗中較具破壞性的部份，由兩條史料的對照，可以清楚的看出兩位作者之間態度的差異，《夜航船》的作者——破額山人，較站在風俗性而非道德性的立場，所以打圍的無賴游手也有其可愛的一面。但《里乘》的作者——許叔平對打圍這種行為就持一般士大夫的觀點，言詞之間大有不屑這些無賴游手擾亂秩序的行為，其朋友幫一女子脫困，作者就言「其事甚快，故為誌之」。

　　其中「恣意戲侮，手摩足弄，無所不至」一段的描寫，或許過於誇張，這些行為在現在還是很過份的舉動，相信一般人都不會視而不見，不伸出援手，更何況當時，而在當時一般人都不以為怪，可見「打圍」的程度應該還沒有到作者形容的誇張地步。

　　明末清初的社會風氣較開放，婦女喜歡裝扮自己，表現自己，到廟裡參拜，走在街上，自然希望吸引他人目光，顯示出自己的存在。「打圍」從另一角度看，何嘗不是婦女自我審美觀的肯定，但士紳階層站在封建禮教及男性威權的觀點來看此事，對於「遇此誇述於人」的婦女，就指責「寡廉鮮恥」，漠視了當時婦女的感受。

　　無賴「打圍」的社會活動記載並不多，在收集有關無賴社會活動的過程中，看到同一件事情，由不同的人記載，表現的手法不同而呈現迥然不同的立場、想法，讀者透過這些記載所想像出的景象，對無賴的感覺也必定不同。藉著「打圍」這種社會活動，可以知道無賴的行為由另一種角度去觀察，便會呈現另一種風貌，可以修正傳統士大夫對無賴游手的刻板印象。

第四節　詐　訟

　　明自中期以後，社會風俗有顯著的轉變，奢靡之風、服飾僭越、貴賤不分，而健訟的風氣也是其中之一（參看〈明中期後的健訟風氣〉一節）。當時打官司的費用很高，由《歷年記》的記載可知明末打官司的費用由數十兩到數百兩不等，相當於庶民一年的生活費用。〔註134〕清代的訴訟費也不低，還

〔註133〕清・許叔平，《里乘》（臺北：新興書局，筆記小說大觀本，清・同治十三年
　　　　（1874）序），頁6163～6166。
〔註134〕明・崇禎湖州的《沈氏農書》（百部叢書集成第24輯，學海類編228種，頁
　　　　二二）雇一個長工的費用是每年十二兩（包括工銀三兩、喫米六兩伍錢、盤

有各項衙役的需索，故諺云：「衙門向南開，有理無錢休進來。」〔註135〕當時被牽連入訟事的人家，往往蕩盡家產，所以常有「構訟破家」之語，而因著藉訟詐財的關係，無賴的活動也介入了詞訟的範疇。當時的棍徒（有稱喇虎、天罡的）因常往來訟庭，互相串連，故有「訟庭之挂搭」之稱，《淮安府志》，卷十五，風俗：

> 天啓志云棍魁串結，良善罹殃，通衢喇虎，在地天罡，賭場有相識之稱，水陸有三手之號，花市之幫閑，訟庭之挂搭，剝商剗賈，脧盡錙銖，脅勒勾攝，濾窮血髓。〔註136〕

《讞辭》中亦詳細的記載了利用人命詐財的經過，《讞辭》，卷一，艾之彥：

> 樊應元以六月十九赴白寺賣媒，而即死于二十二日，腦後一傷實致命處也，……蓋彥之以應元一死爲奇貨，先慴見中，謂路氏弟廷臣欲以人命告汝，賂錢三千可免，見中不能應其求，且謂買媒者志儒、九成也。之彥不獲逞志于見中，即欲以劉、杜爲償，而苦于無憑，遂假手仲倫，因欲并中見中耳。嗟乎！之彥於是乎不容誅矣，充其初意，不過欲恐嚇鄉愚，單肥私橐。〔註137〕

引文是艾之彥利用人命詐財的眞實案例，可知無賴只想藉人命撈一筆，《讞辭》中類似此種案例不少。〔註138〕藉人命詐財似是當時的風氣，連死者的親屬都視此爲發橫財的機會，往往兩人吵架，只要一人因故死亡，則另一人便會受到屍親抬屍上門打搶的事情，「勢同盜賊，不厭不休」，《吳縣志》，卷五十二

費一兩、農具三錢、柴酒一兩二錢）（按：岸本美緒文註18寫成十三兩，不知是否因爲版本不一樣所導致錢數的不同）。所以，打官司似乎至少也需要庶民一年的生活費。參看岸本美緒，〈清初上海的審判與調解——以《歷年記》爲例〉，《近世家族與政治比較歷史論文集》（臺北：中央研究院近代史研究所，1992）上册，頁254。

〔註135〕清代則訴訟先由代書作詞，在承發房購得官製狀紙，呈進時須納掛號，門禮、囚米諸錢，多寡時有更易，批既下，科書抄閱有費，官准受理，則差役向原訴人索發腳費，向被訴人索下樹費，管案書役復有例索，皆量貧富強弱而輕重之，故諺云：「衙門向南開，有理無錢休進來。」（《四川崇慶縣志》，民政四，頁241）。

〔註136〕《淮安府志》（臺北：成文出版社，清·乾隆十三年修，清·咸豐二年重刊本）。

〔註137〕明·張肯堂（天啓五年（1625）進士），《讞辭》（臺北：臺灣學生書局，明·崇禎年原刊影印本），頁56～60。

〔註138〕明·張肯堂（天啓五年（1625）進士），《讞辭》（臺北：臺灣學生書局，明·崇禎年原刊影印本），卷三，高正，頁198～199。

下，風俗二：

> 一民間或因小小口角，邂逅身死，並無致死情由，屍親指死者爲奇
> 貨，或抬屍上門，或鎚棒箚打，或傷器物，或搶家財，勢同盜賊，
> 不厭不休。以後如有此等，盡法重懲，枷示三月，決不輕恕。〔註 139〕

地方無賴棍徒所訛詐的對象是「里中殷而愿者」，如果「取錢不遂」，則與衙
門的吏員、衙役相勾結，「蠹役翼之」，「必飽其欲」而後已，〔註 140〕可知吏員、
差役亦涉入此種藉屍詐財的活動中。〔註 141〕

這種藉人命嚇詐他人以取財的棍徒，爲了引起地方官的注意，使訟事成
立，往往誇大其詞，故諺云：「無謊不成狀」，〔註 142〕使得政府不得不宣布因
一些事件而死亡的人不得以人命論（使案子不能成立，棍徒也就無由詐人錢
財），《長興縣志》，卷十四，風俗：

> 若乃健訟者好以假命裝頭，或睚眥之怨，輒稱寸骨寸傷，或一夫令
> 終劈捏二命三命越訴，株連破家不顧。近奉特旨，凡自縊、投河、
> 刎頸、服滷俱不得以人命論，有司不許准理，然愚民挾憤輕生，每
> 至紛訐。〔註 143〕

健訟者誇張人命的說法，是爲了遂其所願，由於藉人命詐財獲利甚多，故在
杭州便出現專門收集發生人命事件的無賴，每天分頭探聽地方的事情，一旦
有人命發生，便視爲發財的機會，已經是有組織、有目的在進行以人命詐財
的社會活動，而被害人往往傾家蕩產，《杭州府誌》，卷十九，風俗：

> 省城內外不逞之徒，結黨聯群，內推一人爲首，其黨羽每旦會於首
> 惡之家，分投探聽地方事情。一遇人命即爲奇貨，或作死者親屬，
> 或具地方首狀，或爲硬證，橫索酒食財物，稍不厭足，公行毆辱，
> 善良被其破家者，俱可指數。〔註 144〕

〔註 139〕《吳縣志》（臺北：成文出版社，民國 22 年鉛印本），頁 877。
〔註 140〕清‧汪輝祖（1731～1807），《病榻夢痕錄》（臺北：臺灣商務印書館，1980），
　　　　卷下，頁 164。
〔註 141〕清‧吳雲，《得一錄》（臺北：華文書局，清‧同治八年得見齋刻本），卷八，
　　　　〈嚴禁地保差仵人等藉屍詐擾碑文〉。
〔註 142〕清‧汪輝祖（1731～1807），《續佐治藥言》（臺北：藝文印書館，知不足齋叢
　　　　書本），〈核詞須認本意〉條。
〔註 143〕《長興縣志》（臺北：成文出版社，清‧嘉慶十年刊本）。
〔註 144〕《杭州府誌》（臺北：臺灣學生書局印行，中國史學叢書十五，明‧萬曆七年
　　　　刊刻），頁 346。

以屍圖賴人的作法，也可能是與人有仇隙，藉之陷害，或者與人爭訟，怕不能制勝，就以之搪抵，〔註145〕當然也有如上述「殺人圖賴，詐取錢財」的。另外，也有冒認屍親，誣告謀殺，又作僞證，圖賴詐財，《樂清縣志》，卷四，風俗：

> 惡少意圖索詐，……若路斃人命，冒認屍親，擇殷而噬，尤以齒牙
> 伶俐者，妄爲官證，身非在場，供狀儼同目睹。〔註146〕

因爲無賴之徒藉路斃浮屍或無親之屍向當地殷實之家詐財，當時爲了避免此類的事情，就出現了專門處理無親之屍的機構。〔註147〕

另外，尚有將虛弱老病的人先藏之密室，「以爲奇貨可居，於是巨家富室，有畔可尋，有機可投，隨斃之以爲爭端。」，〔註148〕引起爭端後，就至其家，打搶一空，藉此謀利。類似這種藉命打搶的行爲是要受罰的，首者「徙三年」，從者也要「徙二年半」，〔註149〕雖有重罰，但這種藉命打搶的行爲仍盛行於當時。

無賴倚人命發財，藉著牽連入訟事的威脅，敲詐有錢人，無賴倚人命詐財的作法，甚至到了毒害其親的地步，有些無賴迫使親人飲毒，造訪富家，毒發而死，便可以誣賴富家，加以詐財，《初月樓聞見錄》，卷八：

> 婺源董逢其，名世源，性寬厚，於物無所忤。順治四年，大祲，里
> 中無賴子，使其父先飲鴆而造逢其家，利其死，可索重賄。及入門，
> 延之上坐，忽自懟曰：吾兒誤我，我不忍死善人之門，疾趨出，踣
> 於道旁。〔註150〕

類似如此的作法在其它地方志中尚可發現，連毒害雙親都做得出來，由此可知在棍徒心中以人命詐財似是發財最便利的途徑，也是無賴光棍最大的心願。〔註151〕

〔註145〕清・黃六鴻，《福惠全書》（臺北：九思出版社，1978），卷十五，刑名部，圖賴條。

〔註146〕《樂清縣志》（臺北：成文出版社，清・光緒二十七年修，民國元年補刊本），頁913～914。

〔註147〕清・吳雲，《得一錄》（臺北：華文書局，清・同治八年得見齋刻本），卷八，收埋路斃浮屍。

〔註148〕明・許自昌，《樗齋漫錄》，卷十二。轉引自謝國楨，《明代社會經濟史料選編》（福州：福建人民出版社，1981），頁376。

〔註149〕清・徐文弼，《吏治懸鏡》（臺北：廣文書局，筆記五編），律總，頁743～735。

〔註150〕清・吳德旋，《初月樓聞見錄》（臺北：新興書局，筆記小說大觀本），頁955。

〔註151〕清・獨逸窩退士編，《笑笑錄》（臺北：新興書局，筆記小說大觀本，清・光緒五年（1879）序），卷四，蘇州笑話：「吾蘇近有一笑話，秀才與光棍經紀

　　事實上，不只是無賴藉人命詐財，官府的衙役也是一樣，藉人命取財，「若係無屍親之案，則向地主、山主、塘主、屋主及所在遠近鄰右勒派各項銀錢，甚則延及二三十里內之富戶，謂之望鄰，亦被嚇詐家竭。」，〔註152〕所以南翔鎮棲流所規條就建議「若准免地鄰到案，則地鄰無所畏懼，差保無藉詐勒索之權」。〔註153〕

　　不但無賴游手、差役藉命詐財，甚至連不肖的官老爺都以人命詐財，《北東園筆錄初編》，卷三，江都某令：

　　　　乾隆間江都某令……商家汪姓兩奴口角，一奴自縊死，汪有富名，某令以爲奇貨，命停屍於大廳，故不即驗，待其臭穢，講貨三千金，始行往驗。又語侵主人，以爲喝令，重勒詐四千金，方肯結案。

〔註154〕

由此可知發生人命在當時是很大的事情，不好擺平，嚴重的還會蕩盡家產，所以有的無賴爲了誣枉某人，甚至不惜自己服毒，釀成人命，誣陷他人，《北東園筆錄續編》，卷六，江右劉氏陰德：

　　　　劉容軒封翁，江右新昌人，以孝廉舉於鄉，豁達有大度。村中有無賴子某者，素狡點不事正業……無賴某，撲地死矣。先是某與翁有小隙，適因與人賭博，負債累累窘極，服毒而尋翁詬罵，冀以鬥毆致死，賈禍翁家，翁不較，遂技窮，毒發而死。〔註155〕

明政府爲禁止吏胥以人命誣人致罪的行爲，還交代知縣等地方官員要親自檢驗屍傷，《明世宗實錄》，卷一九五，嘉靖十五年閏十二月甲寅條：

　　　　刑部覆巡按直隸御史王暘所陳二事，一言人命以屍傷坐罪，邇者有司類不自行檢覆，委之下寮，增減多徇其私枉縱，或成於賄。〔註156〕

　　　　三人會飲，各以所志行令。經紀曰：妄想心，妄想心，但願西太湖變子密淋禽，每斤賣二十文。次至光棍曰：妄想心，妄想心，但願沈萬三打殺子人，我要詐斷伊脊梁筋。……」，頁2434。

〔註152〕劉衡，《庸吏庸言》，卷上，頁25。

〔註153〕清·吳雲，《得一錄》（臺北：華文書店，清·同治八年得見齋刻本），卷四，〈棲流〉，南翔棲流所規條。

〔註154〕清·梁恭辰，《北東園筆錄初編》（臺北：新興書局，筆記小說大觀本，清·道光壬寅（1842）序），頁4760。

〔註155〕清·梁恭辰，《北東園筆錄續編》（臺北：新興書局，筆記小說大觀本，清·道光壬寅（1842）序），頁4968～4969。

〔註156〕《明世宗實錄》（臺北：中文出版社，中央研究院歷史語言研究所校勘本），頁4121。

但在明末，不只是無賴、吏胥，連官員也想藉人命發財，以致上述所陳之事形同具文，使得有些地方「最患者莫如假命」。〔註157〕

　　無賴除了以人命詐財外，尚有在公堂上聯合串詐，使他人吃虧的事，無賴利用訟庭以詐財，報復他人，在地方志中屢見不鮮，《江陰縣志》，卷九，風俗，遊民：

　　民無職業者，放蕩不檢，……一人佯出從中恐嚇取財，或甲與丙同謀訟乙，故訟丙爲乙黨，令丙陽助而陰擠之，均謂之串詐。〔註158〕

這種藉人命詐財的行爲，背景是當時健訟的風氣，龐大的訟費及平民百姓怕惹事上身的心態，一般大都願花錢消災，使得藉人命詐財易於得逞，故也刺激了這種行爲的盛行。

　　士大夫對於無賴這種扛抬詐財的作法，當然不表贊同，主張嚴辦，官員也對「藉命勒詐」做出禁令，《紹興府志》，卷十八，風俗：

　　一禁藉命勒詐（家犯人命，惡棍乘機肆行搶奪，又有僱工病卒，屍親藉端嚇詐者，幾成惡習，甚可痛恨。乾隆五十七年嚴禁在案）〔註159〕

又《嘉慶山陰縣志》，卷十一，戶口風俗：

　　乾隆五十七年郡守李公於所禁之案，擇其尤爲民害者十條，勒石儀門，名十禁碑。……二曰藉命勒詐……各加詳註並刊入府志風俗門，後積習爲之一變。〔註160〕

但由地方志及筆記小說的記載可知，藉人命詐財的事仍時有所聞，可見當時的禁令實行的功效很有限。

　　士大夫階層對游手無賴的社會行爲，諸如賭博、花鼓戲、扛孀、詐財等大多深惡痛絕，因在士大夫眼中，無賴的行爲是破壞社會秩序，導致風俗大壞的禍首，由於士大夫對無賴的社會活動多持嚴禁的態度，以致到最後連成群的惡少也要求嚴禁，《蘇州府志》，卷八，方俗：

　　按天啓元年知縣李袁純治皋正俗，……又虞惡少成群，滋蔓難治，己廉得其狀，捕渠魁殲之，餘黨遂戢。……令深知其害，嚴禁密訪，

〔註157〕《瑧涇志稿》（上海書店、巴蜀書店、江蘇古籍出版社，民國29年活字本，即今江蘇省常熟市境內，道光十年序），卷一，風俗志，頁130。

〔註158〕《江陰縣志》（臺北：成文出版社，清·道光二十年刊本）。

〔註159〕《紹興府志》（臺北：成文出版社，清·乾隆五十七年刊本）。

〔註160〕《嘉慶山陰縣志》（臺北：成文出版社，民國25年紹興縣修志委員會校刊鉛印本），頁310～311。

刑以重典，此風少息。〔註161〕

綜上所論，無賴的社會活動包括賭博、花鼓戲、迎神賽會、扛孀、打圍、詐訟等，經由這些社會活動，我們亦可窺知明清當時的社會問題：賭博風行於鄉城之間；迎神賽會所衍生出的社會、經濟問題；扛孀顯示出當時的婚姻市場失調；打圍提供了當時的審美觀；以訟詐財則可看出當時的健訟風氣。所以由明清地方無賴棍徒的社會活動，正可看出明清社會問題的所在。

〔註161〕《蘇州府志》（臺北：成文出版社，清・光緒九年刊本），頁606。

第四章　無賴的人際關係網之一——就訟事方面論無賴與訟師、吏員的關係

第一節　明中期後風氣的轉變

　　明代社會風氣自嘉靖後出現與初期不同的社會風貌，由「儉樸淳厚」、「貴賤有等」的明初社會，經「渾厚之風少衰」的明中期社會（正統——正德），到「華侈相高」、「僭越違式」的明末社會，〔註1〕這其間風氣的轉變是漸進的。

　　明中葉社會風尚從城市到鄉村，從北方到南方（河北、山西到廣東），全國城鄉都發生了變化，變化大多從經濟發達的地區向偏遠廣大鄉村擴散，以江南蘇杭爲中心向南北傳習。〔註2〕明代社會風尚變化亦可從觀念的轉變看出，傳統「重農抑商」的觀念轉變爲「棄儒從商」，及重商思潮的出現，〔註3〕「吳中縉紳士夫多以貨殖爲急」。〔註4〕這種社會風尚，在工商業特別發達、「士大夫家，多以紡績求利，其俗勤嗇好殖，以故富庶。」〔註5〕的江南地區，因

〔註1〕　徐泓，〈明代社會風氣的變遷——以江、浙地區爲例〉，《第二屆國際漢學會議論文集（明清與近代史組）》（1989），頁137～159。

〔註2〕　陳學文，〈明代中葉民情風尚習俗及一些社會意識的變化〉，《山根幸夫教授退休記念明代史論叢》（東京：汲古書院，1990），頁1208。

〔註3〕　陳學文，〈明代中葉以來棄農棄儒從商風氣和重商思潮的出現〉，《九州學刊》3-4（1990），頁55～66。

〔註4〕　明·黃省曾（1490～1540），《吳風錄》（臺北：藝文印書館，百部叢書集成第八輯，百陵學山第二十種），頁5。

〔註5〕　明·于愼行（1545～1607），《穀山筆麈》（臺北：新興書局，筆記小說大觀本），

「得風氣之先」之故，反映尤爲突出。

明代中後期江南社會風尚的變化，最明顯、最常見的還是反映在當時江南地區士庶百姓飲食、服飾、婚嫁等社會生活各層面上，從「布衣衫褲」到「帷裳大袖」。〔註6〕隨著商品經濟日漸發達，社會風氣漸趨奢靡，如何良俊所述：「余小時見人家請客，只是果五色，肴五品而已；惟大賓或新親過門，則添蝦蟹蜆蛤三四物，亦歲中不一二次也。今尋常燕會，動輒必用十肴，且水陸畢陳。或覓遠方珍品，求以相勝。」〔註7〕

晚明奢侈淫佚的社會風尚，在江南地區，不僅南京、蘇杭等通都大邑是「俗尚日奢」，即使像浙江桐鄉縣的青鎮這樣一個彈丸之地的鄉間小鎮，奢侈之風亦盛吹猛刮：「余生長青鎮，獨恨其俗尚奢，日用會社婚葬，皆以儉省爲恥。貧人負擔之徒自不必言，妻多好飾，夜必飲酒。」〔註8〕

明代嘉靖、隆慶以後，人們的食衣住行、婚喪嫁娶方面皆發生深刻的變化。在富甲天下的江南地區，正是由於商品經濟發達繁榮，故社會上拜金之風盛吹，「金令司天，錢神桌地」，〔註9〕金錢主宰一切的情況日益嚴重，「金錢之神莫甚於今（嘉萬）之時矣」。〔註10〕

富有者突破禮制的約束，憑借金錢恣意享受之風漸開，這種變化反映在人們的服飾冠帶上尤爲明顯。以南京爲例，據史載南京的服飾在隆慶、萬曆以前猶爲樸謹，「官載忠靜冠，士戴方巾而已」，迨至萬曆時期，「殊形詭制，日異日新」。〔註11〕有工部郎每客至，必先窺來客服飾的顏色和式樣，然後披衣出對，兩個宛然合璧；有太守，每過其屋，很遠便有香氣撲鼻，窮極奢靡。〔註12〕

明代中後期這種衣冠服飾上的追求華麗之風，並非南京一地如此，江南

　　　　卷四，相鑑。
〔註6〕　明・何喬遠編（明・萬曆十四年（1586）進士），《名山藏》（臺北：成文出版社，明・崇禎十三年刊本），〈貨殖記〉。
〔註7〕　明・何良俊，《四友齋叢說》（北京：中華書局，1983，初刻於明・隆慶三年（1569），卷三十四，〈正俗一〉。
〔註8〕　明・李樂（明・隆慶二年（1568）進士），《續見聞雜記》（臺北：新興書局，筆記小說大觀本）。
〔註9〕　明・顧炎武（1613～1682），《天下郡國利病書》（臺北：藝文印書館，1977），原編第九冊。
〔註10〕　明・黃省曾（1490～1540），《五嶽山人集》，卷十一。
〔註11〕　明・顧起元（1565～1628），《客座贅語》（北京：中華書局，1987）。
〔註12〕　明・沈德符（1578～1642），《萬曆野獲編》（臺北：偉文圖書公司，1976）。

其他地方亦在在皆是：「上海生員，冬必服絨道袍，暑必用鬃巾綠傘，雖貧如思丹，亦不能免。」〔註13〕當時的蘇州城號稱「奢靡爲天下最」〔註14〕、「天下飲食衣服之侈，未有如蘇州者」，〔註15〕松江則「邇年鄙爲寒酸，貧者必用綢絹色衣，謂之薄華麗，而惡少且從典肆中覓舊服，翻改新制，與豪華公子列座。」〔註16〕而白袍烏帽的生員制服則被譏爲「米蟲」。〔註17〕吳江縣「其俗多奢少儉，有海陸之饒，商賈並輳。鶉飲饌，鮮衣服，麗棟宇，婚喪嫁娶，下至燕集，務以華縟相高」，〔註18〕浙江則「男子服錦綺，女子飾金珠，是皆僭擬無涯。」。〔註19〕在江南周圍的地區，如福建、廣東，亦有其特殊的社會風氣轉變，〔註20〕明中後期的河南在服飾飲食、婚娶喪葬及文化娛樂方面亦產生變化，由儉樸一變爲奢靡。〔註21〕

除了奢侈的風氣之外，隨著經濟能力的提升，平民有能力用財富追求自己想過的生活，「貴賤有等」的傳統社會便受到挑戰，明嘉靖後「僭越之風」日趨嚴重。娼優賤婢也穿起「細葛、紗羅」，〔註22〕連婚嫁亦是「良賤不及計，配偶不及擇」，〔註23〕以富貴相高而左舊族，「僕隸賣傭亦泰然以侈靡相雄長，往往僭禮踰分焉」，除了服飾違式僭越之外，長幼有序，尊卑有等的社會規範

〔註13〕明·范濂，《雲間據目抄》（臺北：新興書局，筆記小説大觀本，1593 年刊），卷二，記風俗。

〔註14〕清·龔煒，《巢林筆談》（臺北：新興書局，筆記小説大觀本），卷五，〈吳俗奢靡日甚〉。

〔註15〕常衣雲，《蘭舫筆記》。

〔註16〕明·范濂《雲間據目抄》（臺北：新興書局，筆記小説大觀本，1593 年刊），卷二，記風俗。

〔註17〕明·郎瑛（1487～？），《七修類稿》（臺北：新興書局，筆記小説大觀本），卷二六，辯證類，〈襴衫〉。

〔註18〕《嘉靖吳江縣志》，卷十三。

〔註19〕明·張瀚（1510～1593），《松窗夢語》（上海：古籍出版社，1986），卷七，風俗紀。

〔註20〕牛建強、汪維真，〈再論明代中後期江南地區社會風尚的變化〉，《河南大學學報》（社科版）31-1（1991），頁 73～77。及〈明代中後期江南周圍地區風尚取向的改變及其特徵〉，《東北師大學報》（哲社版）1992-1，頁 38～45。

〔註21〕王興業，〈明代中後期河南社會風尚的變化〉，《中州學刊》1989-4，頁 107～110。

〔註22〕清·葉夢珠（生於明·崇禎時，清·康熙中葉尚在世），《閱世編》（臺北：木鐸出版社，1982），卷八，頁 180～181。

〔註23〕清·龔煒，《巢林筆談》（臺北：新興書局，筆記小説大觀本），卷三，〈禮書竟同文券〉。

也受到挑戰。《客座贅語》，卷五：

> 嘉靖中年以前，猶循禮法，見尊長多執年幼禮；近來（萬曆初）蕩
> 然，或與先輩抗衡，甚至有遇輩長乘騎不下者。……正德中，士大
> 夫有號者，十有四五，雖有號，然多呼字。嘉靖來，束髮時就有號；
> 末年，奴僕輿隸俳優，無不有之。〔註24〕

明初制定倡優隸卒之子不許應科舉，在明末也遭到破壞，《林居漫錄》，卷二：

> （舊例）令甲娼優隸卒之子，不許入學；邇來法紀蕩廢，膠序之間，
> 濟濟斌斌，多奴隸子，而吳之蘇松，常浙之杭嘉湖為最盛，甚至有
> 登甲第、入翰苑獵取清華者。〔註25〕

明末傳統社會秩序崩壞後，進而使尊卑、良賤、主僕等觀念崩解，身份階級紊亂錯置的現象層出不窮。〔註26〕

　　總之，嘉靖以後，隨著商品經濟發展程度的升高，江浙大部份地區的社會風氣發生較大的變化，只有極少數偏遠土瘠的地區沒有變動，比起明代中期只有部份地區「渾厚之風亦少衰」，明代後期的轉變是既深且廣的，「華侈相尚」、「僭越違式」的現象十分普遍。〔註27〕不過，明代中後期江南社會風尚的變遷，其發展並不平衡，且只能侷限在少數城鎮，對農村地方的影響仍然有限。〔註28〕

　　除了奢侈之風、僭越之風以外，人際關係也呈現與前不同的風貌，顧炎武曾對當時人際關係的變化有一精闢的見解，「今日人情有三反，曰：彌謙彌偽，彌親彌汛，彌奢彌吝。」〔註29〕這種虛偽、勢利的態度，正是明末人與人之間關係的寫照，誠如當時一首勢利詩所描繪的：

> 看他勢利如何，諂笑腰彎與背駝。佳節大盤並大盒，良宵高宴又高
> 歌。窮來即便交情絕，事到依然謝禮多。更有一般無用處，難將書

〔註24〕明・顧起元（1565～1628），《客座贅語》（北京：中華書局，1987），卷五，〈建
業風俗記〉。
〔註25〕明・伍袁萃（明・萬曆八年（1580）進士），《林居漫錄》（臺北：偉文圖書公
司，明・萬曆間刊本），卷二。
〔註26〕森正夫，〈明末の社會關係における秩序の變動について〉，《名古屋大學文學
部三十周年記念論文集》（名古屋大學文學部出版，1978），頁135～159。
〔註27〕徐泓，〈明代社會風氣的變遷——以江、浙地區為例〉，《第二屆國際漢學會議
論文集（明清與近代史組）》（1989），頁152。
〔註28〕吳仁安，〈明代江南社會風尚初探〉，《社會科學家》（桂林）1987-2。
〔註29〕明・顧炎武（1613～1682），《日知錄》（臺北：臺灣商務印書館），卷十三。

帖送閻羅。〔註30〕

這種虛僞的風氣亦可從民間的諺謠看出，當時人形容杭州風俗好作僞的表面功夫爲「杭州風，一把蔥，花簇簇，裡頭空」，〔註31〕而好僞風俗另一表現方式爲輕譽而苟毀，不求事實眞相，道聽塗說，一人倡之，百人和之，故其時諺亦云「杭州風，會撮空，好和歹，立一宗」。〔註32〕當時除了日益澆薄的人際關係外，社會上亦充斥「爾虞我詐、弱肉強食之風」〔註33〕、官場上貪污成風，在學風上也起了變化，學者「群居終日，言不及義」，〔註34〕社會上出現一股空疏的學風，「隆、萬以後」的文風更是「佻薄」、「澆離」。〔註35〕當時太湖地區人們的文化思想、精神生活、審美觀念也起了大幅度的轉變，以前爲道學家所不齒的「異調新聲」，到明中期以後大受歡迎。〔註36〕

　　明末這股奢侈的社會風尚也延續到了清初，〔註37〕當時的官員「還朝則無席不梨園鼓吹，無招不全束矣。梨園封賞初止青蚨一二百，今則千文以爲常矣，大老至有紋銀一兩者，統計一席之費率二十金」。〔註38〕

　　飲宴方面，「明季請客，兩人合桌，碗碟不甚大，雖至二十四品而肴饌有限，至順治七、八年忽有冰盤宋碗，每碗可容魚肉二斤，豐盛華美」〔註39〕、「新樣大簋仿古大盤以爲常用，一席之費輒二三金」。〔註40〕婚嫁方面，「自行聘以及

〔註30〕清・褚人穫，《堅瓠九集》（臺北：新興書局，筆記小說大觀本，清・康熙壬申年（1692）序），卷二。

〔註31〕明・田汝成（明・嘉靖五年（1526）進士），《西湖游覽志餘》（臺北：木鐸出版社，1982），卷二十五，〈委巷叢談〉，頁 448。杜文瀾輯，《古謠諺》，卷六十四亦有載。

〔註32〕明・田汝成（明・嘉靖五年（1526）進士），《西湖游覽志餘》（臺北：木鐸出版社，1982），卷二十五，〈委巷叢談〉，頁 448。

〔註33〕陳茂山，〈試論明代中後期的社會風氣〉，《史學集刊》1989-4，頁 35。

〔註34〕明・顧炎武（1613～1682），《日知錄》（臺北：臺灣商務印書館），卷十三。

〔註35〕邵毅平，〈評《四庫全書總目》的晚明文風觀〉，《復旦學報》（社科版）1990-3，頁 52。

〔註36〕聞立鼎、王衛平，〈明清期、太湖地區の社會風潮の變遷〉，《廣島大學東洋史研究室報告》14 號（1992），頁 8。

〔註37〕吳琦，〈晚明至清的社會風尚與民俗心理機制〉，《華中師範大學學報》（哲社版）1990-6，頁 75～81。

〔註38〕清・張宸（順治、康熙年間官中書舍人），《平圃雜記》（臺北：藝文印書館，百部叢書集成三編第十三輯，庚辰叢編第六種），頁 2。

〔註39〕瞿宣穎，《中國社會史料叢鈔》（上海：上海書店，1985），上冊，頁 113。

〔註40〕中國第一歷史檔案館編，《雍正朝漢文硃批奏摺彙編》（南京：江蘇古籍出版社），雍正元年二月初十日，掌江南道事邵璿奏陳天下風俗宜同等四事摺。

奩贈，彩帛金銖，兩家羅列。內外器物，既期貴重，又求精工」，〔註41〕社會風氣在這些方面的轉變與當時的商品經濟發達繁榮有相當密切的關係。〔註42〕

晚明至清初社會風尚的傳播形式，是一種輻射式的蔓延，由中心區域向周圍地區、邊緣地區，由社會上層向社會下層，由城鎮向鄉村同時進行的。這種傳播具有雙向特性，一是伴隨城市商品經濟的擴展、商人頻繁的商業活動而傳播，一是周圍及邊緣區對中心區、下層對上層、鄉村對城市的仿效與採借。〔註43〕在社會風氣呈多方面變化的同時，健訟的風氣亦在十六世紀的江南地區蔓延開來。

第二節　明中期後的健訟風氣

關於傳統中國的審判與調解，似乎有兩種不同的看法。一種是「民間調解說」，強調宗法、村落等社會團體解決紛爭的機能，民間自有調解爭訟的功能，很少向衙門告狀，Van der Sprenkel 和仁井田陞皆持此種看法。〔註44〕另一種則批判此「民間調解說」，認爲經由縣衙門批准的訴訟案件非常多，民間調解的功能有限。〔註45〕不過兩者並非呈對立的狀態，官府雖然准狀，但私下調解仍然繼續進行著，「應把兩者作爲一個系列的整體來理解」。〔註46〕而以下有關健訟風氣的陳述，應也是支持後一種說法。

范濂的《雲間據目抄》，卷二，風俗云：「上海健訟，視華青尤甚，而海

〔註41〕 清・賀長齡，《皇朝經世文初編》（臺北：文海出版社，1972），卷六八，陳宏謀（1696～1771），〈風俗條約〉。

〔註42〕 張民服，〈明清時期商品經濟對社會生活的影響〉，《中州學刊》1991-6，頁121～124。

〔註43〕 吳琦，〈晚明至清的社會風尚與民俗心理機制〉，《華中師範大學學報》（哲社版）1990-6，頁77。

〔註44〕 Sybill van der Sprenkel, Legal Institution in Manchu China-A Sociological Analysis,University of London, 1962 。仁井田陞《中國法制史》（東京：岩波書店，1963）。

〔註45〕 David Baxbaum, Some Aspects of Civil Procedure and Practice at Trial Level in Tanshui and Hsinchu from 1789 to 1895, Journal of Asian Studies 30-2,1971。中村茂夫〈傳統中國法＝雛型說に對する一試論〉，《法政理論》12-1（1979）。

〔註46〕 滋賀秀三，〈清代州縣衙門訴訟的若干研究心得——以淡新檔案爲史料〉，《日本學者研究中國史論著選譯》（北京：中華書局，1992），第八卷，頁538。另外，岸本美緒，〈『歷年記』に見る清初地方社會の生活〉，《史學雜誌》95-6（1986），頁67～68。亦主此說。

蔡後披熾，凡民間睚眦之儺，必誣告人命，遂有賒人命之說。」〔註47〕可見
當時健訟的不只是上海一地，明末張肯堂（天啓乙丑（五年）進士，任濬縣
知縣）所撰的《嘗辭》也說：「濬故健訟」，〔註48〕可見健訟在當時的確是一
種社會風氣。

　　在姚廷遴的《歷年記》中，〔註49〕可以看出當時上海健訟的風氣，姚廷
遴是清初的吏員，所以《歷年記》可說是研究明清吏員的第一手史料，佐伯
有一就曾利用此書寫成〈明清交替期の胥吏像一班〉一文。〔註50〕根據《歷
年記》中審判的 24 個案件，岸本美緒再配合其它的地方志史料，指出明末清
初的上海是健訟之地。〔註51〕誠如《康熙上海縣志》中松江知府魯超康熙二
十二年序云：「（上海）往時號爲壯縣，其民自給自足，其士子皆好詩書能文
章。……然數十年以來，習俗稍異，民多好拳勇，樂爭鬥，又喜爲詬篇告訐，
睚眦之忿，錐刀之爭，輒舞文巧詆以虛詞瀆聽，乍閱其詞，雖皋陶聽之，以
爲死有餘辜，及訊其情，則多瞞謳誣妄，百無一實。」這種健訟的風氣直到
清末仍然持續著，「滬城類聚之民比屋雜處，時啓雀角之訟，悍俗刁風不能遽
化，蓋此習自昔已然」。〔註52〕

　　明隆慶年間任惠安知縣的葉春及，在其施政筆記《惠安政書》中提到「邇
來風俗好訟，蓋聞亂後，生理未遂，人性漸澆。或撼無證之詞，或舉已結之
牘，或窺上意，或報私仇，銖兩必爭，睚眦必報」，〔註53〕說明了明末福建的
健訟風氣。

〔註47〕明‧范濂，《雲間據目抄》（臺北：新興書局，筆記小說大觀本，1593 年刊），
　　　　卷二。
〔註48〕明‧張肯堂（天啓五年（1625）進士），《嘗辭》（臺北：臺灣學生書局，明‧
　　　　崇禎年原刊影印本），頁 1。
〔註49〕明‧姚廷遴，《歷年記》，收錄於《清代日記匯抄》（上海：人民出版社，1982，
　　　　載明‧崇禎元年至清‧康熙三十六年（1628～1697）的事情）。
〔註50〕佐伯有一，〈明清交替期の胥吏像一班〉，《中村治兵衛先生古稀記念東洋史論
　　　　叢》（東京：刀水書房，1986）。
〔註51〕岸本美緒，〈清初上海的審判與調解──以「歷年記」爲例──〉，《近世家族
　　　　與政治比較歷史論文集》（臺北：中央研究院近代史研究所，1992）上冊，頁
　　　　6。
〔註52〕清‧王韜，《瀛壖雜志》（臺北：華文書局，清‧同治五年刊本），卷一，頁
　　　　37。
〔註53〕明‧葉春及（1532～1595），《惠安政書》（福州：福建人民出版社，1987），〈鄉
　　　　約篇‧禁邪七條〉。

　　清代健訟之風在浙江等地似乎沒有衰減的跡象，如雍正帝在下令設置浙江觀風整俗使時說：

> 朕聞浙省風俗澆漓甚於他省，……專遣一官，前往浙江，省問風俗，稽察姦偽，……盡除浮薄囂凌之習，歸於謹厚，以昭一道同風之治。

〔註54〕

觀風整俗使到了浙江後，觀察的結果上奏說：

> 至杭州府所屬，惟省城、海寧二處，人情輕浮，好事健訟，不安本分，懸虛掉謊，刻薄妄誕，而省會五方雜處，姦良不一。……其嘉‧湖所屬，除安吉州、孝豐、武康二縣稍可，其餘則皆習尚囂凌，人心刁詐，貪利忘義，打降生事，窩盜為盜。更多刀筆自雄，動輒駕虛誣告，變幻百出，不能枚舉。〔註55〕

從奏摺中可以看出觀風整俗使很注意詞訟方面的事，由此亦可知浙江地區健訟的風氣至清雍正時期仍是政府急欲糾正的問題。再由其他人的奏摺看來，觀風整俗使對各地的報告或多或少都提到健訟的事，〔註56〕可知到了清初浙江及其周圍地區好打官司的風氣依然不減。

　　江蘇、浙江地區健訟的風氣，根據《大明官制大全》（1586年刊）明末全國各地行政區繁簡不一，惟有江蘇、浙江兩地全歸於繁，而在民俗部份則有「頑」、「狡悍」等形容詞出現，〔註57〕此或與當地健訟之風有關。清代在雍正九年以後實行「衝、繁、疲、難」的職缺制度，〔註58〕而根據清代吏部有關官缺的檔案，江蘇、浙江兩省的州縣衝、繁、疲、難官缺不同，不過在太湖流域周圍的州縣，似乎大多有代表「民刁俗悍」的「難」字。〔註59〕而這

〔註54〕《世宗實錄》（臺北：中文出版社，中央研究院歷史語言研究所校勘本），卷四八，雍正四年冬十月甲子條。

〔註55〕中國第一歷史檔案館編，《雍正漢文硃批諭旨》（南京：江蘇古籍出版社，1989），雍正四年十二月初二日。

〔註56〕橫山裕男，〈觀風整俗使考〉，《東洋史研究》22-3（1963），頁94～112。

〔註57〕參看和田正廣，〈明代の地方官ポストにおける身分制序列に關する一考察——縣缺の清代との比較を通じて〉，《東洋史研究》44-1（1985），頁88～89，表2〈明‧清各縣の統治上の繁簡度〉。

〔註58〕劉錚雲，〈「衝、繁、疲、難」——清代道、府、廳、州、縣等級初探〉，將發表於《史語所集刊》第六十四本第四分，蒙劉錚雲老師惠賜此文，特此致謝。

〔註59〕劉子揚，《清代地方官制考》（北京：紫禁城出版社，1988），附錄一〈全國各省府州縣官缺一覽表〉，此表是根據清吏部的兩件檔案編製的。兩件檔案皆無立檔時間，為中國第一歷史檔案館所藏，根據現存人名及任職情況考證，前

些州縣幾乎都有健訟的記載，可見江蘇、浙江兩地健訟風氣盛行。

　　前面提到明中期後風氣的變化，如奢侈之風盛行、傳統禮教秩序的崩壞等，與明中期後經濟條件的富庶有關，而健訟的風氣，似也與經濟條件有關，顧炎武撰《肇域志》時謂曰：

> 南都根本重地，應天役重賦繁，頗為難治。蘇、松、常均稱繁劇：蘇為最，松次之，常又次之。（《圖書編》卷三十六亦有）

這些賦稅繁劇的蘇、松、常地區，在明人章潢的《圖書編》中，分析江南各府州縣民風時，幾乎都是訟煩、民刁的地區：

> 應天府：勳戚豪右舉動掣肘，煩劇為最，素號難治。其屬縣……句容：沖煩好訟。溧陽：好訟頗煩。溧水：訟煩民饒。蘇州府：地肥瘠，俗淳澆相半，民富，秀而輕侈沖煩。其屬州一縣七……吳縣：訟習。常熟：沖煩民刁。太倉州：沖煩民刁。
>
> 松江府：好訟，上海尤甚。屬縣……華亭：民刁。上海：訟煩。
>
> 常州府：訟多。〔註60〕

明代自嘉靖以後，江南各地普遍有健訟的風氣，經濟繁榮因素造成「由儉入奢」的社會，由是服飾僭越，貴賤不分，傳統的禮教社會崩潰，僭越禮制、追求個性自由，〔註61〕造就自我意識與獨立意識高漲。〔註62〕或許因而鼓動人們較能打破階級意識，勇於告官，民眾控告當時鄉宦徐乾學等魚肉鄉里、荼毒人民就是一個例子。〔註63〕另一方面，經濟環境的改變使有能力應付訟費（當時的訟費並不低）的人數增加，或許也是造成健訟風氣盛行的原因之一。

　　健訟之風除了和明中期以後整個社會風氣的轉變及經濟環境富庶有關外，也或許和當時靠打官司為生的訟師的鼓動有關，《撫吳檄略》，卷一：

> 為首禁囂訟，以安民生事。……訪得此中閭巷小民，素不健訟，多係一堂積棍，包攬起滅，代告代理，居為奇貨。有一紙牽連犯證數

件應為嘉慶初年形成的，後件應形成於前件之後。

〔註60〕明・章潢（1527～1608），《圖書編》（臺北：臺灣商務印書館，文淵閣四庫全書子部二七五），卷三十六。

〔註61〕王新，〈明清時期社會風尚變革舉隅〉，《吉林大學社會科學學報》1990-3，頁43。

〔註62〕汪維真、牛健強，〈明代中後期江南地區風尚取向的更移〉，《史學月刊》1990-5，頁36。

〔註63〕〈徐乾學等被控魚肉鄉里荼毒人民狀〉，收錄於中國第一歷史檔案館編，《清代檔案史料叢編》（北京：中華書局，1980）。

十人者，有一事粧砌舛欸數十件者。〔註64〕

除訟師外，尚有一些靠別人打官司爲生的份子，如代書、扛幫無賴等，這些人對健訟風氣有一定的影響，《康熙嘉善縣志》，卷十，楊廉〈申嚴條約議〉：

> 一、嚴禁習訟。……其端有四。一、曰訟師，百計唆使，以興訟爲活計；二、曰代書，無端砌欸，以刀筆作生涯；三、曰硬證，被告並未識面，以無爲有，以是爲非；四、曰扛幫，一人告狀，隨者多兇，虛疑恐喝，嚇詐善良，甚而辣棍招搖，勢僕包攬。由是，習訟大興。〔註65〕

代書其實與訟師非常相近，有時兩者就是同一個人，「代書，類多積年訟師，慣弄刀筆」。〔註66〕最初由於健訟的風氣，打官司的人多，當時識字的人少，基於寫狀紙的需求，訟師有其正面的意義，但一些不肖的訟師爲了財利，便有包攬訟事，唆使告狀的情形產生，使健訟的情形更爲嚴重。

健訟與訟師兩者或許是互爲因果，在當時的健訟風氣下，訟師應之而起，「俗既健訟，故訟師最多」。〔註67〕也由於不肖訟師興風作浪，教唆興訟，當時政府方面大都將健訟的原因歸諸於訟師的煽惑，清代爲減少訟事，下令嚴禁訟師。清律規定：

> 訟師教唆詞訟，爲害擾民，該地方官不能查拏禁緝者，若止失於察覺，照例議處，若明知不報，交部議處。〔註68〕

清雍正三年，令地方官嚴拏訟師，地方官若失於察覺，督撫訪聞題參。乾隆元年，令地方官查拏禁緝訟師，〔註69〕嘉慶二十年復令地方官嚴行查禁訟師，以清訟源而正民俗。〔註70〕這顯示出清朝執政者的心態，把地方訟詞之所以增多，都歸咎於顛倒是非之訟師。

不過，以打官司爲敲詐手段的好訟行爲並非自明中葉以後才出現，早在

〔註64〕 黃希憲，《撫吳檄略》，卷一，〈崇禎十三年四月十五日行五道應天府〉。
〔註65〕 《康熙嘉善縣志》，卷十，藝文，邑侯楊廉，〈申嚴條約議〉。
〔註66〕 清‧黃六鴻，《福惠全書》（臺北：九思出版社，1978），卷三，莅任部，考代書。
〔註67〕 明‧徐復祚，《花當閣叢談》（臺北：廣文書局，晚明刊本），卷三，〈朱應舉〉。
〔註68〕 清‧姚雨薌原纂，胡仰山增輯，《大清律例會通新纂》（臺北：文海出版社），卷三八，頁60。
〔註69〕 《大清會典事例》（臺北：新文豐出版社，清‧光緒二十五年刻本），卷一一二，頁6。
〔註70〕 《大清會典事例》（臺北：新文豐出版社，清‧光緒二十五年刻本），卷一一二，頁7。

明代初期正統年間，周忱巡撫江南，見當地民風如此刁煩多訟，乃建言朝廷
重頒教民榜文，申明禁約，以收整飭風氣之效。〔註71〕其上言曰：

> 伏讀洪武間教民榜文，及近年建文榜文，歷言民間詞訟自願息者聽。
> 事不干己而相告訐，及官吏羅織以媒賄賂者有罰。……近者刁民不
> 遵，獄詞騰涌，一則圖賴人民，一則牽連雜事。〔註72〕

「圖賴人民」指的是藉由打官司的恐嚇手段，訛詐他人錢財，此提供了無賴
的社會活動背景。又他人打官司，兩造怕對方不利於己，皆雇打行當護衛，
故健訟也給了無賴有受雇的機會（參看〈無賴集團之一──打行〉一章）。另
外，在包攬訟事中，無賴與訟師、吏員均參與其中，三者在包攬訟事中擔任
不同的角色，由於此種不同角色的特質，也構成了三者之間的關係，這就是
本章所要探討的問題。

第三節　訟　師

　　在中國的傳統社會中，遇有紛爭，「國家審判」和「民間調停」爲兩種不
同的解決方式，在明末清初上海地方社會，「國家審判」和「民間調停」都是
人們解決紛爭的重要手段，並且這兩者是對同一個案件同時進行的。〔註73〕
但如果要給對方迎頭痛擊，達到報復的目的，則「國家審判」較能迅速達到
此效果，也因此健訟之風大熾。

　　由於明中期後健訟風氣大熾，使得民眾打官司的次數增多，當時一般民
眾識字的不多，有些地方甚至連富室巨商識字者才十分之一，更枉論一般民
眾了，《嘉靖威縣志》，卷二，地理志，風俗：

> 俗多好訟。（小字：知縣胡容禁曰爲懲刁風，以親百姓，事切照本縣
> 民多朴野，不習詩書。雖富室巨商，識字者什一，其不識字者什九，
> 每有詞訟，假手于人，往往以言語細故，釀成大釁。雖骨肉至親視
> 爲讎人，無復禮義之俗。）〔註74〕

〔註71〕郁維明，《明代周忱對江南地區經濟社會的改革》（臺北：臺灣商務印書館，
　　　　1990），頁112～115。
〔註72〕《明英宗實錄》（臺北：中文出版社，中央研究院歷史語言研究所校勘本），
　　　　卷三九，正統三年二月庚午條。
〔註73〕岸本美緒，〈清初上海的審判與調解──以《歷年記》爲例〉，《近世家族與政
　　　　治比較歷史論文集》（臺北：中央研究院近代史研究所，1992）上冊，頁254。
〔註74〕《嘉靖威縣志》（河北）（上海書店，天一閣藏明代方志選刊續編二），頁630。

清代的情形也好不到那兒去，根據 Rawski 對清代識字人口所做的研究，可以知道當時文盲的人不少，婦女識字率更低，十九世紀初中國婦女的識字率只有 1～10%。〔註75〕

是以一般民眾打官司，必需請他人代寫狀子，這些代寫狀子的人稱爲「代書」，但這些代書其實大多爲訟師，《福惠全書》，卷三，蒞任部，考代書：

> 爲父母者，原期息訟，以養民財力，然而有情關迫切，勢難緘默者，
> 不得不赴官鳴控。其鄉愚孤煢不能自寫，必倩代書，類多積年訟師，
> 慣弄刀筆。〔註76〕

經由前述可知，明中期以來好訟成風，當時不但民眾好訟，連士大夫也一改過去懼怕官府勢族的懦怯性格，而變得好打官司說理，「但知國法，不知有閣老尚書」，從「吳中士習最醇」變成「三吳小民，刁頑甲於海內」，「俗囂浮好訟，比於他邑爲難治」，〔註77〕對這個變化，李洵認爲是起於「士大夫知識層的下層，即是一些諸生秀才」所引起的，〔註78〕而這些「諸生秀才」就是訟師最主要的來源。

明代因科舉制度而賦予士紳（有功名者）一定的特權，綜觀士紳的特權，其一是免糧，其二是免役，只要進了學，成爲秀才，法律規定可免戶內二丁差役，其三是法律的優待，秀才犯了法，地方官在通知學校把他開除之前，是不能用刑的。其四，有奴婢可使喚，而一般人家爲逃避賦役，也往往自願進入有功名的人家做奴僕。〔註79〕如《儒林外史》中所述范進中舉的故事，范進中舉後，不但岳父改變了態度，立刻就有人來投身爲家僕，田產也有人奉獻。明後期的江南社會中的確有極爲類似的人和事，萬曆七年南京舉行鄉試，江陰的窮秀才馬風中舉，於是就有「蒼頭鮮衣者數人」前來爲奴僕，但馬風因勞累過度，中舉五天以後，就一命嗚呼了。〔註80〕清代也行科舉，在

〔註75〕 Evelyn Rawaki, *Education and Popular Literacy in Ch'ing China*, University of Michigan,1979. pp. 6～10.

〔註76〕 清‧黃六鴻，《福惠全書》（臺北：九思出版社，1978），頁49。

〔註77〕 明‧沈德符，《萬曆野獲編》（臺北：偉文圖書公司），卷二七，〈吳江異人〉。

〔註78〕 李洵，〈論明代江南地區士大夫勢力的興衰〉，《史學集刊》1987-4，頁40。

〔註79〕 吳晗，〈明代的科舉情況和紳士特權〉，收錄於《燈下集》（臺北：谷風出版社），頁98～99。爲行文需要，其中特權的順序與吳文陳述略有不同。

〔註80〕 明‧李詡，《戒庵老人漫筆》（臺北：藝文印書館，四部分類叢書集成三編第十七輯，常州先哲遺書第二函第十種，明‧萬曆丁酉（1597）其孫序），卷六，〈馬孝廉志〉。

傳統功名下，如此的人情世態，頗有相似之處。〔註81〕

　　清代士紳亦有免稅、免刑等特權，此種特權不僅為法律所承認，也為社會所接受，實際上，士紳利用其地位常將權力擴大到超過明文規定的限度。在納稅方面，一些士紳漏稅，甚至將某些政府稅款中飽私囊，顯示出士紳在賦稅方面的特權。在法律方面，士紳「起滅詞訟，出入衙門，武斷鄉曲」時有所見，一些不肖生監，還被指責為「積慣訟棍」，其他如私佔灘地、將廟宇當作私產、利用聚賭抽頭等不法行為不勝枚舉。〔註82〕

　　明清士紳在法律上的特權，多少沿襲自「刑不上大夫」的觀念，同為士人的階級意識，使得官員對於涉訟的士大夫往往有衣冠同類及共同利害，休戚榮辱相關的感覺，而加以寬容，呂坤所主張的官莫輕打，生員莫輕打，也正是同一階級意識的表現。〔註83〕明末的監生、生員雖遭受種種的責難，但由於這種階級觀念，也或多或少給予生員等人一些法律上的特權。

　　明代江南生員總數無從統計，據顧炎武的估算，全國平均每縣三百，而江南繁劇大縣，往往在千人以上，人數累增，充斥社會，被稱為「三害」之一。〔註84〕在晚明大約有五十餘萬名的生員，由於當時官員的員額有限，用人又多侷限在進士出身者，所以這五十萬名的生員便被擯斥在仕途之外。這些生員在仕途無望之餘，加上本身又擁有法律上的一些特權，譬如秀才犯了法，地方官在通知學校把他開除之前，是不能用刑的，便很容易利用這些特權製造出一些事端，訟師讓士大夫詬病的問題如「囂訟遝頑，以病有司」〔註85〕就是其中之一。

　　顧炎武在〈生員論〉中提到「今日之生員」有以下的特徵：一「出入公門，以撓官府之政者」；二「倚勢以武斷于鄉里者」；三「與吏胥為緣，甚有身自為胥吏者」。從這些特點看來，這些生員對地方行政擁有一定的影響力，可以干預地方的行政，可以掣制地方官員，甚至可以對抗官府，〔註86〕這些

〔註81〕王德昭，《清代科舉制度研究》（香港：中文大學出版社，1982），〈科舉制度下的民風與士習〉。

〔註82〕Chang Chung-li , The Chinese Gentry: Studies on Their Role in Nineteenth-Century Chinese Society, University of Washington, 1955.pp. 43～51.

〔註83〕瞿同祖，《中國法律與中國社會》（臺北：里仁書局，1984），頁275～282。

〔註84〕明‧顧炎武（1613～1682），《顧亭林詩文集》（香港：中華書局，1976），顧氏謂鄉官、生員、胥吏為社會三害。

〔註85〕明‧顧炎武（1613～1682），《顧亭林詩文集》（香港：中華書局，1976），卷一，生員論上。

〔註86〕李洵，〈論顧炎武在「郡縣」等七篇政治論文中提出的社會問題〉，《史學集刊》

都是生員成為訟師的有利背景。

在明初，朝廷對生員有一套嚴格管理學規條例，洪武十五年，「頒禁例十二條于天下，鐫立臥碑，置明倫堂之左，其不遵者以違制論。」〔註87〕其中重要的有「府、州、縣生員，有大事干己者，許父母兄弟陳訴，非大事毋親至公門」、「一切軍民利病，工農商賈皆可言之，惟生員不可建言」等條，可見明初對於生員進出公堂及言論自由給予相當程度的限制，在當時國力甚強、重法之下，應也收到效果，但到了明代中葉國力衰弱，這些學規對生員根本沒有嚇阻作用，於是生員聯合土棍無賴與吏員包攬訟事的情形便屢見不鮮。

生員品行的敗壞可由生員的學規日益增多看出，由明初洪武間的「尊敬師長」、「禁止上奏」、「禁止濫訴」到明中後期的「禁止受贓」、「禁止武斷鄉曲」、「禁止賄賂、請託」、「禁止包攬錢糧」、「禁止流言捏造」、「禁止興滅詞訟」、「禁止結黨害人」等，〔註88〕由這些學規可明白明末生員階層的社會活動，包攬詞訟、興滅詞訟即是其中之一，在這些社會活動中我們可觀察到明末的生員已成為當時的社會問題，顧炎武論其為「三害」之一，實不為過。

明代的監生在正統以前地位較高，是由於當時文官制度尚未十分確立，制度變化的影響對監生還不十分顯著，因此監生的社會地位在洪武至宣德間，還能維持相當的水準。〔註89〕但在景泰元年開納粟入監之例，監生的身份可用捐納取得，造成監生人數大增，流品混雜的結果使得監生的社會地位開始衰落，楊聯陞認為這是監生社會地位下降的主要原因。〔註90〕其中富家捐監生的尤多，《警世通言》〈杜十娘怒沈百寶箱〉：

> 原來納粟入監的，有幾般便宜。好讀書，好科舉，好中結，末來又有個小小前程結果。以此宦家公子，富家子弟，到不願做秀才，都去援例做太學生。自開了這例，兩京太學生，各添至千人之外。〔註91〕

1983-1，頁14。

〔註87〕 《明史》（臺北：洪氏出版社），卷六九，選舉一。

〔註88〕 吳金成著，渡昌弘譯，《明代社會經濟史研究》（東京：汲古書院，1990），頁73，〈表1-3-1〉生員の學規。

〔註89〕 林麗月，《明代的國子監生》（臺北：臺灣商務印書館，1978），第四章，〈國子監生與明代社會〉。

〔註90〕 Yang Lien-sheng, Ming Local Administration , in Charles O. Hucker ed., *Chinese Government in Ming Times: Seven Studies*, Columbia University, 1969.pp. 14～15.

〔註91〕 明‧馮夢龍（1574～1646），《警世通言》（香港：中華書局，1958），卷三二，〈杜十娘怒沈百寶箱〉。

這些因捐納而成爲監生的人，「自小納粟入監，出外都稱相公，一發縱蕩了。專一穿花街，串柳巷，喫風月酒，用脂粉錢，眞個滿面春風，揮金如土。」〔註92〕人品學問都有問題的人，也能當監生，份子一雜，學規更是沒有人遵守。

明末的科舉、捐納造成監生、生員的人數大增，由於官員名額有限，加上明初「三途並進」的任官原則已不被遵守，中期以後選任官員專重進士，有「若進士則朝廷之爵，皆其砧几上物」〔註93〕之譏，此種情形到清初才有所改變。〔註94〕明末生監層可說與仕途無緣，尤其是生員人數大增，其參加鄉試錄取的比率也就跟著下降，到明末其錄取率居然只有1、417，〔註95〕要考上鄉試已相當困難，更何況當官。

就算考上鄉試成爲舉人，也還不一定當得上官，明代舉人未出仕的比率逐年在增加，萬曆到崇禎年間，嘉興府秀水縣未出仕舉人的比率居然高達85%，臨江府新塗縣 70%，嘉興府、臨江府也都在 45%以上，〔註96〕所以對於明末的生監層而言，仕途已變成一條遙不可及的道路。

不過，明代的監生投身訟師的行業應不及生員多，監生人數上不及生員龐大，而且監生有撥歷制度爲其進陞之階，較具向上流動的可能性，故對其個人行爲在心理上多少有點約束力。〔註97〕夫馬進就認爲訟師多出自生員，並且以大多生員投身訟師與幕友兩種職業來解釋訟師與幕友密切的關係（兩者皆通曉刑律，故有時會產生兩者角色轉換的情況）。〔註98〕

〔註92〕明・馮夢龍（1574～1646），《警世通言》（香港：中華書局，1958），卷三一，〈趙春兒重旺曹家莊〉。

〔註93〕明・陸世儀，《復社紀略》，卷三，丙子春二月，淮安衛三科武舉臣陳啓新奏。

〔註94〕明代中後期用人專重進士的情形，到清初獲得改善，用人重才不拘資格，使仕途管道大開。明清相比差異在於清代進士出身者大減，只略多於貢生，而舉人高居首位，生員在清代也有一定的比例。參看和田正廣，〈明代の地方官ポストにおける身分制序列に關する一考察——縣缺の清代との比較を通じて〉，《東洋史研究》44-1（1985），頁 77～109。

〔註95〕吳金成著，山根幸夫、稻田英子譯，〈明代紳士層の形成過程について〉（下），《明代史研究》9 號（1981），頁 21。

〔註96〕和田正廣，〈明代舉人層の形成過程に關する一考察——科舉條例の檢討を中心として——〉，《史學雜誌》87-3（1978），頁 52～53。

〔註97〕林麗月，《明代的國子監生》（臺北：臺灣商務印書館，1978），第四章，〈國子監生與明代社會〉。

〔註98〕夫馬進，〈明清時代の訟師と訴訟制度〉，《中國近世の法制と社會》（京都：京都大學人文科學研究所，1993），頁 466～468。此文承梁其姿老師提供，特此致謝。

到清代生員的問題更加嚴重，明代生監雖可用捐納而得，但也遲至景泰年間才開此例，清代則是自順治年間即開國之初就准許貢監納銀之例，《大清康熙會典》載：「順治十一年，題准：生員納米三百石，准貢，俊秀捐米二百石，准入監讀書。」至康熙年間則始准捐納實官，〔註99〕就因為清朝一開始就准貢監納銀，所以造成生監（貢監、生員）成為數量龐大、分布廣泛的社會階層。根據張仲禮的計算，在太平天國前生員的人數大約為74萬，監生則是36萬；太平天國後生員數大約是92萬，監生則是53萬左右，兩者人數總和超過百萬，〔註100〕生監層在清代的人數遠較明末為多，是一個數量龐大的階層。

關於清代生監人數的問題，據王躍生的估計，道光以前有127萬生監生活於清代各個時期的社會中。〔註101〕這是一個數目龐大的階級，清代的生監，特別是生員，出身家庭等級有下移的趨勢，相當數量的生監來自經濟地位並不高的社會中、下階級。

嚴格來說，貢生、監生和生員三者之間是有區別的，〔註102〕但相同的是三者在一定程度上都受到各級學官的控制。為了限制生監出入公門，清代各府、州、縣官府都有門簿之設，登記出入公門的生監，雍正以前，門簿上只書「生員」一類，雍正十二年，朝廷把「生員」二字增為「貢監生員」，遇事登記，「該州縣于季底申送該府，轉呈學政查核」。〔註103〕

清代生監層是一特殊的知識文化階層，擁有一定功名，但社會地位又不高，〔註104〕此點與明中朝後生監層的情況頗為類似。雖然生監層在清初出

〔註99〕 許大齡，《清代捐納制度》（臺北：文海出版社，近代中國史料叢刊續編第四十輯，1950）。

〔註100〕 Chang Chung –li, *The Chinese Gentry: Studies on Their Role in Nineteenth-Century Chinese Society*, University of Washington, 1955. pp. 94-113.

〔註101〕 王躍生，〈清代「生監」的人數計量及其社會構成〉，《南開學報》1989-1，頁44。

〔註102〕 三者的不同主要表現在待遇上。貢生，從制度上講，已取得了作官的資格，屬於正途出身，監生中由生員捐監者也可視為正途，而由俊秀捐監者則被視為異途。

〔註103〕 《大清會典事例》（臺北：新文豐出版社，清・光緒二十五年刻本），卷三八三，禮部・〈學校〉。

〔註104〕 王躍生，〈清代「生監」的人數計量及其社會構成〉，《南開學報》1989-1，頁42。

仕的比例，已較明末為多，〔註 105〕但清代的生監人數相當龐大，所以就算清代生監出仕的機會已比明末還高，但不能出仕的生監人數還是相當多。

　　在傳統功名下監生、生員擁有一定的特權，如法律上的特權及免役免糧等，〔註106〕對社會也有一定的影響力，加上當時健訟風氣盛行，識字的百姓不多，需要識字的讀書人代寫狀紙，在仕宦既不可能的情況下，較窮困的生監可能就為了生活溫飽而投身做訟師，這些都構成了生監階層投身訟師的背景，造成了「訟棍多係貢監文武生，唆架扛幫，大為民害」〔註107〕及「不肖士人恃一衿作護符，結交書役牢籠保甲，恐嚇鄉愚，魚肉善類」〔註108〕的現象。

　　生監層廣泛散布於城鄉各個角落，在最基層的地方發揮他們的影響力，與生監數目增加的情況相反，舉額官缺並沒有因此擴大和增加，絕大多數生監不得不長期以至終生滯留於民間。而生監出身家庭等級的下移，使當中不少人一經步入士人階級，如不能及時中舉，入仕，便無力從事與「士人」身份特徵相符合的活動，而被迫進入謀生領域。〔註 109〕其謀生領域有投入商界、教育界等，訟師也是其中之一，當時訟師之訟費頗為可觀，在利誘之下，不少生監投入訟師之列，各地的訟師基本上都是從科舉人口中產生的，〔註 110〕故訟師的產生與此種社會背景有著密切的關係。

　　清代生監層不像舉人過份集中於一省中的某一府或某一縣，而是廣布在社會的各個角落，其對社會有一定的影響力，譬如朝廷政令宣導、穩定封建統治秩序、填補鄉鎮地區權力真空等社會功能，〔註 111〕然而在這些社會功能

〔註105〕柏樺、李春明，〈論清代知縣出身與康雍乾時期的用人政策〉，《史學集刊》1990-4，頁 35～42。

〔註106〕雖然每個時期的優免額不一，有增有減，其優免額雖然比不上科舉出身的舉人，而由監生出仕的官員其優免額也比不上由舉人出仕的官員，但大體說來，終明一代，明政府還是相當照顧生監層的這項特權。參看和田正廣，〈徭役優免條例の展開と明末舉人の法的位置——免役基準額の檢討を通じて———〉，《東洋學報》60-1/2（1978），頁 93～131。

〔註107〕《大清會典事例》（臺北：新文豐出版社，清‧光緒二十五年刻本），卷三八三，禮部，〈學校〉。其中一再提及生監層包攬詞訟，干涉地方行政的事，由此可知順治年間生監層與詞訟有密切的關係。

〔註108〕《南匯縣續志》（臺北：成文出版社，民國 18 年刊本），卷十八，風俗志一，風俗，頁 858。

〔註109〕王躍生，〈清代「生監」的人數計量及其社會構成〉，《南開學報》1989-1，頁 73。

〔註110〕王躍生，〈清代科舉人口研究〉，《人口研究》1989-3，頁 42～47。

〔註111〕王躍生，〈清代生監的社會功能初探〉，《社會科學輯刊》1988-4，頁 94～100。

下，不免會造成進出公門，影響地方庶政或訟獄的情形發生，這也就是生監層包攬訟事的背景。

日本學者川勝守認為訟師的出現是因為十六、十七世紀民間的訴訟機構──里老制崩壞後，訟師因而應之興起，〔註112〕這種說法筆者認為有待商榷。訟師的工作主要是為人代書狀紙，從事這種工作的人至少在北宋初年已經有了，只是當時沒有一定的名稱，並不專以「訟師」稱之。到北宋末年，這種人已稱「書狀鈔書舖戶」，簡稱「書舖」，他們經官府考核後，發給木牌與木印，為民戶寫狀鈔，到了南宋，一般訴訟不經書舖，官府即不予受理。而類似明清時代包攬訟事，把持官司的訟師，在宋代稱為訟師、譁徒、譁鬼、官鬼、把持人等，稱他們的行為是把持（公事）、教唆兜攬、資給等。訟學在宋代也已成為一種專門的學問，在江西就有開訟學以教的情況產生，「如金科之法，出甲乙對答，及譁訐之語，蓋專門於此，從之者常數百人」。〔註113〕

在《名公書判清明集》中，懲惡門的把持、譁徒、告訐等類，如〈譁鬼訟師〉，〔註114〕有許多關於訟師的材料，說明了它已成為當時重要的社會問題，〔註115〕所以訟師至少在北宋時已出現，而非等到明末里老制崩壞後才出現。

另外，川勝守此種論點認為里老制破壞後，民眾打官司直接接觸的就是州縣衙門，因此需要類似「訟師」的人代為打點，〔註116〕此種說法似過於強調里老制的重要性，明初設置里老制，主要是想藉著民間地方人士的調解，解決民間的糾紛，減輕地方官的負擔。但明清的訴訟有「國家審判」和「民間調停」兩種不同的解決方式，且這兩者是對同一個案件同時進行的。〔註117〕如果要給對方迎頭痛擊，達到報復的目的，則「國家審判」較能迅速達到此效果，

〔註112〕川勝守，〈明末清初の訟師について──舊中國社會における無賴知識人の一形態──〉，《九州大學東洋史論集》9（1981），頁117。

〔註113〕宋・周密（1232～1298），《癸辛雜識續集上》（北京：中華書局，1988），頁159，〈訟學業觜社〉。

〔註114〕宋・佚名，《名公書判清明集》（北京：中華書局，1987），卷十三，〈譁鬼訟師〉。

〔註115〕陳智超，〈宋代的書舖與訟師〉，收錄於《劉子健博士頌壽紀念宋史研究論集》（東京：同朋舍，1989），頁115～116。

〔註116〕川勝守，〈明末清初の訟師について──舊中國社會における無賴知識人の一形態──〉，《九州大學東洋史論集》9（1981），頁117。

〔註117〕岸本美緒，〈清初上海的審判與調解──以《歷年記》為例〉，《近世家族與政治比較歷史論文集》（臺北：中央研究院近代史研究所，1992）上冊，頁254。

所以在某些健訟的地方，民眾是採「國家審判」的方式，即不透過里老而直接與官府接觸，在明中期里老制還沒崩壞時即是如此，由明成化年間的地方志「健訟」等字眼出現頻繁即可窺見一二。

雖然明初設立里老制給予里老人國家裁判的權力，但里老人的主要任務並非是地方調停的角色，而是徵收賦稅。清水泰次、山根幸夫、日高一宇、張哲郎等人皆持此看法，〔註 118〕其司法權是後來才加上的權力，里老的司法功能是有限的。里老制畢竟較偏向於民間的調解且功能有限，無法給對方立刻的打擊，故在里老制還沒崩潰前，民眾即已有因詞訟而與官府接觸的情形，並非等到里老制破壞後。

就算里老制崩壞後，民眾解決糾紛也並非一定在官府公堂上，私下透過地方人士協調的方式還是存在的，故官府與里老制在解決民間紛爭時並非是單線式的過程，不一定是里老制崩壞，民眾才直接與官府打交道，官衙聽訟與地方里老協調是同時存在的，端看民眾較接受哪一種方式來解決爭端，如果執意前者，則訟師在其間作用較大；如果後者協調有成，則不需要訟師代打官司。

訟師之所以為人詬病，最主要是品格不佳，藉此取財，「播弄鄉愚，恐嚇良善，從而取財」，〔註 119〕這是因後來有些窮困、學無所成的人，學刑書而進入訟師之列，使得訟師變成似是不務正業的讀書人所從事的行業，「談者為之齒冷，識者憂之」，〔註 120〕貶低了訟師在當時士人階級中的地位。《湧幢小品》，卷二十五，資表不足恃：

> 近地有沈姓者，少聰慧，年九歲，應試。知縣奇之，命題作破，以為政第二，八佾第三，里仁第四，公冶長第五，為題。應聲云：政平于上，猶有干政之人，俗每于下，不免負俗之累，大奇之，以為神童。後以驕惰無所成，流為訟師。〔註 121〕

「以驕惰無所成，流為訟師」這句話可看出當時訟師的來源之一便是學無所成的讀書人，如果有其他職業的選擇，則這些人便改行不願繼續從事訟師的

〔註 118〕張哲郎，〈明太祖的地方控制與里甲制〉，《食貨月刊》復刊 10-12（1981），頁 14。

〔註 119〕《牧令書》，卷十八，王有孚，〈一得偶談〉。

〔註 120〕《金山縣志》（臺北：成文出版社，清‧乾隆十六年刊本，民國 18 年重印），卷十七，風俗，頁 725。

〔註 121〕明‧朱國禎（1557～1632？），《湧幢小品》（臺北：新興書局，筆記小說大觀本），頁 4861。

工作，《阜寧縣新志》，卷十五，社會志，禮俗：

> 惟科舉之末，不學無術者流，多以刀筆爲生活，訟風之長，其在斯乎？迨學校既興，畢業人員類從事於職業，至弄法舞文，甘爲訟棍者，則不數觀，未始非教育之功效也。〔註122〕

訟師最爲人詬病的是其行事狡猾，利用一些非常手段爲當事人開脫罪名，顛倒黑白。《客窗閒話初集》曾載兒子忤逆父親，父到官告其子，其子向訟師求助，訟師便在其兩手寫字，「左手曰：妻有貂嬋之貌，其右手曰：父生董卓之心」，於是本是兒子忤逆父親，經訟師一寫，變成是其父覬覦媳婦，被告忤逆的兒子自然是沒事了。〔註123〕

另一個事跡與此有異曲同工之妙，同樣也是利用這方面的人倫禁忌，只不過是媳婦告公公，某婦因年少夫死，急欲再嫁，可是「翁姑不許」，「有訟師知之，向女父母曰：能與我多金，爲爾寫狀，可必准也。許之。訟師寫一狀，令婦攔輿呈官，詞云：妾不幸，夫亡早，姑多病，翁年少，哀哀上告。官覽畢，當即准其另嫁。」〔註124〕可見訟師善於利用當時的觀念情勢，以達到委託者的目的。

利用不正當手段爲當事人開脫罪名，是筆記小說中訟師之所以爲訟師之處，《客窗閒話初集》的另一則事跡則是某生與某富孀來往，富孀夫家之親戚捉到兩人姦情，經訟師巧妙設計，以生妻與富孀掉換，擺平這件捉奸案，故「二人歸，厚酬訟師。」〔註125〕另外還有某人在富家門前自殺，根據當時的情形是會引起「涉訟破家」的危機，某甲便「即操巨金往投訟師」，經訟師利用當時隸役以屍命詐財的風氣，加以巧妙設計，使得「屍領縊痕二，一淺一深」，讓縣令認爲是隸役「移屍以圖訛索者」，〔註126〕某甲因而無事。

一案則是姪與嬸通，姪悔過不往，嬸不甘心，欲以強姦罪誣其姪，「嬸怒，詭以他事邀姪，至室遽執之，以強姦訟。適官以勘驗往鄉，羈姪於獄，姪投

〔註122〕《阜寧縣新志》（臺北：成文出版社，民國23年鉛印本），頁981。

〔註123〕清·吳熾斤，《客窗閒話初集》（臺北：新興書局，筆記小說大觀本，清·光緒戊申（1908）序），卷二，書訟師，頁1153。

〔註124〕清·蒲松齡，《聊齋志異拾遺》（臺北：新興書局，筆記小說大觀本，清·道光庚寅年（1830）序），卷四，訟師，頁6518。

〔註125〕清·吳熾斤，《客窗閒話初集》（臺北：新興書局，筆記小說大觀本，清·光緒戊申（1908）序），卷二，書訟師，頁1153。

〔註126〕清·吳熾斤，《客窗閒話初集》（臺北：新興書局，筆記小說大觀本，清·光緒戊申（1908）序），卷三，補訟師（二則），頁1167～1168。

訟師，教以求恕，初犯爲辭，別無他語。官歸質訊，姪哭求嬸如訟師言，嬸怒曰：爾嬲我數十次，何言初犯耶？乃以和姦定爰書焉。」〔註127〕

訟師利用暗示的文句、利用隸役詐財的背景、利用人性的弱點，使無辜的當事人得其所願，或免於訟事，從此一角度言，訟師有助人的正面價值。所以小說中有「百姓受他害的，固然是有，但受他好處的，也不能夠說完全沒得，所以對著訟師，也不能一筆抹煞」〔註128〕的評語。但也有的案子就侵犯到他人的權益，《聊齋志異拾遺》，卷三，某甲遷葬：

> 某甲遷葬，侵越乙墳界，乙墳契，註明以路爲界，甲葬於路內故也，
> 涉訟數年未結。有新任官，掛牌示期踏看。甲謀之訟師，訟師教於
> 黑夜內，以繩另攔一道，雇百十人，扶繩往來，一夜闢成大路。至
> 日，官親踏看，照契驗地，甲墳在路外，乙竟無從置辨。〔註129〕

觀以上幾則事例，訟師善於利用一些異於平常的手段替當事人開脫，可見訟師手法靈活，善於利用當時的各種條件，能力自不差，所以才會出現「歷干守令，咸莫能屈」〔註130〕的情形。不過，訟師也有栽跟斗的時候，孫振齋是一個訟師，與其媳啓釁，鬧到官府，居然被其媳以「非常手段」栽誣。〔註131〕

本文認爲能造成訟師用非常手段替當事人開脫，大多是因爲一般民眾強烈的求勝慾望，或息事寧人的心態，不想惹麻煩上身，寧願花大筆銀子請訟師幫他們擺平事件。加上當時的訟師大多是生監，而有些生監生活是很困苦的，〔註132〕在這種利誘的心態下，訟師使用非常手段以求勝是可以

〔註127〕清・采蘅子，《蟲鳴漫錄》（臺北：新興書局，筆記小說大觀本，清・光緒三年（1877）序），卷一，頁4345。

〔註128〕吳麟瑞，《四大惡訟師》（臺北：新興書局，筆記小說大觀本，民國13年序），卷三。

〔註129〕清・蒲松齡，《聊齋志異拾遺》（臺北：新興書局，筆記小說大觀本，清・道光庚寅年（1830）序），頁6492。

〔註130〕清・長白浩歌子，《螢窗異草三編》（臺北：新興書局，筆記小說大觀本，清・光緒三十一年（1905）序），卷三，訟疫，頁1700～1701。

〔註131〕清・徐珂（清・光緒間舉人），《清稗類鈔》（北京：中華書局，點校本），獄訟類，〈孫振齋控媳案〉：「孫振齋，訟棍也，刀筆所獲，頗不貲。晚年輟業。一日，忽與寡媳啓釁，訴之縣。……媳不辯，惟嚶嚶啜泣。官異而詰之，則曰：「牆茨之醜，何能宣言於大庭廣眾乎？彼見我文君獨處耳。」官大怒，責孫無恥，斥之退。

〔註132〕閔斗基著，山根幸夫、稻田英子譯，〈清代「生監層」の性格──特にその階層的個別性を中心にして──〉（下），《明代史研究》5號（1977），頁57～59。

理解，但這種手段在傳統禮教的士人眼中卻變成了「顛倒黑白」、「違法亂紀」的行為，當時的士人對訟師之行事是否有因偏見而形成誇大訟師行事之惡的論述，值得觀察。

　　訟師在官司中居主導的角色，寫狀紙、耍手段，巧妙的運用當時的條件以求訟事之勝訴，是以訟師在訟事中扮演著舉足輕重的角色，關係著訟事的成敗，故有民眾出事，願出重金雇用訟師，原因即在此。

　　如前所述，訟師大部份是有傳統功名的人，所以才會有「遂以青衿為護身之符，招呼黨類，動以公舉為名，把持官府」〔註133〕、「不肖士人恃一衿作護符，結交書役牢寵保甲，恐嚇鄉愚，魚肉善類」〔註134〕、「訟棍刁矜劣監串詐為之」〔註135〕的情況，訟師擁有傳統功名，應屬士大夫階級（即廣義的士紳階層），但士大夫對訟師卻不屑與之為伍，持著一種排斥的態度。《金山縣志》，卷十七，風俗：

> 按續衛志云：好浮議健訟，此風自昔已然，於今加厲，習於浮議，乃至是非舛錯，好惡反常而絕不自檢，其尤下者，困於貧，故流為訟師，卑污苟賤，談者為之齒冷，識者憂之。〔註136〕

可知訟師在當時雖有傳統的功名，卻不被當時的士大夫階層接受，甚至稱其為「破靴黨」，含有貶責的意味，《客窗閒話初集》，卷三，補訟師：

> 江右士所謂破靴黨者，禱張為患，無所不至，訟者咸師事之，壞法亂紀，此其極也。予記其變亂之尤者數則，魑魅魍魎，俾人人知所鑒而破之，幸甚。〔註137〕

或許由於行事太過狡猾，致使一有訟師發生噩運，士大夫都說成是報應，《螢窗異草初編》，卷一，毒餅：

〔註133〕國立故宮博物院編，《文獻叢編》（臺北：臺聯國風出版社印行），頁641。順治四年奏議稿本，河南道試監察御史趙班璽為別用舍以澄仕路等四事題本，順治四年二月十五日。

〔註134〕《南匯縣續志》（臺北：成文出版社，民國18年刊本），卷十八，風俗志一，風俗，頁858。

〔註135〕《黃巖縣志》（臺北：成文出版社，清·光緒三年刊本），卷三十一，風土志一，民風：「如報案地保之弊，皆主家訟棍刁矜劣監串詐為之，此病之源，而徒治其表，無濟也。」，頁2443。

〔註136〕《金山縣志》（臺北：成文出版社，清·乾隆十六年刊本，民國18年重印），頁725。

〔註137〕清·吳熾昕，《客窗閒話初集》（臺北：新興書局，筆記小說大觀本，清·光緒戊申（1908）序），頁1167～1168。

某因戲而誤殺七命。「後聞其邑人云：某素健訟，以貢生把持官府，遭其害者數十人，占者謂有滅門之禍，不意將就木而猶驗也。」〔註138〕

連科舉考試不順利，都要算在是因為「工刀筆」、做訟師的帳上，《北東園筆錄續編》，卷五，狀師：

> 徐樹人觀察言，泰安某生，文才極優，而工刀筆，眾皆呼之為狀師。入場之日，神思昏倦，憑號板而坐，燈光下忽見魁星立於前曰：爾來年狀元也，伸手令寫狀元及第四字，生欣然濡毫，方寫一伏字，魁星遽以手翻印其卷面，因被貼，此後遂不復應試，以潦倒終其身。或曰魁星即冤鬼之幻相也，嗟乎！嘗見世之為狀師者，其才情無不極優，苟正用之，無不可擢高科，每以刀筆自誤也。惜哉！〔註139〕

而訟師的家人、妻子、兒女也沒有好結果，《北東園筆錄續編》，卷六，訟師惡報：

> 訟師未有得善報者，余所目擊已三人矣。……一友自負其能詩，一友自負工書，皆託業于此，未幾妻子俱亡，同以窮餓終。〔註140〕

訟師之不見容於當時，連不好的下場都要歸咎於當訟師的關係，但由於訟師的訴訟費用頗豐厚，富室遇到麻煩，願出多金雇訟師，在這種利誘下，讀書人也顧不得書上所載訟師的報應事跡，仍有人自小就習刑書，準備長大當訟師，《杭州府誌》，卷十九，風俗：

> 富者儲財帛，廣田園，尚氣好訟，至傾產以求必勝，雖父子兄弟弗顧也。往有訟師，馳聲四遠，詣門陳乞者，汔無寧時。餘風未泯，傚效成習，人生自童子時，已習為法家語，長則華文巧詆，無所不至。……華衣美食，揚揚閭里間，莫敢誰何。〔註141〕

當訟師為的就是重利，巨額的訴訟費用讓有些訟師不顧道德良知，明知訟

〔註138〕清·長白浩歌，《螢窗異草三編》（臺北：新興書局，筆記小說大觀本，清·光緒三十一年（1905）序），頁1269～1270。

〔註139〕清·梁恭辰，《北東園筆錄續編》（臺北：新興書局，筆記小說大觀本，清·道光壬寅（1842）序），頁4927。

〔註140〕清·梁恭辰，《北東園筆錄續編》（臺北：新興書局，筆記小說大觀本，清·道光壬寅（1842）序），頁4961。

〔註141〕《杭州府誌》（臺北：臺灣學生書局印行，中國史學叢書十五，明·萬曆七年刊刻），頁352。

事不可能贏，就要些小技倆騙取請託民眾的訟費，「有訟師，六月爲人作牒，預知其事必敗，而貪賄不忍辭，乃重繭衣裘，爇爐火，而爲之握管。已而果敗，追究謀主，執訟師至，極口呼冤，令與對簿，訟師曰：爾何時請我作詞？以六月對。又問曰：其時我作何狀？則以圍爐披裘對。官輾然曰：豈有盛暑，而作是服飾者，乃坐告者以誣，而釋訟師焉，此數者，可謂狡黠之甚矣。」〔註142〕

明代的訟師依刀筆功力的高下，亦有等第之分，「最高者名曰狀元，最低者曰大麥，然不但狀元以此道獲厚利，成家業，即大麥者，亦以三寸不律足衣食，贍俯仰，從無有落莫饑餓死者。」〔註143〕由「從無有落莫饑餓死者」更加說明了訟師此職業收入豐厚的一面。

明清訟師大行其道，使得清政府還一再下令要嚴禁，包括訟書也要查禁。〔註144〕其實，訟師盛行與當時的科舉環境有關，前面提過明末至清代生監人數增多，仕途又無望，皆提供了當時生監階層投身訟師的背景條件，還有重金酬謝的誘因，在當時棄學經商、唯利是趨的風氣下，衝擊了傳統的倫常與道德體系，加劇知識份子階層在社會道德觀和人生價值觀認識上的分野，〔註145〕道德觀念淡薄，功利之心大熾，再加上當時士風頹敗，生監們大多無心於學問，〔註146〕故在重金利誘下自然願意當訟師，這些都是誘使生監層不斷加入訟師這個職業的原因。

另外，當時的健訟風氣使打官司的民眾增加，在識字的民眾人數極有限的情況下，訟師的確有其社會需求及作用，所以黃六鴻在《福惠全書》中嘗試用考試的方式，建立訟師的合法地位，《福惠全書》，卷三，蒞任部，考代書：

> 爲父母者，原期息訟，以養民財力，然而有情關迫切，勢難緘默者，
> 不得不赴官鳴控。其鄉愚孤婺不能自寫，必倩代書，類多積年訟師，
> 慣弄刀筆，……宜出示有在本治爲人代書詞狀者，許赴本縣定日當

〔註142〕清·采蘅子，《蟲鳴漫錄》（臺北：新興書局，筆記小說大觀本，清·光緒三年（1877）序），卷一，頁4345。

〔註143〕明·徐復祚，《花當閣叢談》（臺北：廣文書局，晚明刊本），卷三，〈朱應舉〉。

〔註144〕清·徐文弼，《吏治懸鏡》（臺北：廣文書局，筆記五編），處分，雜匪條：「地方有選造訟書小說，不行查出者，罰俸六個月。」

〔註145〕黃瑞卿，〈明代中後期士人棄學經商之風初探〉，《中國社會經濟史研究》1990-2，頁33～39。

〔註146〕黃開華，《明史論集》（香港：誠明出版社，1972），〈晚明科舉與士風頹敗之探討〉。

堂考試，詞理明通且驗其狀貌端良者，取定數名。……其餘未取代
書，如係遠方游棍，立行驅逐，如係土著敢有捏虛擅書，立拿重責
枷示。〔註147〕

　　黃六鴻嘗試將「詞理明通且驗其狀貌端良者」列為合理的訟狀代書，這
就突顯在當時訟師有其社會需求的一面。在筆記小說中常見狡猾行事、顛倒
黑白的惡劣訟師，但仍有少數訟師能夠「路見不平」或「見人愚笨」而代作
詞狀，「致冤者得白」，如萬曆十年杭州民變中的重要人物丁仕卿就是一名肯
為民眾服務的訟師，〔註148〕有些訟師堅持一定的原則，如「無理不管」、「命
案不管」、「積年健訟者不管」等，〔註149〕使其一生無躓蹶，其他如能先叩實
情，理真則為之寫狀，據理力爭，如此亦被當時知識份子所稱頌，稱其為
「師」，《三異筆譚》，卷三，訟師：

　　功令嚴禁訟師，今皆訟棍耳，安得云師，若真有鄧思賢刀筆，有司
　　之所畏，亦有司之所欲也。雍正間松城有吳墨謙者，曉律例，人倩
　　作呈狀，必先叩實情，理曲則但為委曲稽延，勸之和解，若果理直，
　　則雖上官當道不能抑。〔註150〕

「理曲則但為委曲稽延，勸之和解，若果理直，則雖上官當道不能抑」，由此
可知訟師也有協調民間紛爭事端的功能及具有相當的正義感，就當時文盲比
例過高、百姓不知如何爭取自己的權益而言，訟師的確有其社會服務的功能。

　　最後，訟師與豪紳的關係也是值得注意的，明萬曆年間蘇州府常熟縣人
趙用賢，《松石齋集》，卷二九，〈與陳按院〉：

　　一、江南訟師甚多，悉入巨室，及操窩訪之權者，亦繁有徒，治之
　　愈嚴，避之愈巧，不可窮詰要，當應之以平恕而治其最黠者無赦，

〔註147〕清‧黃六鴻，《福惠全書》（臺北：九思出版社，1978），頁49。
〔註148〕張佳胤，《張居來先生集》，卷六五，附錄，〈汝南王祖嫡者，大司馬張公戡定
　　　　武林民變記〉：「丁仕卿者，上虞人。……棄習刁筆，善持人長短，里閈不容。
　　　　僑寓杭州之平安里，交結猾胥，以訟牘託，……市有鬥不解，或以事爭，居
　　　　間立散，人以此畏服。」由於丁仕卿是杭州民變的重要人物，站在統治者的
　　　　立場當然會醜化其人，但由此文亦可見出丁仕卿乃是為民服務的一位訟師。
　　　　此可參看：栗林宣夫，〈萬曆十年的杭州民變について〉，收錄於《木村正雄
　　　　先生退官紀念　東洋史論集》（東京：汲古書院，1976），頁223～234。
〔註149〕清‧徐珂（清‧光緒間舉人），《清稗類鈔》（北京：中華書局，點校本），獄
　　　　訟類，〈訟師有三不管〉。
〔註150〕清‧許仲元，《三異筆譚》（臺北：新興書局，筆記小說大觀本，清‧道光丁
　　　　亥（1827）序），頁5863～5865。

庶幾少輓其風焉。〔註151〕

訟師投靠士紳門下，對兩者利益的維持都有好處，當時健訟的社會風氣，提供了擁有特權的士紳包攬訟事的背景條件。當時士紳有包攬「公家事」的情形，訟事不過是其中一項，弘治十二年申明監生凡「出入官府、起滅詞訟、說事過錢、包攬物料等項者，問發為民」，在明清的家訓中，也頻頻告誡後世子孫，不要包攬公家事。「倡率義舉，正己化俗，不說昧心人情，不包攬公家事，不侵占人田園，不強買人產業」〔註152〕，曾國藩的四弟曾國潢，是湘鄉的重要士紳，對家鄉的公益事業積極投入，有時也會干預地方訟事，國藩後來頗不悅於國潢做為士紳之活動。〔註153〕

這種士紳包攬訟事或干擾訟事的行為，除了當時好訟的社會風氣外，還需要其它因素的支持，例如吏員在官府裡為其打通關節，無賴在地方上的不法活動，配合著豪奴的橫行（奴僕在地方上橫行，本文視作士紳勢力的延伸），加上當時訟師與士紳狼狽為奸，而交織成明中晚期乃至清初士紳包攬訟事的盛況。

本文限於篇幅無法深入探討這方面的問題，留待他日再行論述土豪或鄉紳與訟師的關係。

第四節　吏員、衙役

州縣為明清時的基層地方行政單位，地方官員直接接觸民眾，其職責包括賦課錢糧、聽訟決斷、政令宣導、教化民風等。州縣的官職依職、權、責、利的不同，大約可分為六等。依次為州縣的正官、州縣的佐貳官、屬官和教職、州縣的雜職、吏屬、州縣的胥役等六級。〔註154〕明代各州縣均設有各房書役，一般有承發、吏、戶、禮、兵、刑、工等房，通稱六房書吏，這些人在衙門裡書寫文書，掌管簿籍，參與州縣各項事務，這就是吏屬。而胥役是指各州縣衙門裡有各種聽差跑腿辦雜事的人員，稱之為「胥」或「役」，俗稱衙役、差役或徭役，是從百姓中徵發，有皂隸、斗級、庫子、巡鹽、捕盜……等諸多名目。

〔註151〕明‧趙用賢（1535～1596），《松石齋集》（明‧萬曆四十年，海虞趙氏原刊本，國家圖書館微捲）。

〔註152〕石成金，《家寶全集》，三集，〈功卷集〉，鄉紳不費錢功德。轉引自傅衣凌，《明清社會經濟變遷論》（北京：人民出版社，1989），頁59。

〔註153〕劉廣京，〈從曾國藩家書說起〉，《近世家族與政治比較歷史論文集》（臺北：中央研究院近代史研究所，1992）上冊，頁8～9。

〔註154〕柏樺，〈試論明代州縣官吏〉，《史學集刊》1992-2，頁28～34。

　　明代的吏員名目繁多，學者有以胥吏稱之，有以吏員稱之，爲求行文統一，本文以官方撰修的地方志稱謂爲主，稱之爲吏員。〔註155〕據明清兩代政書記載，有掾史、令史、書吏、司吏、典吏、提控、都吏、通吏、胥吏、獄典、撰典、人吏、閘吏、驛吏〔註156〕等十餘種。吏員遍佈於五府、六部、院寺、府州縣各級衙門，乃至未入流地倉場等，負責錢糧徵收、冊籍書寫、文案挪移、消息傳出、庫存出納等具體業務工作，是封建王朝這具百足之蟲，伸向各個角落的觸角，〔註157〕「吏胥所習，錢穀簿書，皆當世之務」。〔註158〕明清兩代官制官員要迴避本籍，但吏員不用迴避，官要調遷不常，而吏世代沿襲，官一而吏百。根據沈榜的《宛署雜記》記載，宛平縣有吏員三十八名，皂隷四十九名，〔註159〕這些數目都比官員的數目來得多。

　　如此種種，造成了明代各級政府部門的大權容易被吏員把持，〔註160〕形成「官弱吏強」的現象，〔註161〕不過此種現象也因人而異，如況鍾、海瑞就是例外，這種現象到清朝仍是一樣。〔註162〕

　　明太祖時期，吏員地位雖比不上元朝，但在「三途並用」的原則下，也有一定的出仕途徑，由吏員出身爲官的不乏其人，也未因此受輕視，其參充、升轉、獎懲、待遇等等皆已有規定，吏員的升遷速度並不亞於科舉出身者。太祖立制，既肯定了官與吏有上下之分，又不阻塞下之吏進身爲上之官的道

〔註155〕「吏之稱謂有多種，如吏員、吏典等，是吏的正式稱謂，又如吏胥或胥吏，是其泛稱，包括純粹的吏，也包括糧、里、耆、老、門、皂、丁、壯等正雜各役。繆全吉先生在《明代的胥吏》（臺北：中國人事行政月刊社，1969）一書中認爲吏亦役的一種，因以「胥吏」稱之，我不同意明吏屬役的觀點，是以不稱胥吏。」這是趙世瑜先生在上述文章的觀點。

〔註156〕明・申時行等修，《明會典》（北京：中華書局，萬曆朝重刊本，1989），卷七。明・王圻，《續文獻通考》（臺北：文海出版社），卷四四。

〔註157〕趙毅，〈明代的吏員與吏治〉，《史學月刊》1987-2，頁21～28。

〔註158〕薛允升，《唐明律合編》（臺北：臺灣商務印書館，1968），卷九。

〔註159〕明・沈榜，《宛署雜記》（北京：古籍出版社，1982，明・萬曆二十一年（1593）初刻），第三卷，光字，頁24。

〔註160〕顏廣文，〈明代官制與吏制的區別及其影響〉，《華南師範大學學報》（社科版）1989-2，頁47～53。

〔註161〕顏廣文，〈明朝政府機構中的「官弱吏強」現象剖析〉，《廣東教育學院學報》（社科版）1991-1，頁74～79。

〔註162〕參考宮崎市定，〈清代の胥吏と幕友——特に雍正朝を中心として〉，《東洋史研究》16-4（1958），頁1-28。及伍貽業，〈論清代文人入仕與吏治〉，《南京大學學報》（哲社版）1987-2，頁175～183。

路，時刻不忘重典治吏，又提拔良吏。仁宣時期是吏員政治地位大跌的關鍵，宣宗屢次下令吏部考退不職吏典，認爲吏員中「廉能幾何，貪鄙塞路」，因而感嘆道：「古人戒用吏，今日多用吏，民之不安，率由於此」〔註163〕，基於此，國家開始關閉吏員升官的大門，〔註164〕到明末吏員想補缺，「往往趨戶部見行，辦納事例，以爲捷徑。」〔註165〕

　　從《明代登科錄》中，我們亦可看出，科舉士人幾乎對吏員大多持批判的態度，如「以吏員爲奸也」〔註166〕、「則桀驁之徒恆托於市廛，而腹心之寄，近及乎吏胥」〔註167〕、「其府史胥吏徒之復，輕犯法，而習欺公，假令因緣爲奸」〔註168〕、「今胥吏可以傾吏」〔註169〕、「而胥吏長子孫以藏奸」〔註170〕、「而點猾舞文以罔上」〔註171〕等皆是。可以看出這些未來的官員，都對吏員沒有好評，每一提到吏員，幾乎都是咬牙切齒，說是「老吏」、「點猾」等。這種吏員舞文弄墨的情形，在《明實錄》中，也可以得到印證。《明世宗實錄》，卷二○四，嘉靖十六年九月戊戌條：

　　　　戊戌禮部尚書顧鼎臣言，蘇、松、常、嘉、湖、杭七府財賦甲天下，
　　　　而里書豪強欺隱灑派之弊，在今日尤多。以致小民稅存而產去，大
　　　　戶有田而無糧，害及生民，大虧國計。〔註172〕

〔註163〕《明宣宗實錄》（臺北：中文出版社，中央研究院歷史語言研究所校勘本），
　　　　卷三九，宣德三年三月甲申條。

〔註164〕趙世瑜，〈兩種不同的政治心態與明清胥吏的社會地位〉，《政治學研究》
　　　　1989-1，頁 50～56。趙氏還認爲宣宗時期對吏反感，是因爲考滿吏員日益增
　　　　多，而官缺有限，難以滿足。

〔註165〕明·張瀚（1510-1593），《松窗夢語》（上海：上海古籍出版社，1986），卷八，
　　　　銓部紀。

〔註166〕嘉靖十年，山西鄉試，策問，鄔森，收錄於《明代登科錄彙編》（臺北：臺灣
　　　　學生書局），頁 3952。

〔註167〕嘉靖三七年，江西鄉試，策問，習孔教，收錄於《明代登科錄彙編》（臺北：
　　　　臺灣學生書局），頁 7100。

〔註168〕萬曆七年，河南鄉試，策問，崔斗瞻，收錄於《明代登科錄彙編》（臺北：臺
　　　　灣學生書局），頁 9982。

〔註169〕萬曆四七年，會試，策問，收錄於《明代登科錄彙編》（臺北：臺灣學生書局），
　　　　頁 12044。

〔註170〕萬曆四七年，會試，策問，收錄於《明代登科錄彙編》（臺北：臺灣學生書局），
　　　　頁 12044。

〔註171〕萬曆四七年，會試，策問，收錄於《明代登科錄彙編》（臺北：臺灣學生書局），
　　　　頁 12044。

〔註172〕《明世宗實錄》（臺北：中文出版社，中央研究院歷史語言研究所校勘本），

這是吏員幫助大戶逃避賦稅的例子，大戶逃賦稅，稅就落在小民身上，造成「害及生民」，如此不公，自然引起朝廷及大眾的不滿。另外，賄賂公行也是通病之一，《明世宗實錄》，卷二二六，嘉靖十八年七月辛巳條：

> 山東道御史洪垣劾文選司郎中黃禎貪婪欺罔狀……胥吏縱橫於聽信
> 之偏，賄賂公行於防範之略，郎中贓敗而猶黨庇之，其何以正百官
> 也，且極言六部吏役賄濫之弊，指摘甚悉，並以爲讚罪。〔註173〕

還有吏員勾結盜匪，假造帳目，侵佔公帑的，〔註174〕而謄寫文書，官員也要求大字書寫，以免吏員有可乘之機，防吏員防至此，實可見其弊端多出，《明神宗實錄》，卷七七，萬曆六年七月戊寅條：

> 兵部題覆本衙門左侍郎曾省吾，條陳清黃四事，……一曰愼謄寫。
> 夫黃張謄寫係各官功次，接背源流，關係匪輕。務大字楷書，以免
> 磨擦，兼杜胥吏因緣之弊，報可。〔註175〕

顧炎武在論述吏員時，也提到要是官員不留心或將政事交付底下的吏員，則衙門實權便落入吏員手中，形成「百官者虛名」的現象。《日知錄》，卷八，吏胥條：

> 今奪百官之權，而一切歸之吏胥，是所謂百官者虛名，而柄國者吏
> 胥而已。……大抵官不留意政事，一切付之胥曹，而胥曹所奉行者，
> 不過已往之舊牘，歷年之成規，不敢分毫踰越。〔註176〕

另外，黃宗羲也以求利心態、出身、選用、世代相傳等四點列舉了吏員的弊害，有感於吏員力量的延續難斷，大歎「天下無封建之國，而有封建之吏」。〔註177〕

　　另外，吏員對政事的影響尚有左右政策、助長官僚弊害、破壞法令推行、造成公務紛爭、延緩行政進步等方面。〔註178〕吏員之爲害，已可以從《明實

　　　　　卷二〇四，嘉靖十六年九月戊戌條。
〔註173〕《明世宗實錄》（臺北：中文出版社，中央研究院歷史語言研究所校勘本），
　　　　　卷二二六，嘉靖十八年七月辛巳條。
〔註174〕《明神宗實錄》（臺北：中文出版社，中央研究院歷史語言研究所校勘本），
　　　　　卷二二，萬曆二年二月丙寅條。
〔註175〕《明神宗實錄》（臺北：中文出版社，中央研究院歷史語言研究所校勘本），
　　　　　卷七七，萬曆六年七月戊寅條。
〔註176〕明・顧炎武（1613～1682），《日知錄集釋》（臺北：世界書局，1962），卷八，
　　　　　吏胥條。
〔註177〕明・黃宗羲（1610～1695），《明夷待訪錄》（臺北：中華書局，四部備要），
　　　　　胥吏條。
〔註178〕繆全吉，《明代的胥吏》（臺北：中國人事行政月刊社，1969），第三篇胥吏之

錄》、《日知錄》、《明夷待訪錄》等書一窺大概。今之學者對此論著已多，以下是綜合學界的研究成果，希望能對吏員的職掌、政治定位有一較清楚的概念。

首先，一個行政機構中，必有長官，吏員及一些糧、里、耆、老、門、皂、丁、壯等正雜各役，其中吏員的設置是非常廣的，關於吏員的職權範圍，籠統的說，就是主管各類文移案牘，所謂「理辦文書，書寫行移」。〔註179〕

由於各類文移案牘相當龐雜，所以吏學就成為一門相當專門的學問。吏學私相授受的結果，甚至於出現有一族一鄉皆習吏業者，最有名的就是紹興胥吏，〔註180〕據沈德符描述「一入衙門，則前後左右皆紹興人」，〔註181〕陳龍正亦謂「山（陰）會（稽）人狡者，俱在京師各衙門作書辦」，〔註182〕可見紹興人為吏員者多。萬曆間禮部主事鄭振先即言稅監「其為謀主爪牙，則山陰會稽之積猾也」，〔註183〕「紹興、金華二郡，人多壯游在外，如山陰、會稽、餘姚，……其儇巧敏捷者，入都為胥辦，自九卿至閒曹細局，無非越人」，〔註184〕紹興人已形成一股勢力，到清代亦未改變，清朝京師衙門的書吏幾乎都被紹興人所攏斷。由順治八年閏二月諭吏部中招募書吏一事可看出，「紹興棍徒，謀充書吏，爭競鑽營」〔註185〕。

明代規定「江、浙、蘇、松吏典回避戶部」，〔註186〕卻無法阻止紹興書吏進入戶部，以至「戶部十三司胥皆紹興人」，〔註187〕這種趨勢到清嘉慶年間「未能已也」。〔註188〕而科舉出身的地方官員並非個個有實際的政事經驗，所

作用與影響。

〔註179〕《嘉靖太平縣志》（臺北：新文豐出版公司，天一閣明代方志選刊），卷五。

〔註180〕中島樂章，〈明末清初の紹興の幕友〉，收錄於《山根幸夫教授退休記念明代史論叢》（東京：汲古書院，1990），頁1061～1080。

〔註181〕明‧沈德符（1578～1642），《萬曆野獲編》（臺北：偉文圖書公司，1976），頁24～10。

〔註182〕明‧陳龍正（1585～1645），《幾亭續文錄》，2-3/4，（明末刊本，國家圖書館微捲）。

〔註183〕明‧佚名，《萬曆邸鈔》（臺北：古亭書屋，1968），萬曆三十六年戊申卷，頁18、22。

〔註184〕明‧王士性（1546～1598），《廣志繹》（臺北：新興書局，筆記小說大觀四十三編五冊），卷四，頁71。

〔註185〕《清世祖實錄》（北京：中華書局，1986），卷五十四，順治八年閏二月乙卯。

〔註186〕（明）《吏部職掌》，檢討二，實撥。

〔註187〕明‧顧炎武（1613～1682），《日知錄集釋》，卷八。

〔註188〕明‧昭槤，《嘯亭續錄》（臺北：新興書局，筆記小說大觀本），卷五，明末風

以容易受到吏員的欺侮或擺佈，〔註189〕有一個劉姓知縣到任，用自己選用的書吏代替一名老吏，老吏的同伙合謀設立圈套，逼得所任書吏包賠賦稅，終於吞鴉片自殺而死。〔註190〕

　　由於有些吏員習鑽狡猾，官員難以駕馭，但衙門的文移案牘又非得倚靠吏員不可，為避免麻煩，乾脆以「不習吏事」為由，拒絕出任直隸州的縣令。《明世宗實錄》，卷二○二，嘉靖十六年七月乙酉條：

> 鴻臚寺隨堂鳴贊李時享，陞直隸興濟知縣，自言不習吏事，願以原
> 官供職，詔從所請。〔註191〕

吏員經手的文書工作，在明中期已龐大到連官員都無法負荷的地步，有時一整天還不能全部讀完一遍，所以極需吏員的幫忙。《明世宗實錄》，卷八三，嘉靖六年十二月己未條：

> 及武宗之時，不親政事，臣下遂因循自逸，不事刪煩，惟聽吏胥全
> 具移文，或一事而重言，或一本而數紙，雖臣等竟日有不能周讀一
> 遍者。〔註192〕

也因為文書工作龐雜，少不了吏員，所以就造成了「今日汰而明日復，巡按之署撤而督撫取而用之」的情形，〔註193〕也因此書吏與書吏之間，得以互通聲氣，彼此援引。〔註194〕除了文書工作外，尚有錢糧、戶口等項，需要大量人手的幫忙，因而吏員也容易上下其手作弊，〔註195〕但在現實的考量下，官府也不得不增加吏員的人數。《明神宗實錄》，卷二二，萬曆二年二月丙寅條：

> 戶部題本部驗錢糧，委官廣西司主事牛可麟，稱本廳職在驗送內庫
> 錢糧及布絹等物。……又添設吏一名，選用書手一名，逐年更換不

俗。

〔註189〕劉敏，〈清代胥吏與官僚政治〉，《廈門大學學報》1983-3，頁75～82。

〔註190〕清・徐珂（清・光緒間舉人），《清稗類鈔》（北京：中華書局，1986），胥役類，〈庫吏玩弄縣令至死〉。

〔註191〕《明世宗實錄》（臺北：中文出版社，中央研究院歷史語言研究所校勘本），卷二○二，嘉靖十六年七月乙酉條。

〔註192〕《明世宗實錄》（臺北：中文出版社，中央研究院歷史語言研究所校勘本），卷八三，嘉靖六年十二月己未條。

〔註193〕清・賀長齡輯，《皇朝經世文編》（臺北：文海出版社，1972），卷二四，侯方域，〈額胥吏〉。

〔註194〕倪道善，〈清代書吏考略〉，《社會科學研究》1988-2，頁65～70。

〔註195〕關於明代吏員社會經濟的為害，可參看趙世瑜，〈明代府縣吏典社會危害初探〉，《中國社會經濟史研究》1988-4，頁53～61。

　　許占役，亦不許立頂首名色，詔可。〔註196〕

「不許占役，亦不許立頂首名色」，這是指吏員名額的頂替問題，當時吏員在官府中上下其手，轉手之間利益頗為可觀，所以吏員大多父子相承或兄弟相繼，如有轉讓的情形，便有「胥吏讓渡書」〔註197〕的簽定。這種相承的方式，也造成了吏員勢力的持續，因吏員執掌著整個文書的實際運作過程，所以如果官員要上下其手、謀得暴利，大多會和吏員連成一氣、狼狽為奸。

　　吏員雖然有實際的政事經驗，卻不因其在行政運作中起著作用而受到重視，相反的，吏員在明代倍受輕視，甚至有稱之「奸吏」、「狗吏」，〔註198〕如果某人官作得好，必稱「吏畏民懷」，說明吏作為一個階層為人所不恥。面對書吏所產生的弊病，官員也想出以幕僚人員牽制書吏的辦法，由遊幕之徒揭櫫佐官「約束書吏，是幕友第一要事」〔註199〕可看出在官與吏二者中，第三股牽制力量的崛起。〔註200〕另外也有派家丁對吏員加以監督的，而幕友、吏員、家丁三者有時也有互相勾結的關係，「奴僕、吏胥與幕賓連合為一心，鈲文破律，戕虐民生」。〔註201〕〔註202〕

　　明成化間，「吏典于各衙門辦事，率供賤役，與奴隸無異」，〔註203〕沈德符則認為前朝有人充吏後又參加會試，「則稀有之事也」。〔註204〕弘治九年發生「滿倉兒」事件，時有刑部吏典徐桂上疏參劾東廠、錦衣衛及法司官，一些正直的大臣以為「排寵幸、黜權奸者，乃在胥吏，臣竊羞之」〔註205〕沈德

〔註196〕《明神宗實錄》（臺北：中文出版社，中央研究院歷史語言研究所校勘本），卷二二，萬曆二年二月丙寅條。

〔註197〕山根幸夫在《明代史研究》2號中所刊載的胥吏讓渡文書，現珍藏在東洋文庫。

〔註198〕明・海瑞（1514～1587），《海瑞集》（北京：中華書局，1981），興革條例：「何今之為吏者，每以得利為誇，惟以得利為誇，故百端作弊，無所不至，時以狗吏呼之，賤之也。」

〔註199〕清・汪輝祖（1731～1807），《佐治藥言》（臺北：藝文印書館，知不足齋叢書本），〈檢點書吏〉條。

〔註200〕繆全吉，《清代幕府人事制度》（臺北：中國人事行政月刊社，1971）。

〔註201〕清・汪輝祖（1731～1807），《病榻夢痕錄》（臺北：臺灣商務印書館，1980），卷上，頁131。

〔註202〕參看宮崎市定，〈清代の胥吏と幕友——特に雍正朝を中心として——〉，《東洋史研究》16卷4號（1958），頁1～28。

〔註203〕《明憲宗實錄》，卷二一五，成化十七年五月丙子條。

〔註204〕明・沈德符（1578～1642），《萬曆野獲篇》（臺北：偉文圖書公司，1976），卷一五，科場，〈舉人充吏會試〉。

〔註205〕《明史》（臺北：洪氏出版社），卷一八九，孫磐傳。

符也認為「桂何等賤役」，〔註206〕可見其地位之低。院部的吏員如此，府縣地位更低矣！著名思想家王夫之在告誡後代遺訓中規定：「勿作吏胥，勿與吏胥人為婚姻」，〔註207〕吏員的地位與明清賤籍之樂戶等相差不遠。〔註208〕

　　清代吏員的情形與明代相去無幾，當時民諺云：「鐵打的衙門，流水的官」，州縣官員要迴避本籍，且三年一任，任滿調往他處，但本籍的吏員卻可終身供職衙門，形成一股最基層的地方勢力。也因為如此，吏員成為衙門與當地鄉紳溝通的重要橋樑，關係著州縣統治的基礎，是以有些地方官視吏員為左右手，加以重用。

　　由此，我們可以從另一角度來審視吏員存在的價值。首先，投身於吏員階級的大多是一些下層民眾，下層民眾一生也別無他求，只想升官發財，如何柄棣（Ho Pig-ti）在 The Ladder of Success in Imperial China 一書中曾對十四到十七世紀的進士出身階級做過統計，〔註209〕在特殊職業階層（special statuses）中出身軍戶（soldier）的最多、其次官籍（army officer）、再其次匠籍（artisan），〔註210〕這顯現了小民渴望擠身特權階級，追求幸福的心態。在渴望幸福，卻又無法通過科舉來實現其夢想的時候，道德觀和功利觀無法合一，也沒有正常的管道使二者合一。在主、客觀條件的限制之下，就造成了吏員「貪」的事實，趙世瑜也曾就小民追求幸福的心態對吏員的貪污現象加以解釋。〔註211〕

　　另外，科舉考試造成出仕的官員只識八股，不識錢穀刑名，「初釋褐之書生，其通曉吏治者，十不一二」，難怪明末顧炎武要大歎：「今天下儒非儒，吏非吏」，〔註212〕反觀吏員要補官時，「部中既試其能，臨選又課法律」，〔註

〔註206〕明・沈德符（1578～1642），《萬曆野獲篇》（臺北：偉文圖書公司，1976），卷一八，刑部，〈吏役參東場法司〉。

〔註207〕清・王夫之（1619～1692），《船山遺書》（臺北：自由出版社，1972），卷四六。

〔註208〕趙世瑜，〈兩種不同的政治心態與明清胥吏的社會地位〉，《政治學研究》1989-1，頁50～56。

〔註209〕Ho Pig-ti, *The Ladder of Success in Imperial China*（臺北：南天書局，1984），P.68。有關此統計表的解釋，感謝張彬村老師的指正。

〔註210〕關於匠籍進士在明代政治上的作用，可參看羅麗馨，〈明代匠戶之仕官及其意義〉（上）（下），《大陸雜誌》80-1（1990），80-2（1990）。

〔註211〕趙世瑜，〈兩種不同的政治心態與明清胥吏的社會地位〉，《政治學研究》1989-1。

〔註212〕明・顧炎武（1613～1682），《日知錄》，卷一二。亦見於《皇朝經世文編》，卷十七。

213〕一再的要求吏員的政事經驗，所以在整個行政系統中，吏員的豐富經驗使他們在行事方面佔優勢也是可以理解的。

清朝袁枚也曾針對官員不熟悉政事的缺點加以論述，爲吏員辯解：「吾不解今之爲政者，一則曰嚴胥吏，再則曰嚴胥吏。……夫使之舞文、病百姓者，官也，非胥吏也。試問所舞之文，判行者誰也？彼舞而我亦隨之而舞之，不自責而責人，何也？胥之權在行檄，吏之權在奉檄，今之縣令，檄行若干？不知。檄書云何？不知。某當理？不知。某當消？不知。如是而欲除弊，雖曰：殺百胥吏，無益也。」〔註214〕

袁枚此文表達出筆者在〈明清無賴的社會活動〉一章中所提及的，士大夫對無賴的行爲只有表面的批判，卻從來沒有認眞思考問題之所在，用一種上臨下、單向權威性的思考態度看待無賴。同樣的，士大夫也以這種單向威權式的思考看待吏員，在袁枚所說「胥之權在行檄，吏之權在奉檄，今之縣令，檄行若干？不知。檄書云何？不知。某當理？不知。某當消？不知」的情形之下，經由科舉當官的士人對政事不熟悉，但在龐大的行政事務需要之下，吏員的確有存在的必要。所以清代一些「務實」的官員，如雍正年間的田文鏡、乾隆年間的陳宏謀都是深受皇帝「稱許」的封疆大吏，他們反而爲吏員辯護，因爲他們知道「有官則必有吏，有吏有官則必有役」。〔註215〕

在訟事方面，吏員也有深刻的影響力，因爲吏員的長期當差，使其在衙門的勢力根深蒂固，文書作業熟稔，詞訟狀子的繕寫、流程駕輕就熟，加上衙門裡人脈熟稔，「各房科有執掌者，皆其黨羽」，造成「一詞興，非其主持，不敢告」的情形。《福惠全書》，卷三，蒞任部，驅衙役：

> 康熙九年二月，掣選茲土隨查本縣逋賦十有三年，兩驛馬匹久經倒缺革職，前任四員尚留候代豪矜土棍，號稱金剛天王羅刹，二十四人分布四鄉三班頭役，與各房科有執掌者，皆其黨羽，門子在內宅出入伺候者，皆其耳目。一票出，非其使命，不敢差，一詞興，非其主持，不敢告。〔註216〕

〔註213〕明・張瀚（1510～1593），《松窗夢語》（上海：上海古籍出版社，1986），卷八，銓部紀。

〔註214〕清・梁章鉅，《退庵隨筆》（臺北：廣文書局，1967），卷五。

〔註215〕《皇朝經世編》，卷二十四，陳宏謀，〈分發〈在官法戒錄檄〉〉及田文鏡，〈復陳書役不必定額數〉。

〔註216〕清・黃六鴻，《福惠全書》（臺北：九思出版社，1978），頁39。

吏員參與訟事之進行或與訟師合作，原因之一便是收取訟事費用。吏員藉訟事收取費用，最主要的原因是明代書吏的待遇低劣，據《大明會典》記載，明代吏員月俸最高者二石五斗，最低者僅六斗，〔註217〕維持一家溫飽都有問題，清代的書吏情況也差不多。〔註218〕所以造成「天下有一介不取之官，而無一介不取之吏」，〔註219〕明清的吏員必需找其它的門路來維持生活，如藉訟事收取費用及頂首銀等。〔註220〕

另外，就是藉收取規費來維持生活，汪輝祖曾說過：「吏無祿入，其有相循陋習，資以為生者，原不必過為搜剔」，但對於「舞弊累人之事，斷不可不杜其源」，〔註221〕在諸多規費中訟事的規費不過是其中之一，由於當時打官司的風氣興盛，有些書吏乾脆做起包攬訟事的工作，「今為吏胥門隸者，酷以剝剋訟人為事」，〔註222〕藉訟事大撈一筆。又吏員為求多取訟費，往往牽涉無辜的人，「訟者原競本一二人，初入詞類，扳競人兄弟父子親鄰，動輒數十人，……吏手視為奇貨」。〔註223〕

在訴訟當中，不只吏員藉訴訟案件貪贓枉法，連佐幕、官員亦是如此，在《順天府檔案》中不止一處發現將三班頭役的父母或兒子嚴責，「再限（衙役）二十天拿獲送案，如再違延，定行（將家屬）監禁不貸！」，〔註224〕以案件作為賞罰，無疑是在誘唆或逼迫書吏衙役去勒索陷害，州縣官員本身當然也會從中得到「好處」。由此可以看出清代官、佐、幕、吏、役的榮損與共的關係，他們不是把辦案當作執行公務，而是當作給自己謀取私利的手段。

明代利用刑案貪污的官員不少，有豪家殺人已論死罪，但「四百金一入署官之手，則凶人漏網，冤鬼夜號矣」，〔註225〕這與科舉心態有相當密切的關

〔註217〕《大明會典》，卷三十九，廩祿。
〔註218〕倪道善，〈清代書吏考略〉，《社會科學研究》1988-2，頁65～70。
〔註219〕明‧李清（1591～1673），《三桓筆記》（臺北：華文書局，吳興嘉業堂刊本），上，頁3。
〔註220〕趙毅，〈明代的吏員與吏治〉，《史學月刊》1987-2，頁21～28。
〔註221〕清‧汪輝祖（1731～1807），《佐治藥言》（臺北：藝文印書館，知不足齋叢書本），〈檢點書吏條〉。
〔註222〕明‧黃省曾（1490～1540），《吳風錄》（臺北：藝文印書館，百部叢書集成第八輯，百陵學山第二十種），頁5。
〔註223〕明‧楊昱，《牧鑑》（臺北：新興書局，明‧嘉靖癸巳序），卷六，頁1829。
〔註224〕《順天府檔案》，中國第一歷史檔案館藏，211號，〈比單〉。轉引自鄭秦，〈清代州縣審判試析〉，《清史論叢》第八輯（1991.6），頁183，註8。
〔註225〕明‧伍袁萃（明‧萬曆八年（1580）進士），《漫錄評正》，卷一。

係，吳晗認爲「在這制度之下所造成的新官僚，以利進自然以利終，讀書受苦是爲得科名，辛苦得科名是爲做官，做官的目的是發財，由讀書到發財成爲一連串的人生哲學」，〔註226〕明朝的黃省曾描述當時士人是「以士爲賈」：

> 吳人好游托權要之家，……家無擔石者，入仕二三年即成鉅富，由是莫不以士爲賈。而求入學庠者，肯捐百金圖之，以大利在後也。〔註227〕

在這種以發財爲目的的心態下，出仕的官員貪污是可以理解的，終明一代，雖是重典治吏，卻無法阻止官員的貪贓枉法。

清代官員貪贓枉法也是普遍的現象，州縣審判幾乎到了無案不貪的地步，甚至將審理案件「該要錢時」就「不可不要」列在爲官「需知」的項目內，廉潔反被同僚「笑其拙」。〔註228〕在這種上樑不正下樑歪的情形之下，造成吏員上有府縣官僚等朝廷命官的庇護、縱容，下有地棍兵痞等糾糾武夫的勾結、呼應，故有諸如包攬訟事等行爲的產生。〔註229〕

另外一個要注意的衙門人員則是衙役，也就是胥役，衙役是衙門中執役人員，是州縣體制下最基層的人員，州縣衙役分爲皁、壯、快三班，禁卒和仵作也可算這一類人。衙役的主要職責有緝捕和執行兩方面，如拘傳、搜捕、起贓和站堂、行刑、解囚等，他們還可以受州縣官飭派協同鄉里調處民間糾紛，所以衙役也是州縣司法中不可缺少的人物。〔註230〕清代衙役的數量頗多，大縣上千名，小縣數百名，四川巴縣曾有過七千名衙役，〔註231〕其中除「正身衙役」幾十名外，餘則稱爲白役、散役、幫役、副役、伙役等等，一縣之內「以三百計，是一城社之中，而有三百狐與鼠，一郊原之中，而有三百虎與狼也。」〔註232〕

〔註226〕吳晗，〈明代的新仕宦階級，社會的政治的文化的關係及其生活〉，《明史研究論叢》（南京：江蘇古籍出版社，1991.5）第五輯，頁9。

〔註227〕明·黃省曾（1490～1540），《吳風錄》（臺北：藝文印書館，百部叢書集成第八輯，百陵學山第二十種）。

〔註228〕鄭秦，〈清代州縣審判試析〉，《清史論叢》第八輯（1991.6），頁183～184。

〔註229〕任道斌，〈清代嘉興地區胥吏衙蠹在經濟方面的罪惡活動〉，《清史論叢》第六輯（1985），頁123～134。

〔註230〕鄭秦，〈清代州縣審判試析〉，《清史論叢》第八輯（1991.6），頁182～183。

〔註231〕劉衡，《蜀僚問答》。

〔註232〕《皇朝經世文編》，卷二十四，侯方域，〈額吏胥〉。侯文是將衙役和書吏同稱爲吏胥的。

這些州縣衙門裡聽差跑腿辦雜事的人員不見得識字，不過因其在衙門走動，對訟事經辦的流程清楚，在衙門與六房書吏也有一定的交情，〔註233〕「（門隸）與吏胥因緣為奸」，〔註234〕故在包攬訟事中也扮演一定的角色，在詞訟過程居中牽線的角色除無賴游手外，尚有衙役，所謂「訟師為導，衙蠹為招」，〔註235〕這裡的「衙蠹」就是指衙役。因傳統社會對吏員、衙役等人都沒有好感，所以往往兩者一起罵，以致在史料中兩者含混不清。

另外，衙役與訟師亦有勾結謀利的關係，如《客窗閒話初集》中訟師將當事人的妻子與富孀掉換便是買通衙役才得以進行。〔註236〕平日有些訟師也跟公門的人走得很近，如明末陳履謙「居京師，久與廠衛邏卒相結，以刀筆日攝公卿間，人甚畏之」，〔註237〕所以在訟事中，往往將吏與役合在一起談論，所謂「吏有紙張之費，役有飲食之需」。〔註238〕

吏員主掌衙門中的文書往來，在訟事中扮演重要角色，衙役則居間協助，實際參與縱放、調包、威脅等事。事實上，訟事一入官府，所有的衙門人員，包括官員、吏員、衙役等，只要有意想從訴訟中獲利者，皆不難如願。

第五節　無賴與訟師、吏員的關係

明清官員之所以勸民「息訟」的原因，除不願擾民外，更由於打官司的訟費甚多，不是一般人花費得起的，由《歷年記》可知明末打官司的費用由數十兩到數百兩不等，相當於庶民一年的生活費用。〔註239〕

〔註233〕《明世宗實錄》（臺北：中文出版社，中央研究院歷史語言研究所校勘本），卷三八，嘉靖三年四月癸丑條：「上御奉天殿，詔告天下曰，……一各處有等主文書筭快手皂隸總甲門禁庫子人等久戀役，衙門說事過錢，把持官府，起滅詞訟，洒派稅糧，賣放強盜，誣執平民，陷害良善者，巡撫巡按布按二司官，訪察挐問，發邊遠充軍。」

〔註234〕明‧黃省曾（1490～1540），《吳風錄》（臺北：藝文印書館，百部叢書集成第八輯，百陵學山第二十種），頁5。

〔註235〕《乾隆崑山新陽合志》，卷一，風俗。

〔註236〕清‧吳熾斤，《客窗閒話初集》（臺北：新興書局，筆記小說大觀本，清‧光緒戊申（1908）序），卷二，書訟師，頁1153。

〔註237〕清‧馮舒，《海虞妖亂志》（常熟周氏鴿峰草堂鈔本，清‧康熙癸亥序，國家圖書館善本書室藏），卷中，葉七下。

〔註238〕清‧吳熾斤，《客窗閒話續集》（臺北：新興書局，筆記小說大觀本，清‧光緒戊申（1908）序），頁1256。

〔註239〕明崇禎湖州的《沈氏農書》（百部叢書集成第24輯，學海類編228種，頁二二）

　　清代的官司費用則三千文左右，假設鄉民有十畝田，「一訟之累，費錢三千文，便須假子錢以濟，不二年必至鬻田」，〔註240〕到七八年以後這戶人家就無以為生了。

　　清代打官司先由代書作詞，在承發房購得官製狀紙，呈進時須納掛號，門禮、囚米諸錢，多寡時有更易，批既下，科書抄閱有費，官准受理，則差役向原訴人索發腳費，向被訴人索下樹費，管案書役復有例索，皆量貧富強弱而輕重之，故諺云：「衙門六扇開，有理無錢莫進來。」〔註241〕而地方官員也以訟費繁多的理由，勸百姓不要打官司，《客窗閒話續集》，卷二，陸清獻公遺事：

> 公諱隴其，號稼書，淛之當湖人。……殊不知一訟之興，未見曲直，而吏有紙張之費，役有飲食之需，証佐之親友，必需酬勞，往往所費，多於所爭。……悔之晚矣。〔註242〕

如果還碰上勢紳包攬訟事，從飲食居住到官府打點一手安排，有意訛詐，則所費更不貲，有時光是飲食費用就高達數十金，一般小民只好賣妻鬻子以償，《福惠全書》，卷十一，刑名部，設便民房：

> 鴻初到某任時，每公事出入，見縣前酒肆飯館甚多，饡饈豐列，……乃為有勢紳矜所開。凡鄉人訟事至，無論原被俱必寓此，……且既為之居停，一切衙門料理，輒有紀綱之僕。至於求情囑託，又皆主人居奇，以故鄉人亦因有所憑依，而群然投止焉，其酒饈飯食，值貴數倍。自告狀候准，以及投到聽審發落，動輒浹旬累月，……及事完結算店帳，已累至數十金，而他費不與焉。嗚呼！吷歠窮民，何能堪此，勢必傾家蕩產，典妻鬻子，以償其用矣。（按：黃六鴻因

　　雇一個長工的費用是每年十二兩（包括工銀三兩、喫米六兩伍錢、盤費一兩、農具三錢、柴酒一兩二錢）（按：岸本美緒文註18寫成十三兩，不知是否因為版本不一樣所導致錢數的不同）。所以，打官司似乎至少也需要庶民一年的生活費。參看岸本美緒，〈清初上海的審判與調解——以《歷年記》為例〉，《近世家族與政治比較歷史論文集》（臺北：中央研究院近代史研究所，1992）上冊，頁254。

〔註240〕清·汪輝祖（1731～1807），《佐治藥言》（臺北：藝文印書館，知不足齋叢書本），〈省事〉條。

〔註241〕清·汪輝祖（1731～1807），《佐治藥言》（臺北：藝文印書館，知不足齋叢書本），〈省事〉條。

〔註242〕清·吳熾斥，《客窗閒話續集》（臺北：新興書局，筆記小說大觀本，清·光緒戊申（1908）序），頁1256。

而蓋便民房，照顧打官司的平民。）〔註243〕

雍正五年江西南昌一位在家閒居的卸任知縣汪某專事包攬官司，他曾爲「了結」一件聚賭案，聲言要銀六千兩，可「上下衙門一總包管無事」，〔註244〕訴訟費用高，再加上勢紳的訛詐，吏員、衙役的反覆勒索，所費當更多，所以小民或富家往往有「以訟破家」的，〔註245〕《杜騙新書》就曾載一富翁因與人鬥訟而破財喪命的事情。〔註246〕《里乘》，卷四，秦氏婦：

> 姑蘇有秦與蔡二姓，自祖以來，合計在楚貿易，後生業日隆，貲盈百萬。鄉人蔣某，羨而且妒，會秦有悍婦，武斷烈於鬚眉，蔣因以甘言面之，唆與蔡氏割業分貲，婦信之，遂搆蟻興訟。不十年，兩姓家業，凋敗殆盡。〔註247〕

就算是富家也應付不了當時衙門吏役的強索錢財，使得當時打官司的民眾不論富、貧，往往因訟破家，故「蠹役與健訟之徒，最爲民害」，〔註248〕而當時的地方官如果能制止吏役的需索，則人稱「第一賢令尹」，可見當時藉訟索財之病民。《錫金識小錄》，卷一，備參上，胥吏：

> 胥吏之橫，吾邑爲尤，而在金匱者，更凶惡。既成訟必先講差房，使費，遇富者動以百計，即貧者亦必數十金。其居中說合，抽分者謂之提籃錢。彼意未饜，事不令審。茶肆酒肆所耗費者，更不資。舞文弄法，變亂黑白者，猶不在此限。其爲官所信任者，則群走於其門借以通線。暮夜之金非若輩無由，致有司視爲腹心，爲爪牙，無怪其日盛而靡有止極也。爲邑令者，能使胥吏不敢妄取民財，則爲第一賢令尹矣！〔註249〕

連「千金之家一受訟累」皆「鮮不破敗」，故當時諺語有「破家縣令」〔註250〕

〔註243〕清·黃六鴻，《福惠全書》（臺北：九思出版社，1978），頁127。
〔註244〕《雍正硃批諭旨》，十七冊，頁42。
〔註245〕明·朱國禎（1557～1632？），《湧幢小品》（臺北：新興書局，筆記小說大觀本），卷五，宗案，頁4240。
〔註246〕明·張應俞，《江湖奇聞杜騙新書》（天津：百花文藝出版社，1992），〈傲氣致訟傷財命〉，頁51。此書蒙陳華老師惠借，特此致謝。
〔註247〕清·許叔平，《里乘》（臺北：新興書局，筆記小說大觀本，清·同治十三年（1874）序），頁6050。
〔註248〕清·陳宏謀（1696～1771），《從政遺規》（臺北：臺灣中華書局），卷下，書牘，頁51。
〔註249〕《錫金識小錄》（臺北：成文出版社，清·乾隆年間修，清·光緒刊本），頁67。
〔註250〕清·汪輝祖（1731～1807），《學治續說》（臺北：藝文印書館，讀書齋叢書本），

之說，意味著民眾的身家全懸於縣令一人，縣令在准狀時應該三思。因訟費龐大，故一般民眾到富戶都極力避免涉及訟事，有不少無賴之徒便利用此種心態，藉大興訟事以威脅富家，達到詐財的目的。《樂清縣志》，卷四，風俗，吏弊：

> 訟費之多，自同治二年始，每一案經承，或三四人差，或八人，或十餘人，更設有埠頭錢名目，必需索滿意方去。辦案若事關富戶，相與搭臺，一經質訊，動費多金，由是富戶雖理直亦含忍而不敢訟，而無賴之徒益藉端滋事。〔註251〕

因為覬覦訟費龐大，故不肖之徒往往視訟庭為利藪，藉訟事達到詐財的目的，《嵩辭》，卷一，常國臣：

> 以訟庭為利藪者，則常國臣是也。遁其籍不濬，而大名詭其名不常國臣而疾國尚。鑽營一關，假託公差，遍肆誅求，拂其願則累累就縶，滿其欲則托以事故名邑，止須一紙回覆耳，當大名之來關也，為人一十有九，本縣甚駭其多，然茫然不知何事，亦不審疾國尚為何人，但知事關府詞，不得不奉行耳。……（按：常國臣就是利用訟庭發財的人，筆記中頗多此類人。）〔註252〕

在這種背景下，不肖之徒為了多斂財，使得訟事往往涉及不相干的人，《嵩辭》中就有真實事例，為了牛車等物，牽涉到許多不相干的人。〔註253〕像這種訐控多人的詞訟，背後「必有訟師主持其事，或以洩忿旁牽，或以左祖列證」，如果地方官識破其技倆，就「以經承弊脫為詞，百計抵賴」，〔註254〕這種牽涉多人的詞訟，並非單憑無賴份子的誣陷即可達到，背後應有訟師的協助。

由於牽涉到官司就容易因訟破家，江南之地又多健訟，藉訟事詐財的無賴也不少，花費甚多，所以明萬曆年間蘇州府常熟縣人趙用賢說：「江南之民窮極矣」，《松石齋集》，卷二九，〈與陳按院〉：

〈宜勿致民破家〉條。

〔註251〕《樂清縣志》（臺北：成文出版社，清·光緒二十七年修，民國元年補刊本），頁921。

〔註252〕明·張肯堂（明·天啟五年（1625）進士），《嵩辭》（臺北：臺灣學生書局，明·崇禎年間原刊本），頁90～93。

〔註253〕明·張肯堂（明·天啟五年（1625）進士），《嵩辭》（臺北：臺灣學生書局，明·崇禎年間原刊本），卷二，郭崇顯，頁123～125。

〔註254〕清·汪輝祖（1731～1807），《續佐治藥言》（臺北：藝文印書館，知不足齋叢書本），〈摘喚須詳慎〉條。

一、江南之民窮極矣，每上司准一詞訟，必致株連數十人，其最巧
　　黠者，不干本處，上官申理或走南京各院巡鹽衙門，一詞所及甚眾，
　　動至淹延累年，民有呼而無訴者，誠可爲之痛哭流涕，是所當加意
　　禁緝者也。〔註255〕

所以當時爲避免訴訟害民眾破家及牽涉他人受害，而有「息訟」的觀念，在
傳統社會中，「息訟」的態度似是統治階級不變的理念。「以爲忿恚可忍，縣
官不可入」〔註256〕、「一訟之累，有假子錢以濟者，有鬻田產猶不能盡償者，……
即控得有理，贏得官司，而所得已有不敵所失者，迨至事後追悔，曷如學忍
讓於先，反落得鄉里稱盛德也。」〔註257〕地方官勸民眾息訟多以教化的方式，
感動民眾，使不再打官司。〔註258〕

　　明代縣官最重要的任務是徵收賦稅錢糧，再來是地方治安，包括聽獄訟，
〔註259〕而清代政府在官員的治績中首重吏治文教，再來是刑名，排列在民生
之前，可見清政府重視地方刑案的態度。〔註260〕地方官刑名職責，不僅是審
理和判決，還要調查、偵訊和發現罪犯，以現代名詞說，知縣結合了法官、
檢察官和驗屍官的職責。〔註261〕其工作依序爲查勘檢驗、審理詞訟、執行判
決，這三項以「審理詞訟」最爲繁重，但基於詞訟害民的社會現實，加上傳
統「息訟」觀念，清代愛民之知縣，往往勸民息訟，不使之涉訟，以免勞民
傷財，傾家蕩產，因此「勸民息訟」就成爲清代知縣在處理案件時的前序作
業。〔註262〕

　　還有另一種「息訟」方式是官府已受准，官府人員（最主要是執票差役）
或地方人士出面協調，以調解的方式解決訟端，執票差役的出場，代表官府

〔註255〕明·趙用賢（1535～1596），《松石齋集》（明·萬曆四十年，海虞趙氏原刊本，
　　　　國家圖書館微捲）。
〔註256〕明·楊昱，《牧鑑》（臺北：新興書局，明·嘉靖癸巳序），卷四，頁1763。
〔註257〕清·葛士濬輯，《皇朝經世文續編》（臺北：國風出版社），卷一百一，〈勸息
　　　　訟說〉、〈無訟論〉。
〔註258〕明·楊昱，《牧鑑》（臺北：新興書局，明·嘉靖癸巳序），卷四，頁1764。
〔註259〕顏廣文，〈明代縣制述論〉，《華南師範大學學報》1990-4，頁97～102，33。
〔註260〕李國祁等，《清代基層地方官人事嬗遞現象之量化分析》（臺北：行政院國科
　　　　會，1975），頁48。
〔註261〕Ch, u Tung –tsu, *Local Government in China Uuder the Ch' ing*, Cambridge Mass
　　　　Harvard University Press, 1962 .p.116.
〔註262〕徐炳憲，《清代知縣職掌之研究》（臺北：政大政研所論文，1971），第六章〈知
　　　　縣之刑政權〉，第一節〈民事案件〉。

開始介入民事糾紛，「官府是作爲權威和公平的第三者，介入民間糾紛並施與影響的，執票差役則作爲這第三者的先頭代理人，發揮著各種積極的作用」，滋賀秀三認爲「由此也觸發了對差役問題的反省，感到似乎不能只強調其存在弊端的一面」〔註263〕。不過，鄭秦也指出這種方式的「息訟」在某個程度上對當的統治階級是有利的，執票差役利用此機會向百姓訛詐財物（這就是一般最常見的弊端），而一些不肖州縣官也利用息訟調解以獲得好處，所以也跟著大倡「息訟」之說。〔註264〕

地方官員爲避免民眾勞神傷財而勸民息訟，與另一種爲獲得好處而勤於息訟的地方官員，兩者息訟心態大不同，但相同的是都顯示出打官司絕對是一樁花費龐大的事情。

另一方面，與息訟觀念相反的，在晚清時出現了「爭訟」的論調，〔註265〕爭訟論者提出了「以爭求平」的主張，晚清時期的訴訟範圍逐漸擴大，參加的人也逐漸增多，觀念與社會問題都復雜化了，以致有人就提出勵精圖治當以聽訟爲先的主張。〔註266〕

息訟的主張或許對當時社會有一定的影響，但從明末以來健訟風氣似不曾間斷，清嘉慶年間的地方志仍可看到衙門人員與訟師包攬詞訟，氣焰囂張，在鄉里間「輕薄自喜」、「氣凌前哲」、「恬不爲恥」的模樣，《長興縣志》，卷十四，風俗：

> 酒肆充街巷，烹炙羅列，暴殄天物，半屬吏胥輩，……士習向較郡
> 中差爲淳朴，年來子矜佻達，甚至包攬詞訟，蝟蝟公庭，恬不爲恥，
> 輕薄自喜，則鮮衣利屣，紅紫作袒，哆口雌黃，氣凌前哲，蓋先輩
> 典型蕩然矣。（張志）〔註267〕

在包攬訟事中，訟師主控一切，從開始到結案，如人證、出庭、費用等皆是，故有時會產生官府已結案，而訟師不肯結的情形，原因是訟師對訟費不滿意，《桐鄉縣志》，卷二，疆域下，風俗：

> 邑中之敝俗約有數端，一曰訟師，皆在城中，每遇兩造涉訟者不能

〔註263〕滋賀秀三，〈清代州縣衙門訴訟的若干研究心得——以淡新檔案爲史料〉，《日本學者研究中國史論著選譯》（北京：中華書局，1992）第八卷，頁529。

〔註264〕鄭秦，〈清代州縣審判試析〉，《清史論叢》第八輯（1991.6），頁187～191。

〔註265〕孫謙，〈晚清時期訴訟觀的演變〉，《江漢論壇》1991-2，頁64～69。

〔註266〕《申報》（臺北：臺灣學生書局）1876年4月26日。

〔註267〕《長興縣志》（臺北：成文出版社，清·嘉慶十年刊本），頁843～844。

　　直達公庭，而必投訟師，名曰歇家。人證之到案不到案，雖奉票傳
　　原差不能為政，惟訟師之言是聽，堂費差費亦皆由其包攬，其顛倒
　　是非，變亂黑白，架詞飾控，固不待言，甚至兩造欲息訟而訟師不
　　允，官府已結案而訟師不結，往往有奉斷釋放之人，而訟師串通原
　　差私押者，索賄未滿其欲也。〔註268〕

這種「兩造欲息訟而訟師不允，官府已結案而訟師不結，往往有奉斷釋放之
人，而訟師串通原差私押者，索賄未滿其欲也」的情形，除了顯示出不肖訟
師為獲利而強勢主導訟事外，更表現出訟師與衙門吏役的關係，兩者狼狽為
奸。表面上公庭、寫狀紙訟師代為張羅，私底下，吏員與訟師則連成一氣，
對原告、被告兩方都要財，造成打官司民眾的損失，《福建通志》，卷五十六，
風俗（泉州府）：

　　民之好訟，都由積惡訟師恣弄刀筆，布成陷阱。甚者通同胥吏高下
　　　其手，使兩造經年累月，骨盡皮穿，而渠之生涯無窮矣。〔註269〕

這種訟師與吏員相勾結的事例，並不特定限於某地區，甚至連當時的臺灣也
有不少的訟師，訟師與吏員勾結「從中撥弄，利其不結（案）」〔註270〕，而地
方官於准理之案，照例收取陋規，地方上下以詞訟為取利之源，是當時臺灣
吏治的弊端之一。〔註271〕可見訟師、吏員之弊是當時普遍的現象，到清末仍
是「訟師輩出，為幻如神，要結蠹吏，呼吸相通」。〔註272〕

　　在當時訟費甚鉅的情況下，訟師與吏員出現控制訟事、包攬詞訟的行為，
當事人一切都聽訟師的。故訟師有「教唆起滅，破民家，壞民俗」〔註273〕之
劣聲，《明律》有關教唆詞訟方面是延續「為人作辭牒加狀」及「教令人告事
虛」二條而來的，在《明律》中教唆詞訟之規定如下：

　　凡教唆詞訟及為人作詞狀，增減情罪，誣告人者，與犯人同罪。若受
　　雇誣告人者，與自誣告同；受財者，計贓以枉法從重論。其見人愚而

<hr>

〔註268〕《桐鄉縣志》（臺北：成文出版社，清・光緒十三年刊本），頁89。
〔註269〕《福建通志》（臺北：臺灣華文書局，中國省志彙編之九，清・同治十年重刊
　　　　　本），頁1138。
〔註270〕《清仁宗實錄選輯》（臺北：臺銀叢書，第一八七種），頁109。
〔註271〕陳玉貞，《清代臺灣吏治研究：以刑名、錢糧職責為例》（臺南：成大史研所
　　　　　論文，1988），頁108。
〔註272〕清・王韜，《瀛壖雜志》（臺北：華文書局，清・同治五年刊本），卷一，頁
　　　　　37。
〔註273〕陳宏謀（1696～1771），《從政遺規》，卷下，頁3。

不能伸冤，教令得實乃爲人書寫詞狀，而罪無增減者，勿論。〔註274〕
清初暫用明律，順治三年匆匆頒佈的《大清律集解附例》，是令法司官會同廷臣
「詳譯明律，參以國制，增損劑量」，〔註275〕所以除涉及官制職稱、貨幣單位和
徒罪科刑不同明制，以及少數律文有所修改增刪外，基本上沿用明律。〔註276〕
故清律本罪仍因襲明律，只是略加小註，其文如下：

> 凡教唆詞訟及爲人作詞狀，增減情罪，誣告人者，與犯人同罪（小
> 註：至死者減一等）。若受雇誣告人者，與自誣告同（小註：至死者
> 不減等）；受財者，計贓以枉法從重論。其見人愚而不能伸冤，教令
> 得實及爲人書寫詞狀，而罪無增減者，勿論。（小註：姦夫教令姦婦
> 誣告其子不孝，依謀殺人造意律）〔註277〕

由上可知，明、清兩代對誣告罪的處置大致相同，明律「教唆詞訟」之犯罪
類型可分爲：

1. 教唆詞訟誣告人者。
2. 爲人作辭狀增減情罪，誣告人者。
3. 受雇誣告人者。
4. 受雇誣告人而受財者。〔註278〕

由前述訟師的行爲，訟師幾乎都犯了這些罪，尤其是「受財」一項，更是明
顯，但在所搜集到的有關懲戒訟師的史料中，並沒有一件是引用法律條文來
制裁訟師的，懲戒訟師大多是地方官個人的作法，如高攀龍是主張「榜其名
於申明亭」，《高子遺書》卷七，〈申嚴憲約責成州縣疏〉：

> 一、訟師教唆起滅，破民家，壞民俗，一段機械變詐，無識者競以
> 爲能，浸淫入於其術而不覺，不復顧天理人心爲何物矣。所當訪實，
> 悉榜其名於申明亭，審出刁誣詞狀，追究寫狀之人并拏重治。〔註279〕

〔註274〕高舉，《明律集解附例》（臺北：成文出版社，清·光緒二十四年重刊本），卷
　　　二二，頁1727～1728。
〔註275〕《大清律例彙輯便覽》（臺北：成文出版社，清·光緒九年刊本），順治三年
　　　五月〈御制大清律序〉。
〔註276〕瞿同祖，〈清律的繼承和變化〉，《中國法學文集》（北京：法律出版社，1984），
　　　頁379～395。
〔註277〕吳達海，《大清律集解附例》，教唆詞訟條。
〔註278〕蔡瑞煙，《明律之誣告罪》（臺北：政治大學法律研究所碩士論文，1985），頁
　　　90。
〔註279〕明·高攀龍（1562～1626），《高子遺書》（明·崇禎五年錢士升等刊本，國家

在一些筆記小說中，較多是以因果報應來描述訟師所受的惡報，如沒有兒子或兒子被殺等（參看〈訟師〉一節），所以明律的誣告罪是否形同具文，值得觀察。

清代某些地方官捉拿訟師，亦和明代一樣，並不是依循法律條文，而是依地方官個人的作法，每個地方官作法不同，汪輝祖任寧遠知縣時，捉拿到訟師，鎖在堂柱上示眾，令其觀看本官審案，以示警告。〔註280〕而方大湜則查明訟師之姓名、年貌、住址、派員嚴拿，到案之後，損傷其顏面，使勿再作訟師。〔註281〕這些處罰都是官員依一己之意行之，而非依清律上的「教唆詞訟」罪則處罰之，故清律的誣告罪執行的情況也值得觀察。

訟師有時就是衙門中人，可能是主筆的六房書吏，也可能是謄寫文書的書役，無怪乎當時認為「訟師非他，即衙門書役也」，〔註282〕二者關係密切，一搭一唱，「訟師暗唆，胥吏又從中煽惑」，目的就是鼓動民眾打官司，好從中牟利，《南匯縣志》，卷二十，風俗志：

> 鄉民謹愿者，多每以鼠牙雀角，涉訟公堂，訟師暗唆，胥吏又從中
> 煽惑，株連不已，其始一時逞忿，其後欲罷不能，經年累月，破家
> 亡身，前志謂動以人命相傾，至今猶然。（參欽志）〔註283〕

是以「一詞到官，不惟具狀人盛氣望准，凡訟師差房無不樂於有事，一經批駁，群起而謀」，〔註284〕又《天下郡國利病書》，第二十二冊，浙江下，海鹽縣志，三十八年通行斂解事宜：

> 各項銀兩給批起解，解戶承領銀批到省，勢必投歇，彼歇家與吏胥
> 內外相構，倚衙門為壟斷，百計需求，上納錢糧，有打點使用之費，
> 投批掛號，有稽延盤纏之費，甚至有積猾包攬，併其銀而侵用之，
> 并其批而沈匿之，種種弊端莫可究結。〔註285〕

圖書館微捲）。
〔註280〕清·汪輝祖（1731～1807），《學治臆說》（臺北：藝文印書館，讀書齋叢書本），卷下，〈治地棍訟師之法〉條。
〔註281〕《平平言》，卷三，頁45。
〔註282〕《皇朝經世文編》，卷二三，姚瑩，〈復方本府求言札子〉。
〔註283〕《南匯縣志》（臺北：成文出版社，民國16年重刊本），頁1438。
〔註284〕清·汪輝祖（1731～1807），《續佐治藥言》（臺北：藝文印書館，知不足齋叢書本），〈批駁勿率易〉條。
〔註285〕明·顧炎武（1613～1682），《天下郡國利病書》（臺北：四庫善本叢書館，初編史部），頁11。

這裡的「歇家」就是指訟師，〔註286〕包攬訟事的行為，背後是糾結了訟師、吏員、無賴、土豪種種的關係組合而成，譬如無賴中體魄強壯的代替受刑，腦筋靈光的代替出庭（往往是訟師），而各級胥吏與胥吏之間互相勾結，形成一張胥吏網（此處胥吏指的是吏員與衙役的泛稱），無往不利，《天下郡國利病書》第二十五冊，湖廣下，承天府志，李維楨參政游朴大政記略：

> 小民有訟，賄豪為居間，其黨拳勇者任受刑，桀黠者任對簿，無不捷矣。所得賄賂日益富，則使其徒為州胥吏，己為郡胥吏。又以其略通監司若兩臺之為胥吏者，兩臺耳目寄之十五郡司理。又以其略通十五郡司理偵事者，明比構會，陰操州長吏佐幕短長，所不便予下考，千里之外，其應如嚮，即士大夫惴惴懼不免，而不肖者欲有所甘心，或陰用之。〔註287〕

另外，品行不良的訟師亦與衙役、胥役勾結，這些胥役不是六房書吏，而是平日衙門的跑腿打雜人員，是州縣行政系統的最基層。因其在衙門當差，訟師要打通關節時亦需要這些衙役的合作，尤其是刑房書役，大抵白役為害，比正役者為多。〔註288〕兩者在訟事上是「訟師為導，衙蠹為招」，〔註289〕這裡的「衙蠹」也可能是指吏員。因為傳統社會下士人對吏員、衙役等人都沒有好感，所以「衙蠹」可以指衙役，也可以指吏員，在本文做衙役解，訟師與之互相呼應，兩者屬合作的關係。

這些衙役也有包攬訟事之行為，一面引誘告狀的民眾，一面與訟師串通，乾隆十二年江西臬司黃岳牧奏稱：「向有一種奸惡胥役，專以包攬詞訟，恃身在衙門，公然開張歇戶，引誘鄉民之告狀者住宿其家，或言有線索可通，或言有情面可託，以至鄉民墜其術中，專以包告包准詿騙銀錢。又家藏訟師慣能捏詞，甚至兩造俱投其門，不使見面，兩邊播弄，從中取利，迨既飽其欲又代為和息。愚民訐訟無休，廢時失業，蕩產破家，往往由此。」〔註290〕由此可看出在訟事

〔註286〕《桐鄉縣志》（臺北：成文出版社，清·光緒十三年刊本），卷二，疆域下，風俗：「邑中之散俗約有數端，一曰訟師，皆在城中，每遇兩造涉訟者不能直達公庭，而必投訟師，名曰歇家。」頁89。
〔註287〕明·顧炎武（1613～1682），《天下郡國利病書》（臺北：四庫善本叢書館，初編史部），頁40。
〔註288〕陶希聖，〈清代州縣衙門刑事審判制度及程度（一）〉，《食貨月刊復刊》1-1（1971），頁7。
〔註289〕《乾隆崑山新陽合志》，卷一，風俗。
〔註290〕《硃批奏摺》，〈法律·其它〉，23號。

當中，訟師與衙役也有勾結，《無錫金匱縣志》，卷三十，風俗：

> 迨至風俗與世移，易佻達遍於子衿，訟師起於飲食，蓋禮讓之俗微
> 矣。……其士之桀黠者，相與舞刀筆，破律令，表裡胥役共為搆搧。
>
> 〔註291〕

「胥役共為搆搧」一句指出胥役（衙役）與訟師也有合作關係，兩者經常是
一搭一唱，共同為訛詐訟費而合作。

　　由上可知訟師與衙門的吏員、衙役皆有勾結，不過吏員、衙役二者在史料
中並不容易分辨，因為當時士人並沒有將二者分別陳述，通常士人在陳述衙門
積弊時常用胥吏，在陳述時其行為時卻像是衙役，吏員與衙役在士人眼中好像
都一樣，往往用胥吏二字涵括吏員與衙役，但在衙門裡吏員與衙役的職務還是
有差別的，本文因篇幅關係，先將範圍限定在吏員與訟師、無賴關係的探討。

　　當時的無賴有「扛幫」、「扛抬」等不法活動，就是藉人命訟事達到詐財
的目的，既牽涉到訟事，在當時「訟必有師」〔註292〕及訟費甚鉅的環境下，
無賴與訟師必有所連絡、勾結，而有些訟師亦與無賴有掛勾，利用打官司去
訛詐他人錢財，《守禾日記》，卷三：

> 獨是刁棍、訟師、夥串扛幫，或窺弱肉易啖，或因殷實可圖。非借命
> 居奇，即倚抄聳聽。甚至以數十載，年遠人亡之田房，及契明界正之
> 墳地，誣以謀吞，捏以強佔紙上。血淚千行，庭審百無一實。〔註293〕

無賴與訟師共同合作藉著打官司詐人錢財，這就是當時士大夫所說的「相與
譸張為奸」，《通州志》，卷六，列傳：

> 鄭舜臣……開霽敏爽，練達老成，決事如流，案無滯牘。……讞獄
> 必求生路出之，不殺無辜之命。禁訟師惡少，不得相與譸張為奸。
>
> 〔註294〕

在扛幫中，訟師主其事，無賴游手則負責拉線或有勇力需要時的支援，因此
就有「結眾毆辱之」的情況出現，《永康縣志》，卷六，風俗：

〔註291〕《無錫金匱縣志》（臺北：成文出版社，清·光緒七年刊本），頁521。
〔註292〕《光緒睢寧縣志》（臺北：成文出版社，清·光緒十二年刊本），卷三，疆域
　　　　志，風俗。
〔註293〕盧崇興，《守禾日記》，卷三，告示類，〈一件嚴禁刁誣囂訟，以杜拖害，以安
　　　　民生事〉。
〔註294〕《通州志》（臺北：新文豐出版公司，天一閣明代地方志選刊（四），明·萬
　　　　曆年間刻本），頁186～187。

健訟，民間少失意則訟，訟則務求勝，既問無冤矣。……城中歇保
戶與訟家爲地者，每偏相佐佑，曲爲陳稟，以亂是非，或伺而遮之，
俾其情不獲上達，稍與抗，則結眾毆辱之，使負屈而去，故人家有
訟，必重賄歇保之桀黠者，以爲羽翼。〔註295〕

打官司的人僱用無賴份子「毆辱」訟事中的對方，使對方「負屈而去」，在訟
事中使用暴力威脅壓迫對方，訟師或吏員不太可能親自動手，所以在這時無
賴游手便派上用場，成爲整個操控訟事活動的一環。

訟師與無賴是上下指揮的關係，訟師大都是識字的讀書人，屬勞心階級，
而無賴在其指揮下活動，屬勞力階級，但在大部份訟師打官司中，公堂上用
到無賴的機會不多，倒是公堂外，或許用得比較多。地方官員在陳述其弊害
時亦常將訟師、無賴游手（扛棍）併在一起，《農政全書校注》，卷八，農事，
開墾上，引耿橘《開荒申》：

一、驅訟師扛棍歸農：

俗之敝也，訟師扛棍，互相爲市，此輩多係無家窮棍，合無懲創之
後，發于各區開荒，著落公正收管。每季終赴縣遞《改行從善結狀》，
仍隨鄉約會聽講。……（小字：按耿橘，號藍陽，萬曆三十四年任
常熟知縣，水利荒政，俱爲卓絕。）〔註296〕

明末的游手莠民「遇婚葬則工爲營辦以釣奇，有詞訟則代爲打點以罔利，甚
則官府之健胥猾吏，爲之奧援，閭巷之刺客奸人，助之羽翼」，〔註297〕可知無
賴平日與官府的吏員是有往來的。吏員平日與無賴地棍往來，兩者在訟事上
互相呼應，「若輩（地棍）倚胥吏爲牙爪，胥吏倚若輩爲腹心」，無賴向平民
「訛借不遂，則造端訐告」，最後就是「冤未即雪，即至審誣，而破家蕩產相
隨屬矣」。〔註298〕

在平日活動中，三者來往頗爲密切，訟師、無賴藉吏員爲護符，吏員藉二
者爲爪牙，三者相互支援、互通聲氣，《學治臆說》，〈地棍訟師當治其根本〉條：

〔註295〕《永康縣志》（臺北：成文出版社，清·康熙三十七年刊本），卷六，風俗，
頁407。

〔註296〕明·徐光啓著，石聲漢校注，《農政全書校注》（上海：上海古籍出版社），頁
201。

〔註297〕明·顧起元（1565～1628），《客座贅語》（北京：中華書局，1987），卷四，〈莠
民〉。

〔註298〕清·汪輝祖（1731～1807），《佐治藥言》（臺北：藝文印書館，知不足齋叢書
本），〈嚴治地棍〉條。

> 唆訟者最，訟師；害民者最，地棍。二者不去，善政無以及人，然
> 去此二者，正復大難，蓋若輩平日多與吏役關通，若輩藉吏役爲護
> 符，吏役借若輩爲爪牙，遇有地棍訛詐，訟師播弄之案，徹底根究
> 一二，使吏役畏法，則若輩自知斂跡矣。〔註299〕

如前所述包攬訟事中主控全局的是訟師，招引有訟事的民眾是胥吏，即「訟
師爲導，衙蠹爲招」的情形，而地方無賴則是主動牽線的角色，將有訟事的
民眾主動介紹給訟師，所以衙門中的吏員、衙役與地方上的無賴游手都可「招
攬」訟事生意。主打官司者是訟師，在文書上需做手腳由吏員協助，在羈押
上需私押由衙役配合，在地方上需威脅對造當事人由無賴份子出面，三者勾
結，達到訟事詐財的目的。這就是包攬訟事中，訟師、吏員、無賴三者所扮
演的角色，《錫金識小錄》，卷一，備參上，衙棍：

> 生監之出入縣庭，把持官府，魚肉鄉民者，在順治、康熙初，曰十
> 三太保，時有正十三、（拗）十三之稱。康熙中曰州橋七棍，蓋此輩
> 上以邑紳之不肖者爲靠山，下以各鄉之土棍爲爪牙。鄉民有訟事，
> 則土棍牽引，令投此輩，爲之主。先以甘言慰之，而陰量其家之厚
> 薄，產不垂盡，事不得結也。有殷實畏事者，藉端恐嚇，不遂其欲
> 不止。〔註300〕

從訟事起始、打官司到官司結束，這種包攬訟事的過程中訟師、吏員、無賴
皆有參與，不過，因爲打官司多屬公堂上的事，訟師與吏員在這方面活動較
活躍，無賴是屬牽線的角色，將要打官司的民眾介紹給訟師（有時衙役亦做
此事），如需要暴力相向時，出面脅迫他人，這部份合作的層次較低。也就是
三者合作，無賴屬於跑腿的角色，屬於勞力部份，訟師就是勞心的部份，吏
員在訟事中扮演的角色與訟師較接近，由於無賴沒讀過書或因沒有功名而無
法勝任公堂上打官司的工作。

　　此或許也與傳統社會的結構有關，傳統社會重視讀書人，有些訟師具有
秀才身份，也就是生員，有一些特權，譬如在公堂不必下跪、免賦役等。吏
員的地位也異於平民，其在衙門工作，是屬「庶民在官」的身份，〔註301〕與

〔註299〕清・汪輝祖（1731～1807），《學治臆說》（臺北：藝文印書館，讀書齋叢書本），
　　　　卷下，〈地棍訟師當治其根本〉條。

〔註300〕《錫金識小錄》（臺北：成文出版社，清・乾隆年間修，清・光緒刊本），頁
　　　　66～67。

〔註301〕明・沈榜，《宛署雜記》（北京：古籍出版社，1982，明・萬曆二十一年（1593）

平民百姓仍有差別，吏員有丁・糧優免額，〔註302〕一般百姓則沒有，大多無賴份子則是一般平民，其教育水準不高，甚至不識字，只能靠身體強壯勇力圍事糊口。這種社會階級也或多或少反映在三者的合作關係中。

在公堂上用的是知識、智力，需識字，懂刑書，這些條件無賴都沒有，只好做一些勞力的工作。故身份與能力是影響訟師、吏員、無賴三者合作層次的因素，訟師與吏員兩者在訟事上處較平等合作的地位，而無賴雖屬合作對象，但屬層次較低的勇力跑腿的性質，此與無賴本身能力限制有很密切的關係。

訟師、吏員、無賴三者關係圖

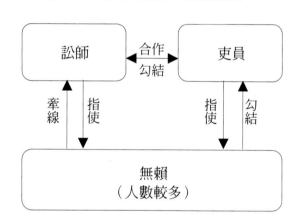

此圖表現出訟師、吏員、無賴三者合作的關係，雖屬合作，但訟師與吏員較是站在平等的地位，而無賴則是屬於層次較低的合作對象，此與無賴本身條件的限制有密切的關係。

初刻），第三卷，光字，頁 25。

〔註302〕和田正廣，〈徭役優免條例の展開と明末舉人の法的位置——免役基準額の檢討を通じて〉，《東洋學報》60-1/2（1978），頁 108，表5〈萬曆14年の優免則例における糧・丁優免額〉中亦列出胥吏的優免額。

第五章　無賴的人際關係網之二──
淺論無賴與其他階級之關係

　　在第四章已就包攬訟事方面論述無賴與訟師、吏員的關係，無賴在其社會活動中，還接觸到其他階層的份子，因爲史料收集有限，只能對此進行表面的探討，故曰淺論。本文想藉著無賴與其他階級的人際關係之探討，對當時無賴階層的活動領域有更深刻的認識。

　　由〈明清無賴的社會活動〉一章中，本文將無賴接觸過的階層，列舉如下：

第一節　無賴與無賴

　　無賴與無賴間的關係可再分爲無賴份子之間和無賴集團之間兩種，在同一個集團內無賴與無賴間是互助合作的關係。無賴份子當時的活動並不爲統治者所認可，在違反當時體制規範的情況下，同一集團內的成員是處於互助團結的關係，他們必須抗拒外來壓力，在被人排斥的情況下生存下去，惟有團結合作才能確保他們在體制外的生存。所以，類似打行、窩訪等無賴集團，由其活動看來，集團內的份子是相當合作的，「打行」就是藉「歃血爲盟」的儀式來強化彼此間的凝聚力。

　　無賴集團與無賴集團間則是屬於合作與競爭相互交錯的關係，合作關係在地方小集團與大集團間表現得更明顯，或許是因爲大集團有組織、人數又多，所發揮的力量遠較地方性的無賴集團來得大，故地方無賴有事情需要幫

忙時，就求助於類似「打降」（打行）這種大的無賴集團（參看〈明清無賴的社會活動〉一章），《南匯縣志》，卷二十，〈風俗志〉：

> 無籍之徒，三五爲群，釀酒肆，橫強取市物，或習拳勇，聚黨結盟，謂之小弟兄。……夥賭窩娼，留蔽盜賊，借力打降，此類不一，各以其地，名曰某幫、某幫，此亂民也。〔註1〕

這裡所指「某幫、某幫」大概是指規模較小的地方無賴集團，不像打降是一個有組織的無賴集團。像這種地方游手聚集成幫所發揮的力量有限，必需藉助有組織性、更有力量的打降，所以文中提到「借力打降」，值得注意的是地方無賴「習拳勇，聚黨結盟」的形態，其實是和打降相似的，或許性質相近，有助於兩者的互動。

另外，無賴集團與無賴集團之間的另一種關係是競爭，也就是搶地盤。由〈明清無賴的社會活動〉一章中可以得知，如賭博、迎神賽會等，皆有一定的地點，所以地方無賴爲確保自己的利益，當遇到外來挑戰時，便會發生搶地盤的現象，這種搶地盤的行爲，大約是一個團體對另一個團體，如某幫對某幫的類型。《覺夢錄》，頁三：

> 滑賊奸徒共襄城守，授之以權，教之以偷，標門榜戶，設長分行。
> 由是而甯波幫、福建幫、南京幫、江北幫、塘橋幫、廟幫、青手幫、底作幫、百龍黨、藍線黨、小刀會、雙刀會，狐群狗黨，各立渠長，互競雌雄，始則橫行白晝。〔註2〕

「狐群狗黨，各立渠長，互競雌雄」就是無賴所組成的團體之間的互相競爭，故無賴集團與集團之間是存在著競爭的關係，而在同樣是靠拳勇吃飯，一定要盤據固定地盤才能生存的情況下，兩者間的競爭是相當激烈的，由「各立門戶，時競強弱，儼如仇敵」一語便可知曉。此更道出了有些靠拳勇起家的無賴游手的特色，因爲如果不能彰顯自己的力量，便等於不能據有一定的地盤，也等於這批靠拳勇維生的無賴失去生存空間，故無賴集團間的競爭關係是相當激烈的。

由上所論可知，在同一集團內的無賴之間是合作互惠的關係，但集團與集團間則是合作與競爭相互錯雜的關係。

〔註1〕《南匯縣志》（臺北：成文出版社，民國16年重刊本）。
〔註2〕清‧曹晟，《覺夢錄》，收錄於《上海掌故叢書》（臺北：成文出版社，民國24年鉛印本），頁1139～1140。

第二節　無賴與土豪

　　這裡的土豪指的是在地方有勢力的大戶，不是書香世家，而是類似暴發戶的富豪，此種身份是否可列爲鄉紳，這方面牽涉的問題頗爲複雜，此節不擬討論，先就史料上原來的用詞，稱其爲「土豪」。

　　土豪在地方上有財有勢，可影響一方的經濟、治安等方面的事務，所以地方無賴在做某方面的活動時，往往需要當地有勢力的土豪協助，而土豪需要人手幫忙的時候，這些無賴也會挺身而出，此點顯出兩者有互助的關係。

　　土豪雄霸一方，靠他吃飯的無賴也不少，土豪有事情時，便會指使一些游手無賴去替他擺平，此時無賴對土豪呈現倚賴、被指使的關係。在一些詐騙的活動中，無賴與土豪兩者是呈現合作支援的關係，當時盛行以人命訛詐殷富人家。由於以命詐財爲無本生意，獲利甚多，一些無賴游手甚至毒害自己年邁的親人，只爲了詐取富人錢財，維持生計（參看〈明清無賴的社會活動〉詐訟一節）。在這種行爲中，土豪與無賴是處於合作的關係，《福建通志》，卷五十七，風俗：

> （明）趙良生嚴禁假命諭
>
> 照得武邑積習假命居奇，凡有債務、微嫌、戶婚、細故，懷鳩毒以消仇，借雉經而息憤。採食長葛，立可斷腸，奔赴清流，即時殞命，或值親老垂危，使之捐軀，因詐害或乘子孫篤疾，迫之自盡，遂行抄搶。奸頑匪類視爲活命之原，無賴刁徒竟作營生之本，屍親宗黨遍地生波，勢棍土豪張威助燄，撼鬚鼓掌。畫策區謀，播舌搖唇，興詞滋訟，致使株連親族，愚懦遭殃，拖累鄰里，無辜受害。〔註3〕

由此可知無賴以人命詐財時，土豪在旁搖旗吶喊，配合協助，「張威助燄」、「畫策區謀，播舌搖唇，興詞滋訟」，希望藉由屍命興訟，牽扯到富戶，獲取錢財。在詐財、抄搶的不法活動中，無賴游手與土豪兩者互相勾結，屬合作關係。

　　無賴的另一社會活動爲賭博，無賴在地方上開賭場，官府不允許賭博行爲，故官府會有取締行動，無賴要在地方上開賭，就要給衙役「使費」（規費）買通衙役以通風報信，除此之外，也需要當地有勢力的土豪撐腰。土豪大多不是書香世家，行事財大氣粗，沒有什麼道德感，所以對庇護無賴開賭場之類的行爲也沒什麼忌諱，或許土豪從中亦可獲取經濟上的好處，《崇明縣志》，

〔註3〕《福建通志》（臺北：臺灣華文書局，中國省志彙編之九，清·同治十年重刊本），頁1174。

卷四，地理志，風俗：

> 煙賭為害尤烈，……博尤豪恣，村市無賴倚庇土豪，保甲公然聚賭，
> 商賈農夫輟業以嬉。〔註4〕

土豪在地方上擁有一定的影響力，除了經濟力量外，底下還養著一批無賴供其指使，游手棍徒用強力手段幫土豪達成目的，無賴游手橫行市井造成地方小民不敢動輒得罪地方土豪，進而維持了土豪在地方的優勢，如此橫行的結果，土豪連生員都不放在眼裡，《𧮫辭》，卷三，武朝用：

> 生員劉允晉，濬人也。而僑居於滑，與土人之豪有力武朝用者，以睚眥成仇，乃其家故溫也。先是別有素盜胡以順，……朝用遂收為養子，從此允晉被穿窬者無寧歲，心固疑之，而未有以破也。四月初一夜，以順復持棍越牆而入，為允晉僕人馬隨德所覺，以為止一人耳，亟起追之，見牆外伏黨甚眾，不敢躪而返。〔註5〕

土豪要找生員的麻煩，底下自有一批做事的幫手，由「伏黨甚眾」一語可知，土豪底下供其驅使的無賴數量不少，平日無賴游手倚仗土豪勢力橫行鄉里，土豪財力雄厚，提供無賴日常吃喝，生活所需，所以土豪有事要處理時，便指使底下一票無賴游手去打點。土豪為了維持在地方的優勢，不但攏絡市井無賴，連乞丐都是土豪拉攏的對象，《續書堂明稗類鈔》，卷十六：

> 有土豪張姓者，能以財致人死力，凡京中無賴皆歸之，忽思乞兒一種未收，乃於隙地創土室，招群丐以居，時其緩急而周之。〔註6〕

這些乞丐得到土豪的幫助後，就幫土豪張氏討債，凡欠張氏債的人都會受到乞丐的騷擾，等欠債人受不了，就自動還錢。乞丐這種利用人們不希望乞丐站在家門口的心態逼欠債者還債，有點類似今日的討債集團。這就是土豪攏絡下層階級所獲得的好處之一。

　　土豪有財力提供無賴資源，無賴則提供人力幫手，平日土豪供養無賴，給予無賴所需的庇護，無賴則在土豪有事時就幫忙跑腿，當這兩股地方惡勢力結合在一起，一般百姓民眾自然倍受剝削。《天下郡國利病書》，第七冊，

〔註4〕 《崇明縣志》（臺北：成文出版社，民國 13 年修，民國 19 年刊本），頁 132
～133。

〔註5〕 明·張肯堂（明·天啓五年（1625）進士），《𧮫辭》（臺北：臺灣學生書局，
明·崇禎年間原刊本），頁 195～198。

〔註6〕 清·潘永因，《續書堂明稗類鈔》，轉引自謝國楨，《明代社會經濟史料選編》
（福州：福建人民出版社，1981），頁 369。

常鎮，武進縣志，徵輸：

> 又都市無賴少年，豪內外膠結為奸，翕張煽禍，視飛輓為奇貨，視
> 運民如魚肉，竭閻閭之膏脂，啗虎狼之餓啄。日甚一日，歲甚一歲，
> 小民吞聲受痛，莫可控訴。〔註7〕

無賴游手與地方土豪聯手壓榨百姓，視民如魚肉，兩者勾結合作，無賴游手
得到生存空間，地方土豪獲得大量不義之財，最不幸的就是地方平民百姓。
另一方面需注意的是無賴游手階層是沒什麼道德觀的，只要能訛詐金錢，達
到目的，什麼事都做的出來，包括陷害、報復土豪，「窩訪」就是一例。《睢
寧縣舊志》，卷七，風俗志，民俗：

> 民之狡者，向以窩訪為中傷報復媒，而罹其禍者率皆土豪衙蠹，善
> 良之家亦或嘗一二及焉。〔註8〕

窩訪也稱訪行，簡單的說就是一群人（游手或不肖生員之類）平日專門打聽
衙門官府的短長，藉以要脅、詐財，或據此陷害他人，在州縣稱造訪，在省
都稱窩訪。這類利用「訪」來訛詐或報復他人的行為，其背景是朝廷的觀風
俗使制度，朝廷每年或不定時會派觀風俗使到民間探訪民瘼，這時無賴份子
就將平日預備陷害某人而蒐集的耳語、資料提供給觀風俗使，使者再往上呈
報，被陷害者便百口莫辯。是以無賴份子用窩訪陷害的不只殷實人家，還包
括地方土豪。

　　無賴與土豪並非只有互助、互惠的單一關係，無賴為了本身的生計，有
時會反過來訛詐土豪，這就是無賴的生存手段，為了求生存用盡手段。就這
方面而言，無賴的行為有其自主性，沒有人情壓力，為了生存什麼事都做得
出來，沒有功利觀與道德觀互相衝突的心理問題（如其它階層的人一樣），
這就是無賴游手。

　　當然此處所言的無賴並非屬同一集團而是泛指無賴游手階層，與土豪合
作的無賴與陷害土豪的訪行無賴就不同。同樣的，供養無賴的土豪與被陷害
詐財的土豪也不是同一個對象，由著這樣的行為，亦可顯出兩者關係的多樣
性。

　　故無賴與土豪的關係，可分為互助（無賴倚賴土豪，土豪靠無賴辦事）、

〔註7〕明・顧炎武（1613～1682），《天下郡國利病書》（台北：四庫善本叢書館，初
　　　編史部），頁33。

〔註8〕《睢寧縣舊志》（臺北：成文出版社，民國18年鉛印本），頁317～318。

無賴被土豪指使、及無賴陷害土豪三種。

第三節　無賴與勢僕

　　這裡所說的勢僕，是指大戶人家底下作爲強橫的奴僕，尤其是權傾朝野的宰相，明代嘉、萬年間，凡在位較久的權相，幾乎無一不有驕恣放縱的勢僕，舉凡嚴嵩〔註9〕、徐階〔註10〕、高拱〔註11〕、張居正〔註12〕等皆有勢僕橫行市井的事跡。不只宰相家有勢僕，一般官員家亦有勢僕。〔註13〕

　　勢僕與無賴常有往來，勢僕的作爲有時就跟無賴一樣，甚至勢僕本身就是無賴，所以兩者可說是臭味相投，無賴想藉著與大戶人家奴僕的關係，提升自己在同儕中的地位，或多或少撈點好處。而勢僕結交這些無賴游手，可加強自己的力量，人手又多，辦起事來更加方便，也樂於與之爲友，無賴與勢僕勾結橫行，這些勢僕依仗的是主人家的權勢。《錫金識小錄》，卷六，稽逸一，劉職方元珍：

> 邑官家奴多倚勢，恣縱橫行市井，人多畏勢不敢言，而主人亦因以
> 得謗。〔註14〕

當時的大戶人家門下有不少奴僕，「以千計」，其中自然有些「強奴悍僕」，這些強悍的奴僕有其頭目，勢僕橫行市井，行爲囂張與凶狠的無賴棍徒沒什麼兩樣，甚至鬧出人命也不當一回事。《客窗閒話初集》，卷四，孝女：

> 江左某巨室，叔姪相繼爲宰輔，子弟之職居清要者數十人，天下名
> 公巨卿，半出其門下，……其弟某學士，因疾家居，伺應之強奴悍
> 僕，以千計，分班值日，統於老奴。其放班閒曠之時，成群結夥，
> 佔據於茶坊酒肆，攪擾不休。有何姓者，攜其妻女，在宦室之左近，
> 開設酒樓爲業。其悍僕日來酒饌，但逋欠者多，且一縱性逞興，則

〔註9〕 明·徐復祚，《花當閣叢談》（臺北：廣文書局，晚明刊本），卷二，〈分宜逸事〉。

〔註10〕 明·伍袁萃（明·萬曆八年（1580）進士），《林居漫錄》（臺北：偉文圖書公司），卷一。

〔註11〕 《嘉慶如皋縣志》，列傳二，卷十七，〈姜岱傳〉。

〔註12〕 明·周元暐（明·萬曆乙酉（1585）舉人），《涇林續記》（臺北：藝文印書館，百部叢書初編六九輯，功順堂第二函十一種），頁33。

〔註13〕 吳振漢，〈明代的主僕關係〉，《食貨月刊》12-4/5（1982.8），頁157～158。

〔註14〕 《錫金識小錄》（臺北：成文出版社，清·乾隆年間修，清·光緒刊本），頁371。

號呼達旦，何厭苦之。以酒盡爲辭，諸僕大怒，群搜其室，得酒數
甕。叱問曰：此非酒耶？奈何欺我。何方強辯，一醉僕舉甕以擊何
首，立碎之。謾罵而歸。〔註15〕

上述勢僕因酒店主人藏酒，心生不滿而以甕擊殺之，還「謾罵而歸」，一點都
沒有打死人害怕的樣子，可見當時勢僕態度之囂張。

　　勢僕常仗著主家的權勢，無惡不做，當時士大夫在陳述豪奴之害時，
說道：「百計千方，詐人錢財，及說事講銀，則曰：家爺式千兩，或幾百兩，
書房幾十兩，眾奴幾十兩，講事者另要後手銀幾十兩，任其富戶大家，曲
直未分，家資洗蕩」，〔註16〕這些豪奴詐取錢財後，「奴則綾羅滿身，妻則
金珠滿頭，在家膏粱美味，在外包婦賣娼」，豪奴本身依仗主家的權勢在外
招搖撞騙，「豪奴之橫，多行於小民，而流毒於士類者，間有之耳」。〔註17〕

　　招攬游手無賴更是增加他們橫行市井的力量，「招徠無賴輩，肆行市衢間」
便是這種情形的寫照，主家的權勢加上有地方游手無賴的幫助，這些勢僕橫
行鄉里亦無人敢告狀，《嘯亭雜錄》，卷八，李漱芳：

李侍卿（漱芳）四川人，巡視中城，有傅文忠公家奴樂大恃公之權
勢，招徠無賴輩，肆行市衢間，無人敢過而問者。〔註18〕

勢僕與無賴互相勾結，兩者甚至還連手毆辱官員，由以下「輒領棍徒」一語，
可知兩者隨時可聚合在一起，發揮力量，《文獻叢編》，蘇州織造李煦奏摺，
奏參烏林達李永壽家人借端打強搶毆辱職官摺，康熙三十七年六月：

不意今有烏林達、李永壽在蘇所買家人孫雲，初聞因伊繼父孫貴係
鄉官陸遠經之家僕，自縊身死。孫雲於本年六月初九日，輒領棍徒
打鬧陸家，路捉遠經沿街毆辱，臣隨將孫雲發有司監禁。〔註19〕

其中的勢僕孫雲因其繼父爲鄉宦陸遠經的家僕，自縊身亡，孫雲便率領棍徒
打搶陸家，還「路捉遠經沿街毆辱」，可見當時勢僕態度之囂張，而孫雲之所
以能如此做，其中有無賴棍徒的幫助應是主因。

〔註15〕清・吳薌厈，《客窗閒話初集》（臺北：新興書局，筆記小說大觀本，清・光
　　　　緒戊申（1908）序），頁1185。
〔註16〕明・張漢儒，《疏稿》。
〔註17〕明・談修，《避暑漫筆》，卷上。
〔註18〕清・昭槤，《嘯亭雜錄》（臺北：新興書局，筆記小說大觀本，清・道光年間
　　　　完成），頁4595～4596。
〔註19〕國立故宮博物院編，《文獻叢編》（臺北：臺聯國風出版社印行），頁855。

當時有些奴僕勢凌主家之上，有「鼻頭」之稱，品德不佳的勢僕假借主人家的權勢，在外行徑與無賴無異，「假屍抄捉，扛抬釘對」，有睚眥之仇必報，地方官員雖知其劣行，但因忌憚官宦之家權勢，也就不敢查辦這些勢僕，冤枉的是，這些官宦之家對其奴僕在外的惡劣行徑，居然完全不知道，《復社紀略》，卷二：

> 豪僕，俗謂之鼻頭云者，吳音呼嘴為主，以其主在，而反居主之上也，借主之權勢，每以假屍抄捉，扛抬釘對，修往年之睚眥，爭久賣之田產，且門牆連戶，百黨聚會，小民畏懼，甚于鄉紳，門宦者不知也，有司忌器而姑容之，實有不可言矣。〔註20〕

其中提到扛抬一項，即是藉人命索財或報仇的手段（參看〈明清無賴的社會活動〉一章），這種行為勢僕也有參與。

由上所論可知勢僕因為有無賴份子為助，力量大增，得以橫行鄉里，而無賴應也可從這種行為中獲取利益，兩者的關係是建立在互惠合作的基礎上。

第四節　無賴與衙役

在第四章已就包攬訟事方面探討過無賴與吏員的關係，在這一節中要探討衙門中位階比吏員還低的衙役人員與無賴之間的關係。

州縣官吏裡依職、權、責、利的不同，大約可分為六等。依次為州縣的正官、州縣的佐貳官、屬官和教職、州縣的雜職、吏屬、州縣的胥役等六級。〔註21〕明代各州縣均設有各房書役，一般有承發、吏、戶、禮、兵、刑、工等房，通稱六房書吏，這些人在衙門裡書寫文書，掌管簿籍，參與州縣各種事物，這就是吏屬，也就是本文在第四章所言的吏員。

胥役是指各州縣衙門有各種聽差跑腿辦雜事的人員，稱之為「胥」或「役」，俗稱衙役、差役或徭役，衙役是從百姓中徵發的，有皂隸、斗級、庫子、巡鹽、捕盜……等諸多名目，諸役是由各里甲輪流選壯丁充當，有一定的規定期限，還有一些是自願充役的。自一條鞭法實行以後，這些役多改為由官府雇用，享有一定的工食銀米待遇而逐漸轉變為職業。在州縣官吏群中，衙役的地位最低，是州縣體制下最基層的人員，不但受命于州縣長官、佐貳

〔註20〕明·陸世儀，《復社紀略》（臺北：新興書局，筆記小說大觀本），頁 2108～2109。
〔註21〕柏樺，〈試論明代州縣官吏〉，《史學集刊》1992-2，頁 28～34。

等官，而且還要受制於吏員。

　　衙役的主要職責有緝捕和執行兩方面，如拘傳、搜捕、起贓和站堂、行刑、解囚等，他們還可以受州縣官飭派協同鄉里調處民間糾紛，所以衙役也是州縣司法中不可缺少的人物。〔註22〕清代衙役的數量頗多，大縣上千名，小縣數百名，四川巴縣曾有過七千名衙役，〔註23〕其中除「正身衙役」幾十名外，餘則稱為白役、散役、幫役、副役、伙役等等。管理這些衙役的人稱「管班」，「出入裘馬，驕淫踰制」，〔註24〕因為傳統社會下對吏員、衙役等人都沒有好感，指責時大多一起指責，以致在史料中兩者含混不清，本文為與「胥吏」（吏員）區分，則稱「胥役」為「衙役」。

　　由於衙役是各項行政命令的執行人，勾搭上衙役對無賴而言有許多好處，另一方面，當時的衙役有不少品行不良的人，所以常有兩者勾結的情形出現。無賴與衙役在大部份的情況下是合作互助的關係，但有時也會出現無賴單方面陷害、敲詐衙役的事情（詳後）。

　　在《錫金識小錄》中就有狡黠的衙役和無賴游手利用詭計假報死者由死復生，進而強索賞金的情形，《錫金識小錄》，卷十，前鑑，點胥：

> 華謇齋津參政山西卒於位，同年僚友遣急足持書報其家，有點胥齋
> 牒，南都強與同行。在邸醉急足，而啟其封，易以己筆，不改一字。
> 急足持書至，合門成服，居兩日，又一急足持僚友書至云：氣絕兩
> 日，尚未斂，忽甦言冥王誤追放還，問以祿壽，曰官一品，壽九十，
> 今精神如舊矣。其人率勇徒數十人索賞百金，及比對前書字跡不異，
> 崇厚勞之，無何家人歸，更生事無有也。〔註25〕

在這裡衙役所帶的勇徒數十人，可能就是無賴游手，人數相當可觀，兩者合作詐財，呈現勾結的關係。另外，前面提到無賴開賭場，只要繳一定的規費──當時稱為「使費」，便可得到衙役的包庇，衙役是地方行政的實際執行者，如拘捕、宣告等事都是衙役的工作，所以只要買通衙役，便可順利開賭場，而不怕官府的取締。《光緒嘉定縣志》，卷八，風俗：

> 富者貧，貧者餓，作奸犯竊，率由於此，鄉鎮茶坊，大半賭場也。……

〔註22〕鄭秦，〈清代州縣審判試析〉，《清史論叢》第八輯（1991.6），頁182～183。
〔註23〕劉衡，《蜀僚問答》。
〔註24〕清・王韜，《瀛壖雜志》（臺北：華文書局，清・同治五年刊本），卷一，頁37。
〔註25〕《錫金識小錄》（臺北：成文出版社，清・乾隆年間修，清・光緒刊本），頁655。此段引文斷句蒙張彬村老師指正，特此致謝。

文武佐雜衙役皆有使費，倉差地保尤若羣護符官，雖示禁，空文而已。〔註26〕

有時衙役甚至與無賴合作瓜分失物，一些因破案追回的贓物，無賴就假裝是失主，將失物竊領後，私下與衙役平分，《山書》，卷二，捕營盜情：

（崇禎二年）五月……至有一種神奸，與番役穿鼻，每遇盜發，或當官認爲失主，而贓物則私相瓜分。〔註27〕

衙役與無賴合作詐財是因爲衙役沒有固定的收入，「既無職名，又無廩給，赤手在公，勢難枵腹從事，惟以作奸剝民爲飲食衣履，仰事俯蓄之計」，〔註28〕所以只有從民眾或其他途徑弄錢以維持生活。

有時衙役就是無賴，「書辦大率貧猾無賴竄身於官」，〔註29〕故有「無賴番役」〔註30〕之稱，父子相承，兄弟相繼，長期把持官府，與當地土豪大戶互相勾結，抓著地方官的缺失，使整個衙門上下對其言聽計從，可說是無賴衙役藉著官府的公權力在壓迫民眾。《福惠全書》，卷三，蒞任部，驅衙役：

幫身白役……濫用則匪類滋奸，每有父子（淵）親，盤踞年久者。……本官長厚可欺，則恣爲不法，嚴刻過甚，則朋謀暗算，結劣矜爲爪牙，通內丁爲線索，本官稍有瑕疵，輒指爲把鼻，講呈說告，恐嚇多端。……侵蝕錢糧，凌虐良懦，官民均被其毒，有不可勝言者矣。……官吏少有拂意，挑唆無賴叩閽，動輒拖累多人，然此猶本邑諸奸之爲害也。〔註31〕

「官吏少有拂意，挑唆無賴叩閽，動輒拖累多人」說明了衙役與無賴密切的合作關係，所以有一縣之內「以三百計，是一城社之中，而有三百狐與鼠，一郊原之中，而有三百虎與狼也。」〔註32〕的說法。

〔註26〕 《光緒嘉定縣志》（上海府縣志輯，上海書店、巴蜀書店、江蘇古籍出版社，中國地方志集成八），頁159。

〔註27〕 清・孫承澤輯，裘劍平校點，《山書》（杭州：浙江古籍出版社），頁52。

〔註28〕 清・徐文弼，《吏治懸鏡》（臺北：廣文書局，筆記五編），蒞任，馭書役條。

〔註29〕 清・徐文弼，《吏治懸鏡》（臺北：廣文書局，筆記五編），蒞任，馭書役條。

〔註30〕 《明穆宗實錄》，卷十八，隆慶二年三月辛酉條：「一在京在外緝獲強盜妖言奸細等項，多有貪功網利及無賴番役，妄挐拷打，誣陷重罪。」，頁0505～0506。

〔註31〕 清・黃六鴻，《福惠全書》（臺北：九思出版社，1978），頁39。此段引文斷句蒙張彬村老師指正，特此致謝。

〔註32〕 《皇朝經世文編》，卷二十四，侯方域，〈額吏胥〉。侯文是將衙役和書吏同稱

衙役與無賴游手朋比爲奸，沒什麼謀生技能，只能用欺騙、脅迫、勒索的方式詐取錢財，無賴游手無身家恆產，也沒什麼道德觀，雖然與衙役階級勾結，並不代表就不會勒索衙役。前面提過窩訪的行爲，就是平日蒐集他人過失，藉由中央官員下鄉探訪時，狀告他人，以達到陷害或威脅取財的目的。通常窩訪是無賴與衙役共同合作陷害他人的行爲，但既然衙役是官府中人，也免不了被抓小辮子，而遭到威脅。《睢寧縣舊志》，卷七，風俗志，民俗：

> 民之狡者，向以窩訪爲中傷報復媒，而罹其禍者率皆土豪衙蠹，善
> 良之家亦或嘗一二及焉。〔註33〕

不過，這裡所指的「罹其禍者率皆土豪衙蠹」似待修正，據《明實錄》、《福惠全書》等記載，因窩訪受到陷害的對象不止土豪衙役，還有一般民眾，且窩訪當時已流爲一種報復的手段，平民百姓可能因爲得罪他人而被窩訪陷害。

由上述可知，無賴與衙役的關係跟無賴與土豪的關係類似，兩者間相互合作，進行不法勾當，詐取他人財物，橫行鄉里，但因無賴階級一切以利益爲前提，管他對象是誰，只要能達到詐財目的就行，勒索對象自然也就包括衙役，是以二者有著合作與陷害的關係。

第五節　無賴與世家子弟

由〈明清無賴的社會活動〉賭博一節中，可以知道無賴用賭博引誘富家子弟，詐取大量錢財，兩者是單向利用的關係，無賴往往以賭博引誘富家子弟或以聲色加強誘因，《福建通志》，卷五十五，風俗：

> 一曰賭，矜監商賈下及平民，無不賭者，敗露責懲特其偶耳，重
> 門深閉，人蹟罕至，既倚爲窟穴。而又廣布羽翼，偵探勾引，或
> 以聲色爲囮，一墜其中，旦夕家破，及其窮也，反入其夥，以勾
> 引他人爲衣食計。蓋設局者棍徒，而賺誘良家子弟者，半皆無行
> 之士人也。〔註34〕

這些被引誘的子弟大多家道殷實，無賴或藉賭局騙取錢財，或藉著寫借據，向其父兄勒索，《歧路燈》中的張繩祖其詐騙手段便是這種模式，引誘良家子

爲吏胥的。

〔註33〕《睢寧縣舊志》（臺北：成文出版社，民國18年鉛印本），頁317～318。

〔註34〕《福建通志》（臺北：臺灣華文書局，中國省志彙編之九，清·同治十年重刊本），頁1128。

弟賭博的人大多是品行不良的讀書人，在學堂或其他士人場合的接觸，看哪家子弟涉世未深，比較容易引誘入賭，就設局誘詐之，即所謂的「廣布羽翼，偵探勾引」。《福建通志》，卷五十六，風俗：

> （清）陳汝咸嚴禁賭博諭
>
> 今訪得浦俗賭風最甚，有等賭棍局賭開場放頭，取管糾合無賴凶徒，引誘少年子弟窺其殷實，或賭局騙現錢，或索寫借契。甚或管以穀石，索以重利，及至稻穀登場，公然持契勒其父兄。〔註35〕

無賴不是勒索子弟本身，而是勒索其家，子弟不過是詐財的工具，因賭博玩樂致使家道中落的富家子弟所在多有，這些子弟沒有謀生技能，又爲了生存只好同流合污，加入無賴階層成爲其中的一員，這就是良家子弟社會階層向下流動的因素之一（參看〈無賴的社會階層流動〉一章）。

另一種是兩者臭味相投，稱兄道弟，良家子弟與無賴往來的原因，或許因爲好逸樂，或許因爲好拳勇，子弟本身喜好的事物與無賴有相通處，故與之往來。這種行爲家人往往嚴禁，但都沒什麼效果，「鞭笞莫能禁」。〔註36〕如果家中無長輩，則情況就更嚴重，這些家道殷實的子弟與無賴往來，放浪數年後，往往落得「無立錐之地」，最後只好在寺廟裡幫傭打雜。《耳郵》，卷一：

> 沅陽某甲，故家子也，少無賴，父禁之嚴，猶時踰垣，從惡少遊，父卒，益無忌憚，放浪數年，遂無立錐地，傭於僧寺中。〔註37〕

又《耳食錄》，卷四，文壽：

> 文上舍壽，累舉不第，其仲弟某者，……仲子隨宦失業，既愚且驕，好博塞飲酒，數盜財物亡去，從里中無賴少年遊，鞭笞莫能禁。〔註38〕

由上引可知世家子弟行爲與無賴份子臭味相投，進而相與爲友，另外有些子弟本身行爲就與無賴差不多，更是相處愉快。《淞濱瑣話》，卷三，邱小娟：

> 樂崇道，潯陽人，性跳蕩，喜拳勇，少不務正業，所交友，多匪人。

〔註35〕《福建通志》（臺北：臺灣華文書局，中國省志彙編之九，清·同治十年重刊本），頁 1154～1155。

〔註36〕清·長白浩歌子，《螢窗異草初編》（臺北：新興書局，筆記小說大觀本，清·光緒三十一年（1905）序），卷三，青眉：「……竺巳十七，家小裕，志遂少荒，數從無賴游，女禁之，弗聽。」，頁 1356～1364。

〔註37〕清·羊朱翁，《耳郵》（臺北：新興書局，筆記小說大觀本，記清末年事），頁 6218。

〔註38〕清·樂鈞，《耳食錄》（臺北：新興書局，筆記小說大觀本），頁 4152。

> 承祖父餘業，席豐履厚，揮霍殊豪，臨事喜武斷，有不從者，輒肆
> 其凌侮，以是鄉里爲之側目。〔註39〕

無賴與良家子弟往來，除了勒索詐取財物外，也有其他的因素，譬如想佔點
便宜等之類的心態，《客窗閒話初集》，卷三，吳橋案：

> 有武生許三者，城居隨父設肆於鎮，父因老病，俾業其子而養病於
> 家。許三恃秾無賴，好與惡少爲伍，游獵於色，不逞之徒，利其資
> 而助爲虐。〔註40〕

「利其資而助爲虐」一語說出了無賴想佔便宜的心態，另外，或許也有想提
升自己身份的心理作用，《歧路燈》中的夏逢若便是如此，「話說夏逢若自從
結拜了盛宅公子、譚宅相公，較之一向在那不三不四的人中往來趕趁，便覺
今日大有些身分，竟是篾片幫閒中，大升三級」。〔註41〕

　　由以上所論可知無賴對於世家子弟大多是持一種利用的態度，而一些世
家子弟與無賴來往是因爲氣味相投，這種相處有朋友的關係，但事實往往呈
現無賴對世家子弟單向利用的關係，世家子弟從無賴身上得到的不過是短暫
的歡樂，一旦家財散盡，這些游手朋友也就跟著鳥獸散了。

第六節　無賴與妓女、乞丐

一、妓　女

　　妓女的產生有一部份是無賴所爲，無賴往往誘拐婦女賣與妓院，自己獲
取財物後就開溜，無賴這種利用買賣婦女謀財，往往形成妓女的來源。《耳
郵》，卷一：

> 乙遷居他縣爲富人，然無子，止一女，與中表某丙通，遂偕逃，丙
> 故無賴，貪重金，鬻女於倡家。〔註42〕

又《淞濱瑣話》，卷四，辛四孃：

〔註39〕 清·王韜，《淞濱瑣話》（臺北：新興書局，筆記小說大觀本，清·光緒丁亥
　　　　 年（1887）序），頁1419。

〔註40〕 清·吳熾斤，《客窗閒話初集》（臺北：新興書局，筆記小說大觀本，清·光
　　　　 緒戊申（1908）序），頁1172～1173。

〔註41〕 清·李綠園（1707～1790），《歧路燈》（臺北：宏業書局），二十一回。

〔註42〕 清·羊朱翁，《耳郵》（臺北：新興書局，筆記小說大觀本，記清末年事），頁
　　　　 6215～6216。

（辛四孃）曰：……秋間父母俱遘疫歿，衣衾棺槨，皆賴鄰右資助，身後蕭然，言之痛心，居無幾何。忽有無賴窺余孤弱，以扁舟載余出，誑謂與靈柩同送還鄉，孰料鬻之章臺爲錢樹子。〔註43〕

甚至有無賴拐賣自己的親人，如出賣姪女等，《里乘》，卷四，柯壽鞠：

柯壽鞠字丹蕙，廣陵樂工女也，其大母八十誕辰，夢女冠持贈丹菊一枝爲壽，翌辰女生，遂以名之，髫齔失怙恃，叔無賴，鬻入勾欄中。〔註44〕

這些拐騙婦女爲妓的游手無賴大多沒有謀生技能，又缺錢花用，便拐騙婦女，賣給妓院，有時連親人都被設計陷害，《淞濱瑣話》，卷二，白瓊仙：

寡嬸有姪，無賴子也。一日欲償博進錢，計無所出。謬謂其嬸曰：山荊昨以勞頓墮胎，猝得急症，家中無人主持，欲乞妹一臨存之，午後當以肩輿來。嬸欲弗許，而礙於情，但曰：一二日當即遣歸，妹體近亦不慊，勿久留也。姪出，艤舟江上以俟女，既登舟即發，竟載至杭郡，鬻於勾欄，獲七百金。〔註45〕

也有丈夫賣掉妻子的，真是在在顯示出傳統社會下女性的悲哀，《嵩辭》，卷七，張有才：

何氏本安陽何尚倉生女，向嫁與同邑劉萬化爲妻。萬化無賴，挈至長垣，希得重價，鬻之李娟，自是始習爲倚門妝矣。〔註46〕

無賴利用拐賣婦女爲妓的手段獲取金錢，償債或維持生計，利用拐賣婦女來滿足自己的需求。就算不賣婦女，無賴有時也是靠妓女吃飯，妓女出錢供養無賴，無賴份子不用販賣人口亦可獲利。《嵩辭》，卷六，徐應婁：

徐應婁等無一而非無賴人也，先是有老娟徐一者爲水戶丁尚賢妻與其女丁二姊賣笑，東明應婁挺身執鎣，呼徐一爲母，後爲尚賢逐出，其人可知已。未幾徐一別昵李詩教亦貳於尚賢，率女另居杜騰馬頭，應婁聞之，復往依焉，居一年而徐一病甚，自度不起，遂以女許應

〔註43〕清·王韜，《淞濱瑣話》（臺北：新興書局，筆記小說大觀本，清·光緒丁亥年（1887）序），頁1429。

〔註44〕清·許叔平，《里乘》（臺北：新興書局，筆記小說大觀本，清·同治十三年（1874）序），頁6033～6036。

〔註45〕清·王韜，《淞濱瑣話》（臺北：新興書局，筆記小說大觀本，清·光緒丁亥年（1887）序），頁1376。

〔註46〕明·張肯堂（明·天啓五年（1625）進士），《嵩辭》（臺北：臺灣學生書局，明·崇禎年間原刊本），頁380～381。

妻爲婿，然此女倚門如故也。〔註47〕

另一方面也有無賴養妓的例子，如《歧路燈》中張繩祖養妓女紅玉、珍珠串兒等，目的是利用妓女爲工具，方便引誘富家子弟。〔註48〕也有所謂的「花賭」，利用女戲以引誘富家子弟（參看〈明清無賴的社會活動〉一章）。另外，也有因無賴本身喜愛某妓而養之者，《礜辭》，卷六，張九玉：

> （楊）得時本潞安人，挈妻李氏，倚門於應溝市上，貌醜色衰，人
> 無顧者。而無賴張九玉者，逐臭夫也，留入其家，每月供錢六百文
> 養爲外婦，久之情密。〔註49〕

不論是無賴販賣婦女爲妓，依妓而生或養妓，基本上，妓女都是一個被利用的工具，是被動的，沒有自主性的，就算是依妓生活的無賴，也不過是利用妓女來維持生活罷了。妓女何嘗因爲供養無賴的生活，而成爲具有主宰權的人呢？或許這是囿於傳統觀念對女性的束縛，但在史料中也看不出無賴對妓女有任何尊重的舉動或言語，由此可知無賴對妓女這種弱勢階級，是一種片面利用、片面獲利的關係。

也有妓女好不容易脫離這種行業，卻因生活無著，又被惡少勒逼下海作妓，《淞南夢影錄》，卷四：

> 妓女矢志從良，爲假母所抑勒者，一經控訐，無不立出火坑，此固
> 賢有司盛德事也。乃法久弊生，竟有糾通無賴子弟，假託從良，潛
> 向公堂投訴，及脫籍後，債臺百級，衣食全無，不數年間，又作下
> 車馮婦。〔註50〕

可見無賴與妓女的關係，是「名爲擁護名花，實則風欺弱草」，對於妓女這種弱勢階級，無賴予取予求，呈現單方面的利用關係。另外由〈明清無賴的社會活動〉的花鼓戲一節中，亦可看到相同的情況，所謂花鼓戲是無賴帶著婦

〔註47〕明・張肯堂（明・天啓五年（1625）進士），《礜辭》（臺北：臺灣學生書局，明・崇禎年間原刊本），頁333～336。

〔註48〕《歧路燈》，二十六回：「原來夏逢若前日與張繩祖分了紹聞的肥，正好引誘他漸入佳境，不料譚紹聞遠揚不至。這張繩祖因與夏逢若商量道：「譚家這宗好錢，不翻身，不撒賴，如何再不來了？」因想起招致紹聞法子，向紅玉奪了一條汗巾子，來誆紹聞重尋武陵，是勾引他再來賭的意思。」

〔註49〕明・張肯堂（明・天啓五年（1625）進士），《礜辭》（臺北：臺灣學生書局，明・崇禎年間原刊本），頁358～359。

〔註50〕清・晼香留夢室編，《淞南夢影錄》（臺北：新興書局，筆記小說大觀本，清・光緒九年（1883）序），頁4305。

女（土娼）演唱淫詞，藉以取得財物，無賴也是獲利者，其中也表現了無賴游手爲主導的角色，透過花鼓戲此一風俗，更可了解這種強凌弱、片面利用、片面壓榨的關係。

二、乞　丐

明清的乞丐有不同的類別，地方志的記載有所謂的「惡丐」，乞丐有自己的組織（如丐幫等），有特定的行爲模式，整體在下層階級中亦有其群體力量。〔註51〕但沒有加入幫派的個別乞丐仍是一個弱勢的階層，無賴對這些乞丐也是片面利用的關係，《湧幢小品》，卷三十二，丐販：

> 弘治中，山陜人孫騰霄等三十人，三五爲群，道遇丐者，以衣食誘之爲備，隨其所至，令守舍。給炊爨。騰霄等遊行市間，視有富商巨家，輒持貨與之貿易，論直高卑，則以言激其怒，相毆罵，隨號咷而去。夜則殺丐者，昇至其門，群哭之，揚言欲訟於官，其人懼，出財物求解，乃復昇去，焚之，名曰：販苦惱子。前後殺數十人，事聞，上曰：人命至重，此曹乃以爲貨殖，姦巧橫出，所殺者至數十人。〔註52〕

無賴利用殺害乞丐製造人命糾紛，以向富商巨家訛詐錢財，這種無賴稱「販苦惱子」，前後殺了數十個乞丐，類似這種個別的乞丐毫無自保的能力，容易被誘騙殺害。

在談及無賴的社會活動時，這種藉人命訛詐錢財是無賴的社會行爲之一，也有乞丐「僵死風雪，不逞之徒冒認親故，白地起波」的事情，〔註53〕連訟師也「以癡稚瘋丐爲奇貨」，「而搆訟無已時」。〔註54〕

乞丐眞是一個弱勢無依的階級，不幸凍死雪地，無賴份子還要冒充親屬領去屍身，去訛詐殷實人家，無論從那方面看，個別的乞丐都是弱勢：生病的乞丐，訟師視爲奇貨（因爲可以圖賴富戶，勒索錢財）；凍死的乞丐，身後還不得安寧；被殺害的乞丐，死了都沒人申冤。乞丐不論在那一方面都只是

〔註51〕關於乞丐的種種，可參看曲彥斌，《中國乞丐史》（上海：上海文藝出版社，1990），及岑大利，《中國乞丐史》（臺北：文津出版社，1992）二書。

〔註52〕明・朱國禎（1557～1632？），《湧幢小品》（臺北：新興書局，筆記小說大觀本），卷三十二，丐販，頁5070。

〔註53〕《康熙嘉定縣志》（上海府縣志輯，上海書店、巴蜀書店、江蘇古籍出版社，中國地方志集成七）。

〔註54〕《石門縣志》（臺北：成文出版社，清・光緒五年刊本），卷十一，雜類志，風俗，頁1846。

無賴片面利用的弱勢對象。〔註55〕

　　由以上的論述可知無賴身處社會的下層，但在社會的下層亦有層次之分，和無賴勾結合作，屬互惠關係的有無賴、土豪、胥吏、訟師、衙役、勢僕，這幾個階層因有自身可利用的資源，故他們與無賴的關係是維持互助合作的情形，雖然有時無賴也會對他們有訛詐的行為，但大體說來，合作的成份仍較多。而無賴對世家子弟、妓女、乞丐等弱勢對象，這幾個階層沒有自己本身的力量，也沒有強有力的資源，故常被無賴當作片面利用、獲利的工具，處於被壓迫的層級。

　　故可知，無賴之人際關係網的維持及變化是以對象力量的強弱來區分，是一種很現實、很直接的判斷標準，簡單的說，在無賴的人際關係網中就是弱肉強食的世界。總合無賴的諸種關係，可以下圖表示：

無賴人際關係圖

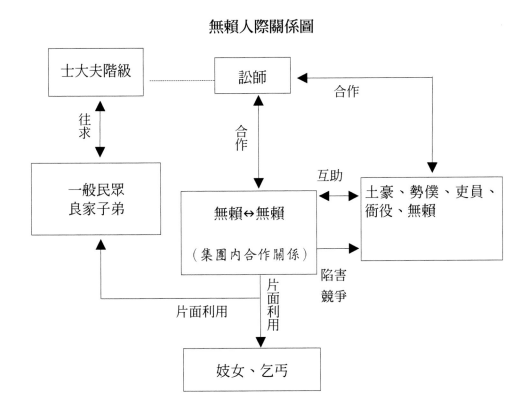

〔註55〕明清乞丐的問題頗複雜，本文只就人命圖賴詐財的部份淺論之，不涉及乞丐結黨及惡丐強勢作為等問題。

其中訟師與士大夫階級同等級（因訟師往往是有傳統功名的人），故以虛線相連。而無賴是社會較不被接受的階級，所以位置略低於一般民眾。妓女與乞丐因是弱勢階級（相對於無賴而言），所以列在無賴的下面，良家子弟則列在一般民眾內。集團內無賴與無賴的關係是緊密合作的，故在框框內用雙箭頭，而與土豪、衙役等並列的無賴是指其他的無賴團體（或大或小），無賴集團與集團間有互助與競爭的雙重關係。

此圖並包含了第四章所討論的訟師、吏員、無賴三者的關係，故大體上，與無賴接觸的各階層份子，其組成的關係網如上。另外，由以上論述可知無賴的人際關係網主要是依對象本身的利用價值而定，呈現一片弱肉強食的景象。

第六章　無賴集團之一──打行（打降）[註1]

　　由第二章對「無賴」一詞的解說，本文所要研究的對象已清楚界定，即是指當時沒有正當職業，被認為是不良份子、惡少，行為不為當時體制所認可的人。其活動多限於當地，這些人可能由於拳勇等嗜好聚集在一起，或因為人多聚集所產生的力量大，好辦事，詐財圖利，漸漸的便形成一個團體，本章所說的「無賴集團」便是指無賴所聚集行事而形成的集團。

　　這種「無賴集團」在明清（尤其是明中期後）依其行為而有不同的名稱，如打行、窩訪、訪行等名稱，在本章是專就「打行」論之。

第一節　打行的研究成果

　　現今搜集到有關打行的研究成果，大多為日本學者所作，大陸學者雖然在文章中偶有提及，但由於意識形態的關係，大多沒有作更深入的研究。以下就文章發表時間前後，依序介紹之。

　　首先在文章中提及「打行」的是 1954 年佐伯有一〈織傭の變〉一文，〔註 2〕不過佐文並未對打行有進一步的研究，只是在文中提及。對打行有進一步介紹的是 1954 年宮崎市定的〈明代蘇松地方の士大夫と民眾──明代史素描の試み〉一文，〔註 3〕文中提到董其昌因激起民怨，為求自保而雇打行以自

〔註 1〕　本章已改寫成〈明清無賴集團之一──「打行」探析〉一文，發表於《輔仁歷史學報》第 8 期（臺北：輔仁大學歷史學系，1996.12），頁 125～166。
〔註 2〕　佐伯有一，〈織傭の變〉，《歷史學研究》171 號（1954），頁 52～54。
〔註 3〕　宮崎市定，〈明代蘇松地方の士大夫と民眾──明代史素描の試み〉，《史林》37-3（1954.6），頁 219～251。

衛，文中稱打行為「暴力團」，主要是依據《民抄董宦事實》而做成的說法，在註 17 的地方，宮崎市定註道：「打行也稱打降，始自天下郡國利病書所引的《嘉定縣志》，且在雍正硃批論旨各處均可見。《消夏閑記摘抄》所言打降：『訐訟者，兩造各有生員具公呈，聽審之日，又各有打降保護，故曰打降之降，乃行非降也。善拳勇者為首，少年無賴，屬其部下，聞呼即至，如開行一般，故謂之打行。』」宮崎此文其論述的重點並不在「打行」此一團體，所以陳述打行的地方大多是依據史料如何寫就如何說，並沒有對這些史料做進一步的批判，也就導致了文中一些錯誤的陳述。

首先，打行並非完全等同於「暴力團」，如本文在打行的組織中所說的，有規模的打行分三級，第三級（最下層）才是無賴游手，這些無賴游手最主要的是提供勇力，雖然有其他小規模的打行（即三五少年所組成的團體）恃勇力騷擾一般百姓，可稱之為暴力。但在宮崎文中依據《民抄董宦事實》一書所引有關董家雇請打行以自衛，就認定「打行」就是暴力團，殊不知打行的內部份子中，亦有不以拳勇取勝的讀書人，完全靠勇力的無賴游手只是其中的一部分。並不能就此說打行就是「暴力團」，「暴力團」此一措詞似應可再斟酌。

其次，打行自明初宣德年間就已經出現，並非始於萬曆嘉定縣志的記載（參看〈打行的起源〉一節）。不過，由於宮崎市定此文主要論述並不在「打行」此無賴團體，所以有上述兩點待確之處應屬可理解的事。

傅衣凌先生的著作也曾提及打行，傅氏著有《明代江南市民經濟試探》一書，〔註4〕書中第五篇文章為〈明代後期江南城鎮下層士民的反封建運動〉，文中提及「打行」，不過傅文亦沒有對打行進行深入的研究，只介紹「江南城鎮中除了工商業人口之外，也有一些流氓，組成扛行、打行的團體，散布於蘇、松、常三府各地。」〔註5〕但傅文重要的是將一些有關打行的史料輯出，放在〈明代後期江南城鎮下層士民的反封建運動〉一文的註 11 當中，傅氏在註 11 當中所提出的史料為：《明實錄》嘉靖朝卷四七八、《雲間據目抄》卷二風俗、《農政全書》卷八，農事、《天下郡國利病書》六冊蘇松等，後來研究打行學者引用的史料，上述都被包括在內。

〔註4〕 傅衣凌，《明代江南市民經濟試探》（臺北：谷風出版社，1986）。由於傅氏的序是在 1957 年，故本文將本書當 1957 年發表處理。
〔註5〕 傅衣凌，《明代江南市民經濟試探》（臺北：谷風出版社，1986），頁 125。

　　1960 年酒井忠夫著《中國善書の研究》一書，〔註6〕書中第二章〈明末の社會と善書〉論述民變時提到打行，酒井氏論述無賴棍徒在民變中所扮演的角色時，認爲在明末社會不公的情形下，無賴階層爲民衆打破這種不公的社會現象，由公憤而引發的民變行爲，有某種程度是依靠像打行這種光棍無賴階層的參與（其書，頁 163、178）。〔註7〕另外，在論述明末士人的戒條時，指明末士人一面扛幫打降（即打行），一面凌虐鄉愚（頁 194）。士人與打行的勾結是存在的，關於打行參與民變的事，因筆者沒有收集到此類的史料，酒井氏在書中是以陳述性質論述此點，並沒有引用相關史料，所以對於此點尚有待觀察。不過，由 Tanaka Masatoshi（田中正俊）對當時織傭之變所做的研究，可知當時事變發生的地點與打行的分布有相近之處，〔註8〕主要是圍繞著太湖的地區，兩者在相同的地域活動，彼此之間是否有關係，值得觀察。

　　1977 年森正夫著〈1645 年太倉州沙溪鎮における烏龍會の反亂について〉一文，〔註9〕在其文的註 27 提到打行，森正夫認爲打行是私人的營業組織，其主要的構成份子是游手無賴等，陳述大體上是沒有大問題。1978 年森正夫另外發表〈明末の社會關係における秩序の變動について〉一文，〔註10〕也在其文註 29 提到打行，認爲打行是江南地區游民無賴的私人結社，也是鄉紳層在當地實行控制的爪牙，而在國家權力動搖的時候，後者的角色（即鞏固鄉紳的地方控制權）便突顯出來。這種說法需要釐清的一點是並非所有的打行皆替鄉紳賣命，事實上，由地方志顯示出的打行行爲大多反映出打行是一個獨立的團體，有其獨立的社會活動（參看〈打行的社會活動〉一章），森正夫說是一個「游民無賴層的私人結社」是正確的，也有史料顯示有些打

〔註6〕　酒井忠夫，《中國善書の研究》（東京：圖書刊行會，1960）。

〔註7〕　關於此點，奧崎裕司在《中國鄉紳地主の研究》（東京：汲古書院，1978）的結語部份亦有提及。

〔註8〕　Tanaka Masatoshi（田中正俊），Popular Uprisings, Rent Resistance, and Bondservant Rebellions in the Late Ming，in Grove, L. & Daniels, C., *State and Society in China: Japanese Perspectives on Ming － Qing Social and Economic History*, University of Tokyo, 1984. pp. 165～214.

〔註9〕　森正夫，〈1645 年太倉州沙溪鎮における烏龍會の反亂について〉，《中山八郎教授頌壽記念明清史論叢》（東京：燎原書店，1977），頁 195～232。

〔註10〕　森正夫，〈明末の社會關係における秩序の變動について〉，《名古屋大學文學部三十周年紀念論文集》（名古屋大學文學部，1978），頁 1～25。

行是鄉紳的奴僕（如徐乾學），但並非所有的打行其背後都有類似土豪的人物在撐腰，也有一些鄉紳爲避免打行藉著奴僕的身份在外橫行，都呼籲同輩要愼選奴僕，這種士紳想與打行畫清界限的作法，與鄉紳想利用打行控制地方的作法正好相反，這是要注意的一點。

1979 年川勝守著〈中國近世都市の社會構造〉一文，[註11] 這篇文章筆者沒有收集到。不過，川勝守隔年發表《中國封建國家の支配構造——明清賦役制度史の研究》一書，[註12] 書中第十三章〈舊中國社會の形成〉亦有提及打行的論述，川勝守認爲鄉紳在地方勢力的維持，胥吏、奴僕、棍徒無賴三者佔有重要的地位，打行就是屬於棍徒無賴一類（頁 691），後面便提及徐乾學的家內奴僕有些是打降頭目的史料（頁 699），這是從鄉紳支配的觀點來看打行等無賴集團，認爲打行依附於鄉紳，鄉紳則利用打行維持他們在地方的影響力。站在鄉紳支配論的觀點，這種說法是合理的。但不要忽視鄉紳對打行的態度，士大夫主張嚴禁打行的言論，也因爲打行有藏身於鄉紳家內奴僕的情形，使有些鄉紳更注意奴僕的投靠，《崇禎太倉州志》卷五，風俗志，流習：

> 吾州惡習多相毆，或倩無賴曰打行，或倩若輩曰宅裡人，大約打行
> 半係宅裡人，則若輩尤雄。凡其族黨與外親，并外親之外親，俱狐
> 假作焰。今則鄉紳相戒不輕收一僕，其家兒難調即群向詬。庚午榜
> 發，雋者六七人，若輩分投無受主，各吁嗟散。[註13]

在一些〈不費錢功德條例〉（由知識份子階層所寫）中也要求鄉紳「嚴禁僕從倚勢生事」，[註14] 由此可知鄉紳對打行也想保持距離，並不完全是想藉打行來維持地方的影響力。

如果從打行的觀點來看，則打行並非完全爲維持鄉紳的地方影響力而存在，打行有其獨立的組織、獨立的社會活動，自主性相當強，不一定非得依

〔註11〕 川勝守，〈中國近世都市の社會構造〉，《史潮》新六號（1979）。

〔註12〕 川勝守，《中國封建國家の支配構造——明清賦役制度史の研究》（東京：東京大學出版會，1980）。

〔註13〕 《崇禎太倉州志》，卷五，風俗。轉引自川勝守，〈明末清初における打行と訪行——舊中國社會における無賴の諸史料——〉，《史淵》119（1982），頁73。

〔註14〕 清・吳雲，《得一錄》（臺北：華文書局，清・同治得見齋刻本），卷十六，〈不費錢功德〉。

靠鄉紳才能存在。

　　1980 年和田正廣著〈明末窩訪の出現過程〉一文，〔註15〕在頁 83 提及打行，認爲江南以暴力爲業的打行與替他人打官司的訟師，投身豪紳以自保，成爲維持豪紳勢力的一份子。在其文註 60 的地方提到打行，重點是有關明萬曆時期打行的記事，江南各都市及山東、福建、廣東都有相關的史料出現，後面引廣東地方志有關打行的記載。筆者因時間關係，不及一一檢視這些省份的地方志，不過，如果眞是如此，則可進一步做有關明清打行在全國性的分布及活動。

　　1981 年上田信發表〈明末清初・江南の都市の「無賴」をめぐる社會關係──打行と腳夫──〉一文，〔註16〕上田信在文章一開頭，便對「無賴」一詞下了一個定義，上田信認爲從中國傳統士農工商的職業觀看來，不務正業及以暴力手段維持生活者，即爲無賴。本文在〈明清無賴之定義〉一章中，運用《明實錄》、《讞辭》、《福惠全書》書中對「無賴」一詞的指稱，已詳述從中央到地方、從明末到清初的無賴定義，書中所指稱的無賴有各種不同的定義，如生活沒有依靠者、品性不良者、沒有正當職業、不事生產者、不良份子等定義，而上田信文中所指稱的不務正業只是明清無賴定義中的一部份，值得注意的一點是明清時期並沒有把無賴和暴力畫上等號。

　　上田信在文中接受宮崎市定對打行的看法，即認爲打行是「暴力團」。另外，上田信在〈打行の展開と變質〉一節中根據褚人穫《堅瓠九集》的史料，認爲打行的活動是始自明末萬曆年間，關於此點，本文在打行的起源時間方面已批判過《堅瓠九集》中的史料是不太正確的，打行的活動應該自明初宣德年間就已經存在。

　　另外，上田信認爲自明末開始活動的打行，到清中期左右便趨於衰退，官府的取締是原因之一，而更重要的因素可從「打行」一詞入清後變成「打降」來觀察，上田信認爲明末打行的「行」是具有營業的性質，「打降」是具有暴力性質的暴力集團，明末時打行較偏於營業性質，但進入清代後營業性質漸漸消失，較傾向於暴力性質（打降），故官府以打降稱之。打行性質之所以產生變化是因爲清中期後，都市內已不再需要打行，這和明末發生打行的

〔註15〕和田正廣，〈明末窩訪の出現過程〉，《東洋學報》62-1/2（1980.12），頁 71～98。

〔註16〕上田信，〈明末清初・江南の都市の「無賴」をめぐる社會關係──打行と腳夫──〉，《史學雜誌》90 編下（1981.6），頁 1～35。

理由是一樣的，都市社會的需求與否是打行衰退的主因。

此種說法乍看之下，頗有道理，但檢諸史料則有可議之處，首先，上田信此種說法是將打行的活動侷限於明末清初，依都市的社會需求解釋打行的興衰。由本文的研究可知打行的活動自明初宣德年間到民國初年皆存在著，所以上田信此點說法便站不住腳。其次，上田信認為明末打行進入清代其營業性質衰退，轉趨往暴力方面發展，本文的看法正好相反，本文認為明初出現的打行，本以勇力為主，但隨著時間的演變，其活動呈現多元化的發展，到清代嘉慶年間甚至出現打行放鞭子錢（高利貸）的情形，所以上田信以「打行」一詞的變化及都市社會需求兩點來解釋打行的興衰是有待商榷的。

在其文第三節，上田信提出腳夫的社會活動，如以暴力從事活動、勒索商人、有組織的特性等等，在第四節便指稱打行及腳夫是「都市無賴」，這裡要注意的一點是前面已提過明清時期出現「無賴」一詞，並沒有把無賴與暴力畫上等號，無賴在明清時有多種含義，大多無賴的指稱是與暴力無關的。在第四節的後半，上田信又再次強調打行發生的原因，認為是因為明末民間有暴力的需要，明中期以前江南地主如果有突發狀況有眾多奴僕可保護，但明末城居地主的情況便不同，只有家內奴僕可用，這些奴僕無法應付突如其來的狀況，於是打行便應此需求興起，最主要的是城居地主的保護需求，但在清中期以來，地方有勢力者依靠了清政府的公權力，打行便失去了雇傭的主要機會，基於此，自清中期以後，打行的「行」──營業性質不見了，而造成打行的衰退。

前面已提過，打行的活動並不是從明末才開始的，所以上田信如此解釋打行的興起是有待商榷的，另外一點，便是上田信把雇請打行者大多侷限在地主階級，所以才會有這種解釋出現。事實上，雖然打行與地主階級有一定的關係，如徐乾學底下的奴僕便是打降頭目，但由地方志的史料中，打行的活動，諸如搶親、搶孀、撇青等大都與地主階級沒有關係，打行有其廣大的民眾需求及社會生存的條件，所以才能普遍的存在於蘇松各地，也才能沿續到清中期以後。所以打行並非依附著地主階級而隨著世局的安定與否決定他們的興衰。

1982 年川勝守發表〈明末清初における打行と訪行──舊中國社會における無賴の諸史料──〉一文，〔註17〕川勝守此文最主要是將打行與訪行的

──────────

〔註17〕川勝守，〈明末清初における打行と訪行──舊中國社會における無賴の諸史

史料輯出，略加說明，並沒有太多深入的論述。

1988 年樊樹志著〈明清江南市鎮的實態分析──以蘇州府嘉定縣爲中心〉一文，〔註18〕在其文頁 90 提到市鎮的運行，說明牙行、腳夫在市鎮橫行的情形，樊樹志認爲「顯然，如果沒有牙儈、行霸的指使、慫恿，「打降」（或曰打行）、「白拉」之類惡習決不可能在市鎮上橫行無忌」，〔註19〕樊氏所根據的是《南翔鎮志》的史料。《南翔鎮志》：

> 市井惡少無賴所謂打降、白拉者，是處有之，南翔爲甚。打降逞其
> 拳勇，凡搶親、扛孀、抬神、扎詐諸不法事，多起於若輩。白拉聚
> 集惡黨，潛伏道側，候村民入市，邀奪貨物。或私開牙行，客商經
> 過，百計誘致，不罄其資不止。

由上引的史料，看不出打行與牙行有何牽連，更是推論不出樊氏所說的「顯然，如果沒有牙儈、行霸的指使、慫恿，「打降」（或曰打行）、「白拉」之類惡習決不可能在市鎮上橫行無忌。」這類的說法，打行的社會行爲有其自主性，或許有些打行投靠豪紳，成爲維持豪紳地方優勢的力量，除此之外，就目前所搜集到的有關打行的史料，並沒有顯示出打行與牙行有關，更枉論要在牙儈的指使下，打行才會在市鎮橫行，嘉靖年間，打行連巡撫都敢打了，〔註20〕難不成這還是牙儈在背後的指使？明清時期打行的力量足以讓鄉紳雇用他們以求自保，這種拳勇的力量遠遠大過牙行，又何需牙儈在背後指使，打行才敢橫行。

再由打行的社會行爲看來，「搶親、扛孀、抬神、扎詐」這類的社會活動與牙儈似沒有太大的關係（參看〈打行的社會活動〉一節），但爲何樊文會如此推論？大概是把打行與白拉的活動混爲一談，打行與白拉是兩個不同的無賴集團，不能將兩者活動混在一起談。樊文太過於強調經濟層面的影響，而使得立論容易出現偏頗。

料──〉，《史淵》119（1982），頁 65～92。

〔註18〕 樊樹志，〈明清江南市鎮的實態分析──以蘇州府嘉定縣爲中心〉，《學術研究》（廣州）1988-1，頁 87～91。

〔註19〕 樊樹志，〈明清江南市鎮的實態分析──以蘇州府嘉定縣爲中心〉，《學術研究》（廣州）1988-1，頁 90。樊氏此段文字亦收入其《明清江南市鎮探微》（上海：復旦大學出版社，1990）一書中，頁 167～168。

〔註20〕 《明世宗實錄》（臺北：中文出版社，中央研究院歷史語言研究所校勘本），卷四七八，嘉靖三十八年十一月丁丑條，頁 7992～7993。

　　樊文後面論述到打行的「社會現象是伴隨著市鎮經濟的繁榮而出現的」，市鎮經濟的繁榮或許有助於打行社會活動的活躍，但打行的出現並不是因為市鎮經濟的繁榮，打行在明初宣德年間已存在，並非遲至萬曆年間才出現，樊文與上田信有同樣的盲點，認為打行的活動是明末才開始，此點是需要修正的。

　　樊文還將打降、白拉、腳夫說成「三位一體」，但在文中所引的史料卻不能證明此點，譬如打降與腳夫的內在關連是依據康熙二十七年嘉定知縣聞在上奉巡撫田批示勒石的〈嚴禁腳夫打降碑〉，樊文並沒有引出此段碑文，不過上田信（前揭文）在其文的頁 19 卻有提及，此碑文中並沒有把打降與腳夫混在一起講，而是分開陳述，更不用說把兩者等同了。打降、白拉、腳夫三者是三個獨立的團體，或許其行為模式有相近的地方，但沒有史料顯示三者是一體的。

　　1989 年陳茂山〈試論明代中後期的社會風氣〉〔註 21〕、1991 年王春瑜〈明代流氓與流氓意識〉〔註 22〕、同年陳寶良〈明代的社與會〉〔註 23〕、1991 年韓大成《明代城市研究》〔註 24〕、1993 年陳忠平〈宋元明清時期江南市鎮社會組織述論〉〔註 25〕等文對於「打行」只是略為提及，沒有深入的探討，茲不一一論述。

　　其中王春瑜〈明代流氓與流氓意識〉一文提到：「萬曆年間，蘇州還出現了專門打人的流氓組織「打行」，……在天下大亂之際，打行更是趁亂而起，在江南胡作非為。小者呼雞逐犬，大則借交報仇」，打行出現的時間應是明初宣德年間，這在前面已提過。與日本學者不同的是，在明末清初打行的活動趨於活躍時，王春瑜認為打行是趁火打劫型的無賴，而不像日本學者將打行與鄉紳的地方勢力連結起來藉以解釋鄉紳的地方統治，或許研究打行的學者對於王春瑜這篇文章不會給予太大的注意力，但這篇文章給筆者的感觸是中日兩國不同的學術環境，由於日本學界自重田德提出「鄉紳支配論」以來，對於明清的一些事物或多或少會以鄉紳的地方統治觀點來解釋些明清

〔註 21〕陳茂山，〈試論明代中後期的社會風氣〉，《史學集刊》1989-4，頁 31～40。
〔註 22〕王春瑜，〈明代流氓及流氓意識〉，《社會學研究》1991-3，頁 122～126。
〔註 23〕陳寶良，〈明代的社與會〉，《歷史研究》1991-5，頁 140～155。
〔註 24〕韓大成，《明代城市研究》（北京：中國人民大學出版社，1991），頁 341～359。
〔註 25〕陳忠平，〈宋元明清時期江南市鎮社會組織述論〉，《中國社會經濟史研究》1993-1，頁 38。

社會、經濟、政治的現象，打行也不例外。但中國學者就沒有這種「鄉紳支配論」情結，而只是以一般日常生活所接觸到的不良份子趁亂打劫的活動來解釋打行這種無賴集團，如果筆者沒有對打行進行深入研究的話，很可能就是採取王春瑜的觀點，認爲只是趁火打劫的不良份子，而不會將打行放在明清社會的層次來觀察，事實上，打行的社會活動往往顯示出明清時的社會問題。

1993 年陳寶良《中國流氓史》一書中將打行與青手相提並論，〔註26〕青手就是打手，打手的組織就是「打行」。本文認爲有關打行的記載中，並沒有出現「青手」一詞，也沒有將兩者等同，打行的組成份子複雜，雖然打行的社會活動有擔任打手一項，但並非打手的組織就是打行（參看本文〈打行的組織〉一節），這點需要再商榷。另外，書中還介紹打行從事的活動，如毆人、誆騙偷盜、有俠義感、充當閹宦的打手等（最後一項應是指青手，非打行），本文認爲陳氏整個論述應可以再深入探討。

以上是筆者所搜集到文章中有關打行的論述，限於時間、學識，不免有所遺漏，還望各方學者不吝賜教。總的來說，對於打行此一無賴集團的研究，日本學者有較多的文章提及，但或許是受日本學界「鄉紳支配論」的影響，大多學者習慣將打行納入鄉紳勢力或鄉紳需求的觀點來解釋打行的興衰，也就是從鄉紳研究的觀點來看打行，以致造成一些需要再商榷的說法。

大陸學者大概是因爲意識形態影響所致，認爲無賴光棍只是破壞社會秩序的不良份子，不值得深入研究，大多在文章中略爲提及，但因爲對打行沒有深入了解，便很容易在論述時出現偏差。筆者認爲要研究打行此一無賴集團，應該站在打行的觀點、立場去研究，較能得出打行在當時時代背景下實際的社會地位及影響。

綜觀上述有關打行的研究成果，對於打行的起源、組織等問題的探討仍不夠深入，其中有些說法也有待商榷，所以本文將就「打行」此一無賴集團的起源、組織、社會活動等方面做一較深入的探討。

第二節　打行的起源

「打行」此一名詞由現階段所搜集到的史料分析，最早可溯自明宣德年

〔註26〕陳寶良，《中國流氓史》（北京：中國社會科學出版社，1993），頁 167～171。

間，《康熙崇明縣志》，卷六，風物志，習俗：

> 崇邑向有打行。打行者云打爲行業也。又名打降，猶降伏之降也。
> 明宣德初，巡撫周公忱另設重大枷板治之，此風稍息。至萬曆中，
> 有曹鐵抄，化李三等。天啓初，有楊麻大，陳梅二郁，文昌橋，陳
> 二，熊帽子等名團圓會。崇禎時，有黃倫等結地皇會，至沈元，西
> 沈二等遂于獄中反出劫庫焚署，後又有施君正、胡八及陳章等先後
> 俱斃于法。國朝屯宿重兵，若輩衰息，然鳩猶鷹眼，是在司牧者之
> 善化爾。〔註27〕

打行是自明宣德年間就存在，而非遲至嘉靖時期。川勝守文中雖有此條史
料，但並沒針對此刻意強調其起源的時間，而是專注在明末清初的時期，上
田信的文章則提及最早發生時間皆在嘉靖年間（參看〈打行的研究成果〉一
節），但由以上史料我們可知，早在明初宣德年間已有打行的史料。此亦可
糾正褚人穫（清·康熙年間人）《堅瓠九集》卷二，打行：「《亦巢偶記》『打
行，聞興於萬曆間，至崇禎尤盛。』」此條史料的錯誤。

由史料顯示，打行從明宣德年間經嘉靖〔註28〕、隆慶〔註29〕、萬曆〔註
30〕、至明末崇禎，〔註31〕此可由上引的《康熙崇明縣志》知道，再沿續至
清朝康熙〔註32〕、雍正〔註33〕、乾隆〔註34〕、道光〔註35〕、同治〔註36〕、
光緒，〔註37〕甚至到民國初年，〔註38〕打行之所以能這麼長時間的沿續應有
其社會背景及存在的條件，這正是本文所欲探討的主題之一。

〔註27〕 《康熙崇明縣志》（上海府縣志輯，上海書店、巴蜀書店、江蘇古籍出版社，
中國地方志集成十）。
〔註28〕 《明世宗實錄》，卷四七八，嘉靖三十八年十一月丁丑條。
〔註29〕 《隆慶長州志》，卷一，風俗。
〔註30〕 《萬曆嘉定縣志》，卷二，疆域考下，風俗。
〔註31〕 《崇禎太倉州志》，卷五，風俗志，流習。
〔註32〕 《康熙嘉定縣志》，卷四，風俗。
〔註33〕 《乾隆浙江通志》，卷一百，風俗下：「雍正十三年十一月二十三日欽奉上
諭……」。
〔註34〕 清·顧公燮，《消夏閒記摘抄》（臺北：臺灣商務印書館，《涵芬樓祕笈》版本，
清·乾隆五十年（1785）序）。
〔註35〕 《道光江陰縣志》，卷九，風俗，遊民。
〔註36〕 《同治上海縣志》，卷一，疆域，風俗。
〔註37〕 《光緒嘉定縣志》，卷八，風俗。
〔註38〕 《民國寶山縣續志》，卷五，風俗。

「打行」爲一無賴集團，其作爲往往不爲當時社會所接受，至少不爲當時史料記載者——士大夫階層所接受，所以在記載地方的民心、風俗事蹟時，往往被有意的忽略不載，這是研究此一領域時除遭遇到史料搜集困難外，還加上史料被有意的抹滅，更增加研究的困難。最明顯的莫過於地方志的記載，如道光刊本的《江陰縣志》，卷九，風俗，遊民：

> 民無職業者，放蕩不檢，往往三五成群，飲博打降，夥謀誘詐，或
> 舞弄刀筆，散其徒黨，探刺官民雜事，搆釁告訐。〔註39〕

但光緒四年所修的《江陰縣志》在卷九，風俗志中將二氏及游民兩部份刪去，〔註40〕從其他方志中，可以看出，游民的問題仍存在，但在此書中遭刪除。明顯的，這是編修此縣志的士大夫有意將地方不好的風俗加以隱瞞，所以地方志有關游民不良的事蹟，如打降等史料，在士大夫這種心態下，並不容易呈現，故搜集起來也就特別費力。

「打行」亦稱「打降」，據褚人穫（清·康熙年間人）《堅瓠九集》卷二，打行條：「《亦巢偶記》……打行，聞興於萬曆間，至崇禎尤盛。……鼎革以來，官府不知其說，而吏胥又不曉文義，改作降字。」〔註41〕明代的「打行」一詞入清後，由於官府、胥吏的不曉其義，而改作「打降」，故清代有關打行的史料多書寫爲「打降」，連明代書籍在清代的轉抄，也把原有的「打行」改爲「打降」，如明末高攀龍的《高子遺書》中〈申嚴憲約責成州縣疏〉有關打行的史料，明崇禎五年錢士升等刊本是載：「凡天罡地煞，打行把棍之類」，〔註42〕而清四庫全書的轉抄本則載：「凡天罡地煞，打降把棍之類」，〔註43〕這決非誤抄，筆者詳細核對過其他條文文句皆相同，惟有「行」改爲「降」，抄者將「打行」一詞自動轉爲「打降」，可見入清之後，「打降」一詞已取代「打行」。

但「行」與「降」兩字的混用，應是明末就已出現，《崇禎嘉興縣志》，卷十五，里俗：

〔註39〕《道光江陰縣志》（臺北：成文出版社，清·道光二十年刊本）。
〔註40〕《光緒江陰縣志》（臺北：成文出版社，清·光緒四年刊本）。
〔註41〕清·褚人穫，《堅瓠九集》（臺北：新興書局，筆記小說大觀本，清·康熙壬申年（1692）序）。
〔註42〕明·高攀龍（1562～1626），《高子遺書》（明·崇禎五年錢士升等刊本，國家圖書館微捲），卷七，〈申嚴憲約責成州縣疏〉。
〔註43〕明·高攀龍（1562～1626），《高子遺書》（臺北：臺灣商務印書館，文淵閣四庫全書本），〈申嚴憲約責成州縣疏〉。

迺若打降惡少，歃血結盟，十百成群，一呼畢集。〔註44〕

雖然入清之後，「打降」已漸取代「打行」，但有些清代的記載仍是以「打行」行之，清嘉慶〔註45〕、光緒〔註46〕等朝皆有發現，所以也不能說入清之後，就完全改爲「打降」一詞。上田信曾以「行」轉變爲「降」來闡釋打行從明入清後由營業性質轉變爲暴力性質（參看〈打行的研究成果〉一節）。但現在已知「打行」與「打降」在明清兩代有混用的情形，就字句表面上的轉變來論述其組織本質的轉變，似有待商榷。另外，將打行的活動用營業與暴力二分法區分，似也有可議之處（參看〈打行的社會活動〉一節）。

明代打行稱「行」，是「以打爲行業」〔註47〕、「少年無賴屬其部下，聞呼即至，如開行一般，故謂之打行」，〔註48〕所以「打行」此種稱呼與當時對行業的稱呼有關。「打降」由「打行」轉變而來，打降一詞的出現，褚人獲認爲是「官府不知其說，而吏胥又不曉文義，改作降字」，〔註49〕本文則贊同《崇明縣志》所載「又名打降，猶降伏之降也」〔註50〕的說法。打行由拳勇發跡，此特色一直沒變，剛開始就是因拳勇遭到官員的嚴禁，到明末清初因社會需求而出現營業性質。打行在此時期也大量出現，數量一多，則供需失調，加上原有的拳勇特性，就出現了以勇力降伏他人的現象，故明崇禎時就已出現「打降」一詞，而非入清後才出現。

當政局安定，社會需求正逐漸消失之際，這些打行便改用赤裸裸的勇力求生存，「行」的性質減少，所以「打降」一詞在入清以後使用漸廣。不過，「行」的性質仍有殘存，可由嘉慶、光緒等朝尚有「打行」的記載看出。但入清以後「官府不知其說，而吏胥又不曉文義，改作降字」，所以在清的一些史料中（尤其是康熙以後的史料），明代時出現的「打行」在記載中大多

〔註44〕《崇禎嘉興縣志》（書目文獻出版社，日本宮內省圖書寮藏，明·崇禎十年刻本），頁638。

〔註45〕《馬陸里志》（清·嘉慶二年序），風俗：「市井惡少，呼朋聚飲，習爲拳勇，流爲打行」，頁692。

〔註46〕《望仙橋鄉志稿》（上海書店、巴蜀書店、江蘇古籍出版社，上海博物館藏，清·光緒間稿本，不分卷）：「打行，惟吳中有之，莫盛於吾邑」，頁811。

〔註47〕《康熙崇明縣志》，卷六，風物志，習俗：「崇邑向有打行，打行者云打爲行業也」，頁389。

〔註48〕清·顧公燮，《消夏閒記摘抄》，卷下，打降。

〔註49〕清·褚人穫，《堅瓠九集》，卷二：「打行，聞興於萬曆間，至崇禎尤盛。……鼎革以來，官府不知其說，而吏胥又不曉文義，改作降字」。

〔註50〕《康熙崇明縣志》，卷六，風物志，習俗，頁389。

被改爲「打降」，「打降」二字因而大量出現。

「打行」在當時也稱「撞六市」〔註51〕、「獺皮」，《寶山縣志》，卷十四，風俗：

> 市井少年，什伯爲徒，逞其拳勇，呼以小弟兄，名曰打降。一唱百和，睚皆必報，致釀重案，凡撇青、搶親、扛抬諸名目，皆若輩之煽毒也，里俗銜之，號曰獺皮。〔註52〕

另外尚有「霸世」、「闖將」、「辣子」、「太歲」等，「名目各處不同」。〔註53〕打行的活動多集中於蘇松一帶，雖然在廣東、雲南也曾發現有關打行的記載，不過皆不若蘇松地區爲多，《明神宗實錄》，卷五三，萬曆四年八月甲申條：

> 兵部覆兵科左給事中林景陽條奏八欵。……一覈弭盜致盜之由，上以貪殘，下以奢侈。乃打行獨盛于蘇松，賭博公行于都市。〔註54〕

打行是從蘇州興起，隨著時間蔓延入其他地方，《雲間據目抄》，卷二，記風俗：

> 惡少打行，盛於蘇州。昔年府台翁大立幾被害。此風沿入松。以至萬曆庚辰後尤甚。〔註55〕

打行分布的地區，基本上是以太湖流域爲主，往四周城鎮散布，出了太湖流域，打行的史料就比較少了。現在將所搜集到的打行史料依時間先後整理出來，由發生的地點可看出打行散布的情形，試列舉如下：

〔註51〕 明・范濂，《雲間據目抄》（臺北：新興書局，筆記小說大觀本，1593年刊），卷二，記風俗：「惡少打行，盛於蘇州，昔年府台翁大立幾被害，此風沿入松，以至萬曆庚辰後尤甚，又名撞六市。」

〔註52〕 《寶山縣志》（臺北：成文出版社，清・光緒八年刊本）。

〔註53〕 清・徐文弼，《吏治懸鏡》（臺北：廣文書局，筆記五編），政務，打架條：「至有等無賴少年，糾合不肖子弟，公請教師，學習拳棒，結黨橫行市肆，自誇爲好漢，慣打不平，人稱之曰霸世，曰闖將，曰辣子，曰太歲，名目各處不同，其爲亡命之徒則一。」

〔註54〕 《明神宗實錄》（臺北：中文出版社，中央研究院歷史語言研究所校勘本），頁1251。

〔註55〕 明・范濂，《雲間據目抄》（臺北：新興書局，筆記小說大觀本，1593年刊）。

打行地理、行為陳述表：

編號、年代	地　點	事　跡	出　處
（1）宣德年間	崇明縣	以打爲行業、劫庫焚署	《康熙崇明縣志》
（2）嘉靖38年	蘇州、吳縣　長洲	誆詐剽劫、武斷坊廂　劫囚、攻打都察院	《世宗實錄》
（3）隆慶5年	長洲縣	結博徒、過屠肆、入娼家	《隆慶長洲縣志》
（4）隆慶年間	應天府	打行賭博	《海瑞集》
（5）萬曆2年	無錫縣	夜遊、拳勇、凌轢闇弱	《無錫縣志》
（6）萬曆4年	蘇松	賭博	《神宗實錄》
（7）萬曆21年	蘇州、松	騙奪財物、嫁禍扛打　白晝偷摸	《雲間據目抄》
（8）萬曆26年	長洲縣	結博徒、過屠肆、入娼家	《萬曆長洲縣志》
（9）萬曆33年	嘉定縣	替人報仇、誣人訟事	《嘉定縣志》
（10）萬曆40年	吳下	致亂之端	《松石齋集》
（11）萬曆44年	松江府	董其昌家顧打行　保護其家	《民抄董宦事實》
（12）萬曆年間	常熟縣	替人報讎復怨	《農政全書》
（13）崇禎4年	嘉定縣	拳勇暴行	《外岡志》
（14）崇禎5年		良民之害	《高子遺書》
（15）崇禎10年	浙江、嘉興縣	袖手遊閒、未來禍害	《嘉興縣志》
（15）崇禎10年	浙江、嘉善縣	與訟徒、土豪勾結　市井揮拳、毆人	《退思堂集》
（16）崇禎年間	廣東、興寧縣	結黨橫行、酗酒撒潑　突擁抄家	《興寧縣志》
（16）崇禎年間	周浦	打降極多	《歷年記》
（16）崇禎年間	太倉州	借力相毆	《崇禎太倉州志》
（16）崇禎年間		訐訟、報仇、凌弱　咆哮市肆	《復社紀略》
（17）康熙12年	嘉定縣	撇青、搶親、扛抬、紮詐	《康熙嘉定縣志》

（18）康熙 17 年	上海縣	拳勇、結黨羽	《紫隄村志》
（19）康熙 20 年	崇明縣	以打爲行業	《康熙崇明縣志》
（20）康熙 23 年	三吳	喪命、傾家、折離、姦占撇青、放火、賽會、扛幫、詐財	《江南通志》
（21）康熙 29 年	太倉州	打行爲奴僕橫行鄉里	〈徐乾學等被控魚肉鄉里荼毒人民狀〉
（22）康熙 33 年	吳越	替人報仇、搶奪	《福惠全書》
（23）康熙 40 年	青浦縣	酗酒潑撒、橫詐、搶奪	〈青浦縣爲禁地方弊害告示碑〉
（24）康熙 53 年	蘇州	當保鏢	《文獻叢編》
（25）康熙 54 年	昆山市	拳勇、黨援蟠結	《淞南志》
（26）康熙年間	嘉興府	清除打降	《守禾日紀》
（26）康熙年間	蘇州府	當打手、以假命誣人打搶	《康熙蘇州府志》
（26）康熙年間	常熟縣	勾引良家子弟	《康熙常熟縣志》
（27）康熙 61 年	上海縣	鬥毆殺搶	《淞南志》
（28）雍正 3 年	杭州	暴力相毆	《雍正漢文殊批》
（29）雍正 4 年	嘉、湖所屬	打降生事	《雍正漢文殊批》
（30）雍正 13 年	浙江	禁打降	《浙江通志》
（31）雍正年間	南匯縣 上海、嘉定	凌弱暴寡、打降間借力互鬥	《分建南匯縣志》
（32）乾隆 24 年	吳縣	扛幫、與衙役勾結毆差抗官、同惡相濟	《吳縣志》
（33）乾隆 37 年	嘉定縣	爲民害者	《眞如里志》
（34）乾隆 50 年		搶親、當保鏢	《消夏閒記摘抄》
（35）乾隆 57 年	嘉定縣	縱酒肆博、睚眦必報	《續外岡志》
（36）乾隆年間	寶山縣	拳勇、當保鏢	《乾隆寶山縣志》
（37）嘉慶 2 年	嘉定縣	呼朋聚飲、拳勇、起訟端	《馬陸里志》
（38）嘉慶 11 年	嘉定縣	搶親、扛孀、抬神、扎詐	《南翔鎮志》

（39）嘉慶年間		放鞭子錢（高利貸）	《夜航船》
（40）道光 5 年	太倉縣	扛孀、拳勇	《雙鳳里志》
（41）道光 20 年	江陰縣	夥謀誘詐、舞弄刀筆	《道光江陰縣志》
（42）清中期	雲南	酗酒撒潑、凌虐煽善	《楊氏全書》
（43）同治 5 年	上海	劫奪打降、擄人勒贖	《瀛壖雜志》
（44）同治 11 年	上海縣	募爲護衛、持械橫行	《上海縣志》
（45）光緒 5 年	青浦縣	募爲護衛、持械橫行	《光緒青浦縣志》
（46）光緒 7 年	寶山	持械鬥毆	《羅店鎮志》
（47）光緒 8 年	寶山縣	撇青、搶親、扛抬	《寶山縣志》
（47）光緒 8 年	嘉定縣	割刈田禾、搶奪婦女 藉屍訛詐、逞兇報仇	《光緒嘉定縣志》
（48）光緒 10 年	松江府	無籍之徒借力打降	《光緒松江府續志》
（49）光緒 12 年	睢寧縣	禁打降	《光緒睢寧縣志》
（50）光緒 14 年	寶山	持械角鬥	《月浦志》
（51）光緒 27 年	浙江、樂清縣	聚飲、助力彼此	《樂清縣志》
（52）光緒 30 年	琴川	勾引良家子弟	《重修常昭合志》
（53）光緒年間	嘉定縣	拳勇暴行	《望仙橋鄉志稿》
（54）民國 7 年	嘉定縣	惡少爭附	《眞如里志》
（55）民國 8 年	寶山	聚眾械鬥	《盛橋里志》
（56）民國 10 年	寶山縣	打降沿續至今	《寶山縣續志》
（57）民國 16 年	南匯縣	借力打降	《南匯縣志》
（58）民國 24 年	嘉定縣	惡少爭附	《眞如志》

　　由表中可知，地方志佔著極大的比例，由於一些鄉鎮在地圖上並不容易標出，便合併在縣當中，如《眞如里志》，因其屬嘉定縣，在地點上就併入嘉定縣，如此在地圖標示較方便。

　　此表的功能，除可看出打行的行爲演變外（詳後），另一功能便是指出打行的分佈地點，藉以分析打行隨著時間變化而呈現的地理分佈，如時間相同，則編號相同，編號 16 以後是清代。繪出分布圖如下：

明清打行分布圖

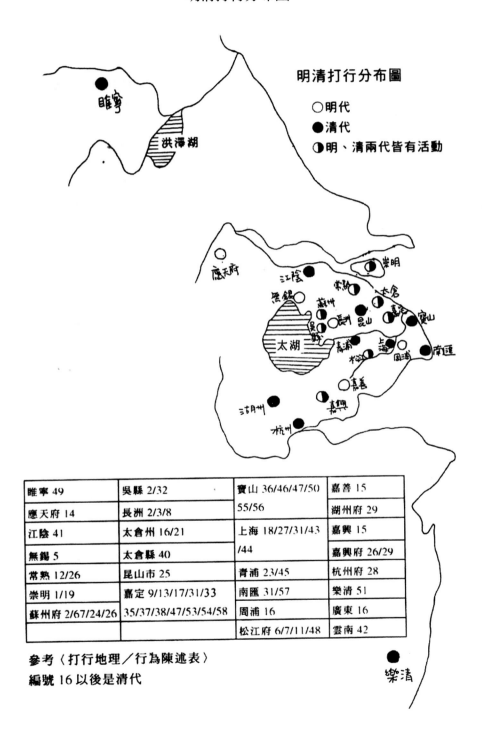

明清打行分布圖
○ 明代
● 清代
◑ 明、清兩代皆有活動

睢寧 49	吳縣 2/32	寶山 36/46/47/50 55/56	嘉善 15
應天府 14	長洲 2/3/8	上海 18/27/31/43/44	湖州府 29
江陰 41	太倉州 16/21		嘉興 15
無錫 5	太倉縣 40	青浦 23/45	嘉興府 26/29
常熟 12/26	昆山市 25	南匯 31/57	杭州府 28
崇明 1/19	嘉定 9/13/17/31/33 35/37/38/47/53/54/58	周浦 16	樂清 51
蘇州府 2/67/24/26		松江府 6/7/11/48	廣東 16
			雲南 42

參考〈打行地理／行為陳述表〉
編號 16 以後是清代

　　由上圖可以知道打行以太湖流域爲中心往外分布，打行的地理分布大多集中在蘇、松、常、嘉、湖等地，此地區近海，所以人稱打行爲「海濱惡習」〔註56〕、「瀕海惡習」。〔註57〕

　　此地人口密度甚高，太湖地區在明代（十五世紀）的平均密度爲每平方公里一百到一百五十人。〔註58〕而由史念海所做的〈明萬曆時長江流域及其以南各地人口分布圖〉，以每點一萬五千人點出人口分布，也顯現出太湖周圍地區人口之密集。〔註59〕蘇松一帶在十六世紀末每平方公里大於二百人，到了十九世紀初每平方公里已大於一千人。〔註60〕根據 Skinner 的研究，長江下游城市人口主要集中在大城市，1843 年長江下游的都市人口中有三分之二居住在人口超過一萬六千人的城市中。〔註61〕

　　或許因爲人口太多，城市無法提供相對的工作條件，加上當時江陰人好習拳勇，〔註62〕便造成一些找不到工作的人藉著勇力集結成打行等無賴集團。打行在都市興起，在明末時已擴及到鄉鎮等地方，《外岡志》，俗蠹，打行條：「此輩向盛城市，今已遍及鄉矣」。〔註63〕打行自蘇松興起，或許與當地民風有關，《聊齋志異拾遺》，卷二，拳勇：

　　　　拳勇，江陰人最好習，乃風氣使然，故有「逢著江陰莫動手」之語。

　　〔註64〕

另外，在福建也出現了與蘇松打行三級制組織（參看〈打行的組織〉一節）相

〔註56〕《眞如里志》（上海書店、巴蜀書店、江蘇古籍出版社，上海圖書館藏，傳抄乾隆三十七年刻本，眞如即今上海市嘉定縣眞如鎮），卷一，風俗，頁7。

〔註57〕《月浦志》（上海書店、巴蜀書店、江蘇古籍出版社，清·光緒十四年纂，上海博物館藏稿本，月浦屬今上海市寶山區），民害，頁434。

〔註58〕趙文林、謝淑君，《中國人口史》（北京：人民出版社，1988），附圖十一。

〔註59〕史念海，《中國歷史人口地理和歷史經濟地理》（臺北：臺灣學生書局，1991），頁64。

〔註60〕《中國人口（江蘇分冊）》（北京：中國財政經濟出版社，1987），頁40～41。

〔註61〕Skinner, G. W, ed. *The City in Late Imperial China*, Stanford University, 1977. pp. 243～249.

〔註62〕清·蒲松齡，《聊齋志異拾遺》（臺北：新興書局，筆記小說大觀本，清·道光庚寅年（1830）序），卷二，拳勇：「拳勇，江陰人最好習，乃風氣使然，故有「逢著江陰莫動手」之語」。

〔註63〕《外岡志》，俗蠹，打行，頁892。

〔註64〕清·蒲松齡，《聊齋志異拾遺》（臺北：新興書局，筆記小說大觀本，清·道光庚寅年（1830）序），頁6453～6455。

似的團體，只不過三級制在稱謂上為上洞、中洞、下洞，其組成份子相同，《福建通志》，卷五十五，風俗：

> （清）林枝春論三山邇日風氣書。（以下小字）以今日閩省風俗言，
> 有所謂害者八，有所謂蠹者五。請略陳之。……二曰仙，市井無賴之
> 徒長拳棒，慣賭飲，自稱曰仙，以為官法不能及平民，不足難晏然，
> 惟吾所欲為，而莫之禁也。於是其品第有上洞，則吏役祇監為之，有
> 中洞，則教師白役薄有家事者為之，至於下洞，則游手游食者是已。
> 至於散仙，則乞丐盜賊是已。然此雖互雄長，各有服屬，及至有事，
> 則必互相照應，或出身或出力，蓋必自固其門牆而後羽翼成，而可以
> 恣睢於閭井。計城鄉內外動以千計，幸災樂禍，魚肉平民。〔註65〕

雖然地方志上沒有明說這是打行，但此種組織與打行很類似，根據和田正廣〈明末窩訪の出現過程〉一文的註60中所言山東、福建、廣東都曾出現打行的史料，〔註66〕還有雲南地區，〔註67〕因本文寫作時間有限，不及一一查對上述的地方志，如果和田氏之說無誤，則當時類似打行這種組織可說是遍佈全國各地。

第三節　打行的組織

　　初期有關打行的敘述，稱其「以打為行業」，且在嘉靖年間進犯都察院，從巡撫都被趕得落荒而逃看來，可知打行是一群好拳勇的無賴份子所聚集的團體，故史料常以「游閒群聚」〔註68〕、「結黨成群」、「結黨橫行」的字眼來形

〔註65〕《福建通志》（臺北：臺灣華文書局，中國省志彙編之九，清·同治十年重刊本），頁 1128。

〔註66〕和田正廣，〈明末窩訪の出現過程〉，《東洋學報》62-1/2（1980.12），頁 97。其文引《崇禎興寧縣志》，卷二，政紀，計呈十禁：「一禁打行。稂莠不去，嘉禾不生。訪得寧邑惡少寔繁有徒，街市村墟往往結黨橫行，酗酒撒潑，良民少觸其怒，小則辱詈群毆，大則突擁抄家。冒稟官銜，遇事風生，如蠻如髦，是民之蟊賊而法之不貸者也。」

〔註67〕清·楊名時，《楊氏全書》，卷三〇，別集二，〈通行禁令示〉：「一、禁打降光棍。滇省有無賴凶徒以及營兵子弟，酗酒撒潑，凌虐善良，深為可惡。示後各該地方官嚴查拏處，毋得姑徇。」轉引自川勝守，〈明末清初における打行と訪行──舊中國社會における無賴の諸史料──〉，《史淵》119（1982），頁 75。

〔註68〕《隆慶長州志》（上海書店，天一閣藏明代方志選刊續編二十三），卷一，風俗。

容打行，《康熙崇明縣志》，卷六，風物志，習俗：

> 一打降，結黨成群，凌弱暴寡，勢莫可當。〔註69〕

又《乾隆浙江通志》，卷一百，風俗下：

> 雍正十三年十一月二十三日欽奉上諭，民間惡習無過於博戲，有或
> 陷溺其中，則子弟欺其父兄，奴僕背其家主，逃亡盜賊之源，鮮不
> 由此。又有市井奸兇十五爲群，聚黨鬥狠。爲患於鄉閭，或強爭市
> 肆，或凌挾富人，朝罹官法，夕復逞兇。其惡不減於劫盜。……若
> 不能禁賭及造賭具者，必以不職罪之。打降及屠牛亦然。〔註70〕

由最後可知，「市井奸兇十五爲群，聚黨鬥狠」應是指打降（打行）。「聚黨」
是打行的特性，幾乎有關打行的史料皆會提到「死黨相結」〔註71〕、「群聚」
等形容詞，〔註72〕但究竟有多少人聚在一起組成「打行」集團，其數目不一，
史料有各種數目的記載，從最少的「三五成群」〔註73〕、八到十六人〔註74〕
到「什百爲群」，或許當時人對「打行」的稱呼，並不在意其數目，而是以
其活動與組織爲主要的依據，如當保鏢、替人報仇等行爲，並且是一群無賴
游手聚集而爲之等標準。

〔註69〕《康熙崇明縣志》（上海府縣志輯，上海書店、巴蜀書店、江蘇古籍出版社，
中國地方志集成十）。

〔註70〕《浙江通志》（臺北：臺灣華文書局，中國省志彙編之二，清‧乾隆元年重修
本）。

〔註71〕《康熙蘇州府志》，卷二十一，風俗。

〔註72〕關於打行的結黨，尚有《康熙蘇州府志》，卷二一，風俗：「市井惡少，恃其
拳勇，死黨相結，名曰打行。」、《康熙崇明縣志》，卷六，風俗誌、習俗：「一、
打降，結黨成群，凌弱暴寡，勢莫可當。」及《常熟縣水利全書》，卷一：「打
行之風，本縣頗盛，成群合黨，攘臂挺身，不論是非曲直，惟以必勝爲主。」
等三條史料。

〔註73〕《道光江陰縣志》，卷九，風俗，遊民：「民無職業者，放蕩不檢，往往三五
成群，飲博打降，夥謀誘詐，或舞弄刀筆，散其徒黨，探刺官民雜事，構釁
告訐。」及《光緒嘉定縣志》，卷八，風俗：「打行（拳勇少年，三五成群，
割刈田禾，搶奪婦女，或藉屍訛詐，或逞凶報仇。）」

〔註74〕《樂清縣志》（臺北：成文出版社，清‧光緒二十七年修，民國元年補刊本），
卷四，風俗。

打行數目、人際關係陳述表：

年代	數目	結盟方式	人際關係	出處
嘉靖 38 年	數十人	相與歃血		《世宗實錄》
隆慶 5 年間	群聚		無賴、博徒、屠夫、妓女	《隆慶長洲縣志》
萬曆 2 年	群聚			《無錫縣志》
萬曆 26 年	群聚		無賴、博徒、屠夫、妓女	《萬曆長洲縣志》
萬曆 33 年	什伍爲群			《嘉定縣志》
萬曆 40 年	百餘人			《松石齋集》
天啓初年	團圓會			《康熙崇明縣志》
崇禎 4 年	十百爲伍	歃血盟誓	掾吏胥隸、監門亭父、緇流黃冠、俳優倡妓、屠狗販夫、游方術技之徒	《外岡志》
崇禎 10 年	十百成群	飲血結盟		《嘉興縣志》
崇禎 10 年	三五成群		訟徒、豪棍	《退思堂集》
崇禎年間	地皇會			《康熙崇明縣志》
崇禎年間	結黨橫行			《興寧縣志》
崇禎年間		出資投匭	訟師、衙役	《崇禎太倉州志》
崇禎年間		歃血會盟		《復社紀略》
崇禎年間	群聚			《曲洧新聞》
康熙 12 年	什百爲徒			《康熙嘉定縣志》
康熙 17 年	結黨羽			《紫隄村志》
康熙 23 年			衙役、勢豪	《江南通志》
康熙 29 年			身爲奴僕橫行地方	〈徐乾學等被控魚肉鄉里荼毒人民狀〉
康熙 33 年		焚香歃血	紳衿不肖子弟、妓女	《福惠全書》
康熙 40 年	累百盈千	歃血兇黨		〈青浦縣爲禁地方弊害告示牌〉

康熙 54 年	黨援蟠結			《淞南志》
康熙年間			豪奴、衙役	《守禾日記》
康熙年間			生員、平民	《堅瓠九集》
康熙年間	死黨相結			《康熙蘇州府志》
康熙年間			良家子弟	《康熙常熟縣志》
雍正 3 年			無賴棍徒	《雍正漢文硃批》
雍正 4 年			盜匪	《雍正漢文硃批》
雍正 13 年	十五爲群			《浙江通志》
雍正年間			打行	《分建南匯縣志》
乾隆 24 年間		結黨歃血	衙役、窩訪	《吳縣志》
乾隆 57 年	什伍爲群			《續外岡志》
乾隆年間	什百爲徒			《乾隆寶山縣志》
嘉慶 2 年	呼朋聚飲			《馬陸里志》
道光 5 年	聚黨椄贓			《雙鳳里志》
道光 20 年	三五成群			《道光江陰縣志》
清中期			營兵子弟	《楊氏全書》
同治 11 年	各分黨翼			《上海縣志》
光緒 8 年	什伯爲徒			《寶山縣志》
光緒 8 年	三五成群			《光緒嘉定縣志》
光緒 10 年	三五成群		妓女、盜賊	《光緒松江府續志》
光緒 14 年	什伯爲徒			《月浦志》
光緒 27 年	8-16 人			《樂清縣志》
光緒 30 年			良家子弟	《重修常昭合志》
光緒年間	十百爲伍		掾吏胥隸、監門亭父、緇流黃冠、俳優倡妓、屠狗販夫、游方術技之徒	《望仙橋鄉志稿》
民國 7 年	立致千人			《眞如里志》
民國 8 年	聚眾械鬥			《盛橋里志》
民國 16 年	三五成群		妓女、盜賊	《南匯縣志》
民國 24 年	立致千人			《眞如志》

　　由上表知，打行在江蘇省人數較多，如「什伍爲群」﹝註75﹞、「什百爲徒」﹝註76﹞、「累百盈千」﹝註77﹞等語都可在江蘇的地方志發現。而浙江地方志對打行的記載並不多，就現今搜集到的史料看來，其打行所呈現的人數也明顯較少，《樂清縣志》，卷四，風俗：

> 村中惡少以氣類相合，結爲異姓兄弟，或八人或十六人，於每年正
> 月十三，五月十三釀錢聚飲，偶有口角，相爲幫助，閭里打降，悉
> 在此輩。﹝註78﹞

江蘇、浙江兩省的地理位置相鄰，爲何打行在浙江地方志的記載遠低於江蘇？由打行的地理分布情形，可知打行由蘇州、崇明等地興起，沿著太湖流域往外擴散，尤其是沿海地區。浙江臨太湖地區如嘉興府、湖州府等地打行盛行，其他地區則只有零散的記載，此種情況與江蘇亦同。因太湖大多在江蘇境內，而打行大多聚集在太湖流域活動，所以江蘇有關打行的記載遠較浙江爲多。

　　不過，由當時官方的記載，打行在浙江的活動也相當活躍，雍正四年十二月初二日，浙江巡撫李衛上奏：

> 其嘉、湖所屬，除安吉一州、孝豐、武康二縣稍可，其餘則皆習尚
> 囂凌，人心習詐，貪利忘義，打降生事，窩盜爲匪。﹝註79﹞

嘉興府、湖州府所屬的州縣居然只有「安吉一州、孝豐、武康二縣稍可」，其他就都是人心習詐、打降生事的地方，又清康熙初年浙江嘉興府知府盧崇興《守禾日記》，卷二，告示類〈一件，諮訪利弊事〉：「合行曉諭，爲此示仰府屬官吏軍民士奴工商人等知悉，……光棍、打降、豪奴、衙蠹、作何清除」。﹝註80﹞

　　可見打降在浙江地方的盛行，值得注意的是嘉興府、湖州府二府是在太湖附近的行政區，其風氣應與蘇州較相近。故本認爲是否因爲太湖周圍地區的經濟、風氣、人口的條件，使打行能活躍其間，其他地區因條件不足，而

﹝註75﹞《萬曆嘉定縣志》，卷二，疆域考下，風俗。
﹝註76﹞《康熙嘉定縣志》，卷四，風俗。
﹝註77﹞康熙四十年六月，〈青浦縣爲禁地方弊害告示牌〉（碑原在青浦縣金澤鎮），收錄於《上海碑刻資料選輯》（上海：上海人民出版社，1980）。
﹝註78﹞《樂清縣志》（臺北：成文出版社，清・光緒二十七年修，民國元年補刊本）。
﹝註79﹞中國第一歷史檔案館編，《雍正朝漢文硃批奏摺匯編》（南京：江蘇古籍出版社），〈浙江巡撫李衛奏陳各屬習風習摺〉，雍正四年十二月初二日。
﹝註80﹞清・盧崇興，《守禾日記》，卷二，告示類〈一件，諮訪利弊事〉。轉引自川勝守文，頁73。

限制了打行的發展，也使得打行的活動不如蘇松等地活躍，因而不能在地方志中顯現出來。

打行的聚集剛開始時或許只是因爲拳勇等嗜好，但徒眾一多，力量漸大，足以用拳勇換取己身利益時，打行便逐漸變質，《康熙嘉定縣志》，卷五，議：

> 自詡爲打降頭目，原其初或學爲護身之符，或喜爲好勝之技，迨至黨類既多，漸漸猖獗，姦淫搶詐，流毒地方。〔註81〕

在這種情況下，打行成爲一種有組織的團體，但與當時幫會不同的是打行以己身利益爲第一考量，並沒有特定的意識形態或道德規範的約束，所做所爲只爲本身的生存。因爲這種利益上的結合，所以能「聞呼即至，如開行一般」，〔註82〕並且「推其傑黠者爲盟主，而眾群然附之」。〔註83〕可見有首領、有組織，並非一般地方上漫無組織的游手無賴，故可以在當時發揮力量。不論其效果爲正面或負面，皆足以讓當時的士大夫將他們的活動記載下來，這就證明了他們在地方的影響力。

打行在明末已發展爲大規模的集團，組成份子也不限於無賴游手，諸如「掾吏胥隸、監門亭父」等皆是組成份子，《外岡志》，俗蠹，打行條：

> 向僅市井少年爲之，今則掾吏胥隸、監門亭父，以至緇流黃冠、俳優倡妓、屠狗販夫、游方術技之徒，咸入其群。〔註84〕

大概由於人數眾多，所以逐漸發展出三級制（分上、中、下三級）的組織性集團，《堅瓠九集》，卷二，打行：

> 《亦巢偶記》「打行，聞興於萬曆間，至崇禎尤盛。有上、中、下三等，上者即秀才貴介亦有之，中者爲行業身家之子弟，下者則遊手負擔里巷無賴者，三者皆有頭目。人家有鬥毆，或訟事對簿，欲以爲衛，則先謁頭目，頃之齊集，後以銀錢付頭目散之，而頭目另有謝儀。」

由上引我們可大略知道大規模打行的組織，分上、中、下三級，各有頭目。上層包括秀才貴介等份子，想當然耳這些「秀才貴介」也不是什麼清高之士，明中期後部份素行不良的監生、生員已逐漸成爲當時的社會問題，史料上所說的「無賴秀才」或許有些是指此輩。

〔註81〕 《康熙嘉定縣志》，卷五，議，頁1114。
〔註82〕 清·顧公燮，《消夏閑記摘抄》，卷上，打降。
〔註83〕 《外岡志》，俗蠹，打行，頁892。
〔註84〕 《外岡志》，俗蠹，打行，頁892。

　　值得注意的是當時的打行並不是都具三級制的規模，由「三五成群」〔註85〕到「什伍爲群」〔註86〕、「累百盈千」，〔註87〕皆稱打行，而三五成群的人數是不可能組成上、中、下三級的規模，所以「打行」這種無賴集團應有規模大小之分。

　　另外，雖然說打行分上、中、下三級，但見諸記載的打行似多注重在其拳勇的表現，此應是指規模較小的打行或是規模較大（有三級制）打行的下階層份子。或許也可以將打行分爲狹義、廣義二種，狹義的打行指稱專靠勇力糊口的游手份子，而廣義的打行除了恃勇力而爲的無賴外，尚有秀才、有職業者、或掾吏胥隸等的組成份子，行爲呈現多元化的發展，並不限於拳勇一途。

　　無賴游手是士、農、工、商四民之外的人，也就是傳統社會體制外的份子，其行爲有時不見容於當時的社會，在這種環境下，爲了生存下去，彼此間的團結、照應是很重要的，所以打行的頭目有「呼叱立致千人」〔註88〕的能耐。而打行成員「與人相爭」就能「頃刻聚眾」〔註89〕、「一人有釁，則聚眾同報」，《吳縣志》，卷五十二人，風俗二：

> 湯文正公撫吳告諭，……一奸暴游民，結黨歃血，或假稱欠債，或捏騙賭博，持棍操刀行凶。打降一人有釁，則聚眾同報，一人告狀則彼此扛幫。〔註90〕

也因爲這「一人有釁，則聚眾同報」、「一唱百和，睚眥必報」的行爲，往往鬧出事端，讓鄉里間的百姓人人爲之側目。《寶山縣志》，卷十四，風俗：

> 市井少年，什伯爲徒，逞其拳勇，呼以小弟兄，名曰打降。一唱百和，睚眥必報，致釀重案，凡撇青、搶親、扛抬諸名目，皆若輩之煽毒也，里俗銜之，號曰獺皮。〔註91〕

〔註85〕《道光江陰縣志》，卷九，風俗，遊民，頁838。

〔註86〕《萬曆嘉定縣志》，卷二，疆域考下，風俗，頁152。

〔註87〕康熙四十年六月，〈青浦縣爲禁地方弊害告示牌〉（碑原在青浦縣金澤鎮），收錄於《上海碑刻資料選輯》（上海：上海人民出版社，1980）。

〔註88〕《眞如里志》（上海書店、巴蜀書社、江蘇古籍出版社，上海圖書館藏稿本，民國7年後輯，今上海市嘉定縣眞如鎮），風俗，頁57。

〔註89〕《羅店鎮志》（上海書店、巴蜀書社、江蘇古籍出版社，清·光緒十五年鉛印本，光緒七年序，羅店今屬上海市寶山區），卷一，風俗，頁196。及《盛橋里志》（上海書店、巴蜀書社、江蘇古籍出版社，上海圖書館藏稿本，民國8年序，盛橋今屬上海市寶山區），卷三，風俗，頁558。

〔註90〕《吳縣志》（臺北：成文出版社，民國22年鉛印本），頁877。

〔註91〕《寶山縣志》（臺北：成文出版社，清·光緒八年刊本），頁1610。

又為了建立團結合作的心理，所以有同穿一色衣服或同佩一樣信物的現象，《吳縣志》，卷五十二下，風俗二，〈陳文恭（宏謀）風俗條約〉（乾隆二十四年）：

> 至於濱海地方，習成強悍，衝繁鎮市，慣逞豪強，設約盟神，結成黨羽，或衣服一色，或同佩一物，創立黨名，如小刀黨、青龍黨之類，手帶鐵梭、鐵套，身佩藏刃、角刀生事，打降一呼而集，毆差抗官，同惡相濟，欽奉嚴禁，地方官嚴諭保甲，如有此等，報官查究。〔註92〕

「打降一呼而集，毆差抗官，同惡相濟」、「一唱百和」這種彼此呼應，彼此幫助的態度是無賴在當時體制外生存的重要條件，故入行時有「飲血結盟」、「焚香歃血」等規矩（詳後），不外是為了凝聚打行集團內的向心力，讓這些沒有正當職業，靠勇力糊口的人在當時的體制（士農工商）外，有生存下去的條件。〔註93〕

　　仗著團體拳勇的力量，所以在明末國力衰落時亦敢「毆差抗官」向中央權力挑戰，甚至連巡撫也敢打，《明世宗實錄》，卷四七八，嘉靖三十八年十一月丁丑條：

> 蘇州自海寇興，招集武勇，諸市井惡少，咸奮腕稱雄傑。群聚數十人，號為打行，縶火囤，誆詐剽劫，武斷坊廂。是年，吳會歲侵，各郡邑時有攘竊，應天巡撫翁大立既蒞任，則嚴禁緝之。訪縶火諸惡少名，檄府縣捕治，督責甚急，及十月，大立攜孥來蘇州駐箚，諸惡益懼，則相與歃血，以白巾抹額，各持長刀巨斧，夜攻吳縣長洲及蘇州衛獄，劫囚自隨，鼓譟攻都察院，劈門入之，大立率其妻子踰牆遁去。諸惡乃縱火焚衙廨，大立所奉敕諭符及令字旗牌一時俱燼，諸惡復引眾欲劫府治，知府王道行督兵勇卻之，將曙，諸惡乃衝弈門斬關而出，逃入太湖中。〔註94〕

打行主要是恃勇力而行，一旦政府官員想嚴加查辦時，便會遭受到武力的抵

〔註92〕　《吳縣志》（臺北：成文出版社，民國22年鉛印本）。

〔註93〕　《江陰縣志》（臺北：成文出版社，清·道光二十年刊本），卷九，風俗，遊民：「民無職業者，放蕩不檢，往往三五成群，飲博打降，夥謀誘詐，或舞弄刀筆，散其徒黨，探刺官民雜事，搆釁告訐。」

〔註94〕　《明世宗實錄》（臺北：中文出版社，中央研究院歷史語言研究所校勘本），卷四七八，嘉靖三十八年十一月丁丑條，頁7992～7993。

抗或攻擊，連巡撫翁大立都差點被害，這種藐視朝廷公權力的態度（所以說他們是在體制外生存），可能與其本身團結所呈現出來的拳勇實力及明末國力的衰落有關。

打行既已成為一有組織之集團，便共請教師教習拳棒，實行有計畫的武力訓練，且出外皆集體行動。《福惠全書》，卷十一，刑名部，禁打架：

> 近日吳越州邑，有等無賴少年，並糾合紳衿不肖子弟，焚香歃血。公請教師，學習拳棒，兩臂刺繡花紋。身服齊腰短甲，狐群狗黨，出入茶坊酒肆。蜂游蝶舞，顛狂紅粉青樓，聞他人有不平，便指報仇而恣搶奪，忤伊凶手一盼，輒為攢毆，而折股肱，號稱太歲，名曰打降。〔註95〕

除了組織轉趨複雜、嚴密──分為上、中、下三級，各級各有頭目及請教師教導武力外，打行既已發展為一有組織的集團，則有入行的規矩，其規矩為「飲血結盟」〔註96〕、「焚香歃血」，〔註97〕從明末到清初似無改變，因為這種較原始性的團結方式，也顯示出打行的存在是依其彼此的黨援，及自身最原始的本能──武力。《崇禎太倉州志》，卷五，風俗志，流習：

> 三十年來，崇明受罡會害，近流入吾州。大約即春狀行中自相結，私立名目。其法公立一匭，每月量貧富，出資投匭。入會者，訟師、打行、衙役畢備。一人有事，即出匭中物，群致力，遂橫莫過。〔註98〕

又，范濂，《雲間據目抄》，卷二，記風俗：

> 惡少打行，盛於蘇州。……有同赴官理訟，為仇客略集駕禍扛打，而其人無有控訴者。有白晝偷摸地方，結扭送官，適遇黨羽，救解脫出，反受侮虐如俗所稱炒鹽茸者，諸如此類，不可殫數。〔註99〕

〔註95〕　清・黃六鴻，《福惠全書》（臺北：九思出版社，1978），卷十一，刑名部，禁打架。

〔註96〕　《嘉興縣志》（明・崇禎十年序刊），卷十五，里俗：「務本者少，入身公門，日盛月新，居肆者稀，而袖手遊閒者，肩摩踵接，迺若打降惡少，飲血結盟，十百成群，一呼畢集。」

〔註97〕　清・黃六鴻，《福惠全書》（臺北：九思出版社，1978），卷十一，刑名部，禁打架。

〔註98〕　《崇禎太倉州志》，卷五，風俗。轉引自川勝守，〈明末清初における打行と訪行──舊中國社會における無賴の諸史料──〉，《史淵》119（1982），頁73。此處雖不只打行一項，但可看出打行的外在關係網及其內在成員的互相援助。

〔註99〕　明・范濂，《雲間據目抄》（臺北：新興書局，筆記小說大觀本，1593年刊）。

由上引可知，打行內成員彼此救援，這對打行本身勢力的維持或受付任務的達成是關鍵因素，故成員間的信賴、互助在打行中是相當重要的，這種義氣的養成與群體凝結的需要，採取歃血為盟是最可靠、最為打行成員接受的方式。

拳勇是打行的主要特色，要靠勇力吃飯，自然不能沒有武器。打行在嘉靖年間攻打都察院，用的是「長刀巨斧」，〔註100〕另外還有「磚石刀棍」，〔註101〕刀棍巨斧都是比較普通的武器。趙宏恩的《玉華堂兩江奏稿》提到的武器就比較特殊，有「鐵梭、尖刀、拳心、雞叉、金剛圈」〔註102〕等，《外岡志》則提到「鐵虎爪」、「李公拐」等，《崇禎外岡志》，俗蠹，打行條：

> 其械則有金剛箍（又名鐵袖口）、有拳心鐵、有鐵虎爪、有李公拐、
> 有雙棒鎚、有飛虎棍、有鐵尺、有鐵爪、有鐵錐等器。〔註103〕

又《吳縣志》，卷五十二下，風俗二，〈陳文恭風俗條約〉（乾隆二十四年）：

> 至於濱海地方，習成強悍，衝繁鎮市，慣逞豪強，……手帶鐵梭、
> 鐵套，身佩藏刃、角刀生事，打降一呼而集，毆差抗官，同惡相
> 濟。〔註104〕

由上引知，打行所持的武器是多樣的，由普通的磚石、刀棍巨斧到拳心、雞叉、金剛圈，拳心鐵、雙棒鎚、飛虎棍、鐵尺、鐵爪、鐵錐及鐵梭、鐵套、藏刃、角刀等，勇力加上武器，使打行更容易達成目的（誘騙式的打行例外）。

日本學者認為打行之有武器是因為外患，明中葉嘉靖時有倭寇侵邊，使沿海各省招集市井有勇力者進行防衛的工作，〔註105〕既屬民間武力團體，則必有武器的備置，而等邊寇稍緩或消失時，民間這個（或多個）武力集團並沒有消失，使他（們）殘存下來的內在因素是當時人們對清異族政權的不

〔註100〕《明世宗實錄》，卷四七八，嘉靖三十八年十一月丁丑條。

〔註101〕吳宏，《紙上經綸》，卷五，告示，〈禁打降〉：「為嚴禁凶徒打降，以全民命事。……每見餌民動輒打降，手足之外，磚石刀棍，無施不可。」轉引自川勝守，〈明末清初における打行と訪行——舊中國社會における無賴の諸史料——〉，頁80。

〔註102〕趙宏恩，《玉華堂兩江奏稿》，卷下。轉引自川勝守，〈明末清初における打行と訪行——舊中國社會における無賴の諸史料——〉，頁79。

〔註103〕《外岡志》，俗蠹，打行，頁892。

〔註104〕《吳縣志》，卷五十二下，風俗二，頁879。

〔註105〕和田正廣，〈明末窩訪の出現過程〉，《東洋學報》62-1/2（1980.12），頁97。

信任，豪紳地主階級底下養著一批無賴、奴僕，〔註106〕就是因為他們對清政權的不信任而產生的不安全感，加上明末社會的動蕩使貴——賤，尊——卑，良——賤，衣冠——市井、里夫、賤胥等階級大亂，〔註107〕造成鄉紳階級的私人武力勃興，而使打行繼續存在。也使得打行在明末清初時擁有武器，不過在清中期（乾隆）後，這類武器的史料，幾乎沒有再出現，或許是在清政權穩定後，對武器可進行更有效的管制，關於鄉紳與無賴集團的關係是值得再探討的。〔註108〕

　　另一方面，一般市井小民則在個人的需求上，如報仇、鬥毆、搶親等，為打行提供了一個生存的空間，這或許是使打行能縱橫明清兩代的重要因素之一。

　　在明清社會變遷之際，士紳或許因為對社會秩序的憂心，或許對異族政權的不信任，使得打行因社會的需求而大量出現。一旦社會穩定後，這些士紳的社會需求消失，數量龐大的打行便使用其它手段使自己生存下去，諸如拐騙、扛抬、訛詐等，加上市井小民的日常需求，使得打行在士紳的需求消失後還得以延續其活動。

　　打行此種無賴集團並沒有強烈的道德觀念，而一般的社會大眾對他們也沒有特殊的社會角色期待，所以無賴沒有社會角色與社會行為相互抵觸的困擾。〔註109〕使得他們可以在承平時期活動，也可以在動盪年代生存，因為無

〔註106〕川勝守，〈徐乾學三兄弟とその時代－江南鄉紳の地域支配の一具體象－〉，《東洋學報》40卷3號（1981），頁502～503。可看出鄉紳的奴僕多與打降有關或是打降首領。及西村かずよ，〈明代の奴僕〉，《東洋史研究》38卷1號（1979），頁36。

〔註107〕森正夫，〈明末社會關係における秩序の變動について〉，《名古屋大學文學部三十周年紀念論文集》（名古屋大學文學部，1978），頁145。

〔註108〕川勝守，《中國封建國家の支配構造》（東京：東京大學會，1980）第十三章〈舊中國社會の形成〉提到無賴組織と鄉紳權力（頁701），但這個領域仍可進行深入研究，如華北的情形，豪紳開牙多養無賴、打手，這種情形或與江南地區所呈現的情勢不同，可就整個中國分區探討，再予以結合，將可更清楚的了解豪紳、無賴間的互動關係。關於華北部分可參看山根幸夫，〈明清時代華北市集の牙行〉，《星博士退官紀念中國史論集》（東京：星斌夫先生退官記念事業委員會，1978），頁234～235。及山根幸夫，〈明清初の華北の市集と紳士、豪民〉，《中山八郎教授頌壽記念明清史論叢》（東京：燎原書店，1977），頁324～328。

〔註109〕Moore. Wilber E.著，俞景蘧譯，《社會變遷》（Social Change）（臺北：巨流圖書公司，1988），〈變遷的常態〉。通常在社會變遷的情況下，社會角色與社會

賴的活動就是爲了求生存。他們可以擔任保鏢，也可以開賭場、控制妓女、詐騙良家子弟，用任何可以生存下去的方式，只爲了活著。就這點而言，其他階級都比不上無賴，因爲體制內的份子有其一定的道德觀念、倫理規範，要他們像無賴般的不擇手段，恐怕很難做到，這也是無賴之所以爲無賴的地方。

打行由明代時恃勇力而行的非法行爲，在清初已發展爲多元的活動模式，如當人保鏢、幫人搶親等、利用勇力以獲得報酬的合法行爲（當然仍有不法行爲出現），打行入清後其組織更加嚴密，不但有分級且有計畫的實施武力訓練。另一方面，使用誘騙、詐賭富家子弟以獲取金錢的打行也出現了，顯示出在清代打行的性質已經複雜化。

第四節　打行的社會活動

此節討論打行之社會活動，可與無賴的地方活動做一比較，藉以了解明清時地方無賴的行爲模式。此節將打行的社會活動列舉如下：

一、擔任護衛

從打行的記載中，我們可以知道「打行」的活動是多方面的，其中大多趨向於靠勇力糊口，而非生產性的活動。這或許也是士大夫對其痛加指責的原因，有士大夫認爲最好把打行都趕去種田，這樣地方就會平靜無事了。〔註110〕

分析現今所收集到最早有關打行活動的記載，可知最初打行是「以打爲行業」，〔註111〕既是以打爲行業，社會上有需要以勇力幫助的人，自然會請他們幫忙。

明中期後健訟風氣興盛，至清不減。打官司時，強悍的一方常雇請打行等在衙門外，一打完官司，「即狙擊仇家，欲得而甘心焉」，〔註112〕所以有些涉訟者怕對方設計自己，「訟事對簿，欲以爲衛」，〔註113〕就請打行當保鏢，

行爲常互相抵觸。

〔註110〕明·徐光啓著，石聲漢校注，《農政全書校注》（上海：上海古籍出版社），卷八，農事，開墾上，引耿橘，《開荒申》，〈驅打行惡少歸農〉條。

〔註111〕《康熙崇明縣志》，卷六，風物志，習俗：「崇邑向有打行，打行者云打爲行業也」，頁389。

〔註112〕《康熙蘇州府志》，卷二十一，風俗。

〔註113〕清·褚人穫，《堅瓠九集》，卷二，打行。

保護自己的安全，故「聽審之日，又各有打降保護」。〔註114〕打行在當時健訟的社會風氣下，提供了涉訟者的需求，受雇於爭訟者的現象從明末到清末皆存在著。《同治上海縣志》，卷一，疆域，風俗：

> 打降（游手好閒，各分黨翼，民間爭訟，募為護衛，持械橫行。）

〔註115〕

又《光緒青浦縣志》，卷二，疆域下，風俗：

> 打降（游手好閒，各分黨翼，民間爭訟募為護衛，持械橫行。）

〔註116〕

此兩條記載相同，可知打行在清末同治、光緒年間以勇力擔任護衛的角色沒多大的改變。打行在清初相當盛行，連小地方也有，《歷年記》云：「周浦地方雖小，打降極多」。〔註117〕所以本文認為打行在明末清初大量興起的原因與這種社會需求有密切的關係，此點後面還會提到。

　　另外，朝廷大臣在擔心自己的生命安全時，亦會雇用打行擔任保鏢，保護自己的身家安全。如明末的董其昌激起民怨，民眾群起攻之，董家奴僕便雇請打行保護董家，由此可見明末打行整體勇力的被肯定，《民抄董宦事實》：

> 董宦之堂兄董乾庵、董光大等，猶持董宦冤揭分送，被百姓各出扇
> 於袖中，或拾磚塊亂打，一時怨聲激幾里，董僕知事不濟，雇集打
> 行在家看守，而百姓爭先報怨者，至其門先撤去旗竿，防護者將糞
> 溺從屋上潑出，百姓亦上屋將瓦礫擲進。〔註118〕

董家的奴僕「招集打行吳龍等百餘人，連夜入宅防禦；十六日打行之徒，自負其勇，在門首耀武揚威，示莫敢犯，而觀者駢集，不下萬人」。〔註119〕打行百餘人在門首「耀武揚威」，而觀者「不下萬人」，可見這批打行之徒集體勇力的表現。

　　到了清初，朝廷大臣張伯行怕海賊不利於他，也是雇請打行環聚官署，

〔註114〕清·顧公燮，《消夏閒記摘抄》，卷下，打降。

〔註115〕《同治上海縣志》，卷一，疆域，風俗，頁136。

〔註116〕《青浦縣志》（臺北：成文出版社，清·光緒五年刊本），頁220。

〔註117〕明·姚廷遴，《歷年記》，收錄於《清代日記匯抄》（上海：人民出版社，1982，
　　　　載明·崇禎元年至康熙三十六年（1628～1697）的事情），頁58。

〔註118〕明·無名氏，《民抄董宦事實》（臺北：新興書局，筆記小說大觀本，記明·
　　　　萬曆年間事），頁2164。

〔註119〕明·無名氏，《民抄董宦事實》（臺北：新興書局，筆記小說大觀本，記明·
　　　　萬曆年間事），頁2195。

保護其周遭的安全。《文獻叢編》，蘇州織造李煦奏摺，〈查復撫臣張伯行怕人殺他事一怕海賊一怕仇人摺〉，康熙五十三年七月十七日：

> 撫臣不知其妄，即疑爲海上歹人。……撫臣既疑處處有賊便恐禍
> 至不測，此怕海賊殺他也。撫臣又云恨我之人甚多，必遣刺客害
> 我，于是將上年取中門生武舉人羅智、張廷彪等，招集衙門，復
> 揀本城善於棍棒打降之徒，環聚官署，刻刻防閒，此又怕仇人刺
> 殺也。〔註120〕

由此可知，打行有其營業特性，與雇主有雇傭的關係，雇主出錢請打行當保鏢，打行受雇則提供勇力，保護雇主的安全，也有雇請打行代爲報仇者，如《萬曆嘉定縣志》，卷二，疆域考下，風俗云：

> 市井惡少，恃勇力辯口，什伍爲群。欲侵暴人者，輒陰賂之，令于
> 怨家所在，陽相觸忤，因群毆之，則又誣列不根之詞，以其黨爲證
> 佐，非出金帛厚謝之，不得解。名曰打行。〔註121〕

所以民眾若有「報讎復怨之事」，則「爭投其黨」，〔註122〕不論當保鏢或替人報仇，在這方面打行有其營業特性，這種特性由明末延續到清末。這些打行除了恃勇力而爲，加以武器的輔助外，其本身的功夫也是很不錯的，「摑擊各有法，轉相授受，或胸、或肋、或下腹、或腰背，中傷各有期限，或三月死，或五月死，或十月一年死，刻期不爽也。」〔註123〕如果被害人要以殺人罪告打行等無賴，「則出辜限外矣，不得抵罪」，所以這些打行往往得以橫行市井，其勇力也由此受人肯定。

打行並沒有一般的道德觀，所以也沒有一般的職業道德，民眾雇請他們辦事，有時就會出現需索無度的後遺症，《崇禎外岡志》，俗蠹，打行：

> 民間相爭鬥者，募之助，索無厭。……夫妻反目，各募打行爲助，
> 每日啜飲飽嚼，喧鬧於室。〔註124〕

這些打行無賴份子彼此之間也會因逞凶鬥勇而以暴力相向，雍正三年三月初

〔註120〕國立故宮博物院編，《文獻叢編》（臺北：臺聯國風出版社印行），頁882。
〔註121〕《嘉定縣志》（臺北：成文出版社，明·萬曆三十三年刊本）。
〔註122〕明·徐光啓著，石聲漢校注，《農政全書校注》（上海：上海古籍出版社），卷八，農事，開墾上，引耿橘（蘇州府常熟縣知縣），〈開荒申〉。
〔註123〕明·范守己，《曲洧新聞》，卷三，轉引自謝國楨，《明代社會經濟史料選編》（福州：福建人民出版社，1981），頁380。
〔註124〕《外岡志》，俗蠹，打行，頁892～893。

三日浙江按察使甘國奎上奏：

> 杭州乃省會之區，……自任事後嚴禁結黨打降，以除惡習，乃有仁
> 和縣土棍董御夫於二月二十一日在倉橋麵舖賒欠毆打。次日復至行
> 兇地方，不服群起分解，惡心未逞，又於二十三日糾合旗人陳老八、
> 胡老六、張老二、李老八、高老五、高三臘、王保，并不知姓名多
> 人，擁至麵舖，罄打器皿，并連打倪四、許雲先、王長善、徐雲卿
> 四家舖面，以至鄰近二十餘家畏其兇勢，關閉店門。〔註125〕

因為打降好習拳勇，致清代官員有將打架與「打降」等同者，一言不合，往
往釀成人命，「打架即鬥毆之別名，又曰打降，每因小忿而釀成大案，如上所
謂命案之根也」。〔註126〕官員將打降視做命案發生的主要原因，力主嚴禁，「禁
而後命案可少也」，〔註127〕故徐文弼一上任，捉拿到打行，即「大板重枷，究
責示警」，顯示出地方官員對打行的嚴懲。

　　清代官員要是對這些「兇徒逞兇結黨，僱募兇徒肆橫」的打行，「失於查
察者」，是要「降一級留任」的，〔註128〕但由當時打行橫行的情況看來，這條
法令大概沒有嚴格的執行。

二、騙誘拐、賭博

　　前面提到打行進入清朝後在行為活動上日益多樣化，明宣德到萬曆初年
打行以勇力進行反官府的動亂、擾亂社會秩序（因小故毆人）、及替人報仇等
諸活動，萬曆末年已有受雇行為出現（當保鏢），入清仍然。清初時受雇現象
依然存在，康熙二十三年序刊《江南通志》，卷六五，藝文，余國桂，〈嚴禁
打降文〉：

> 更有無知鄉愚，見人買地造墳，輒以防礙風水，生計阻撓。而營葬
> 之家復慮勢孤力單，設局抵敵。因而彼此糾集打降為防護。〔註129〕

〔註125〕中國第一歷史檔案館編，《雍正朝漢文硃批奏摺匯編》（南京：江蘇古籍出版
　　　　社），〈浙江按察使甘國奎奏整飭地方戢暴安良摺〉，雍正三年三月初三日。
〔註126〕清・徐文弼，《吏治懸鏡》，政務，打架條。
〔註127〕《雅公心政錄》，檄示，卷一，〈為通飭共凜官，方以肅吏治事〉。轉引自川勝
　　　　守，〈明末清初における打行と訪行──舊中國社會における無賴の諸史料─
　　　　─〉，頁80。
〔註128〕清・徐文弼，《吏治懸鏡》，處分，雜匪條。
〔註129〕《江南通志》，卷六五，藝文。轉引自上田信，〈明末清初・江南の都市の「無
　　　　賴」をめぐる社會關係──打行と腳夫──〉，《史學雜誌》90編下（1981.6），

此段所載保護訐訟者的受雇行為，顯示出打行由明宣德時單一的打手生事者，轉而為明末清初時具有營業交易性質（用錢雇打行換取保護）的團體，或許是因為朝代交替的不安定性，使打行有機會藉著這種雇傭關係而大量興起。

入清後，打行的手段也由純勇力再多元發展出騙、誘、拐等軟性的作法，這大概也與打行入清後發展成三級制的規模有關，上級的無賴秀才等，可進出公門、出點子，這就構成詐、騙的背景。《道光江陰縣志》，卷九，風俗，遊民：

> 民無職業者，放蕩不檢，往往三五成群，飲博打降，夥謀誘詐，或舞弄刀筆，散其徒黨，探刺官民雜事，搆釁告訐。一人佯出從中恐嚇取財，或甲與丙同謀訟乙，故訟丙為乙黨，令丙陽助而陰擠之，均謂之串詐。〔註130〕

利用訟事詐財的史料在筆記小說中常可發現，打行利用訟事詐財也顯現了其手段的多元化——由勇力到騙、誘等，對富家子弟的誘騙是最常見的，《重修常昭合志》，卷六，風俗志：

> 督糧道劉公鼎風俗示禁文略曰……一禁游手打降，琴川一邑僻處海陬。……近多游手好閒棍徒打降，不事恆業，岢一鉤引良家子弟，視其所好，曲意趨承。如性耽酣酒賭博者，則以麴糵呼盧誘之，愛練藝習武者，則以拳法技勇導之，善音樂者，則以學唱串戲惑之，以致若輩，竊貲揭債，恣情浪費，甚有橫行鄉曲，種種不法。〔註131〕

由上引可知，清初打行投富家子弟之喜好，曲意誘之以取得本身之利益，此與明末的情形——強恃勇力已有所不同，而這種拐騙之風相信在清初是相當風行的。另外，當時的賭風盛行，無賴游手多人倚此為生（參看〈明清無賴的社會活動〉一章），打行自然也有此行為，打行與賭博關係密切，海瑞稱「賭博打行」，〔註132〕《隆慶長州志》也有打行「結博徒」的記載，〔註133〕《明

頁30。

〔註130〕《江陰縣志》（臺北：成文出版社，清·道光二十年刊本）。

〔註131〕《重修常昭合志》（臺北：成文出版社，清·光緒三十年刊本）。此文亦載於《康熙常熟縣志》，卷九，風俗，〈糧縣劉公風俗六禁〉，頁241～243。

〔註132〕明·海瑞（1514～1587），《海瑞集》（北京：中華書局，1962）上編，〈考語冊式〉中「風俗薄惡」一項。

神宗實錄》甚至將賭風與打行連在一起談，《明神宗實錄》，卷五三，萬曆四年八月甲申條：

> 兵部覆兵科左給事中林景陽條奏八欵。……一戢弭盜致盜之由，上以貪殘，下以奢侈。乃打行獨盛于蘇松，賭博公行于都市。〔註134〕

入清後，在拐騙富子弟中，亦有賭博一項，「捏騙賭博」〔註135〕、「縱酒肆博」〔註136〕、「飲博打降」〔註137〕等皆可證明打行入清後，賭博行爲的存在。另外，打行等無賴平日聚集的地點爲茶坊酒肆，這種茶坊對於當時的聚賭、演戲等活動提供了地點，《光緒嘉定縣志》，卷八，風俗：

> 害民之事，曰花鼓戲，曰博場，博有鬥牌，有搖寶，有鬥蟋蟀，鬥鵪鶉，千百輸贏。富者貧，貧者餓，作奸犯竊，率由此鄉鎮茶坊大半賭場也。〔註138〕

又《南匯縣志》，卷二十，風俗志：

> 鄉鄙有演唱淫詞者。或雜以婦人，曰花鼓戲。或在茶肆，或在野閒，開場聚眾，最足傷風敗俗。近因官司嚴禁暫息。〔註139〕

花鼓戲爲當時的惡俗，《寶山縣志》，卷十四，風俗：

> 更有不逞之徒……糾率少婦演習俚歌，謂之花鼓戲。其間設立寶場，抽頭分用，淫奔爬竊，雜出其間，爲害甚烈。〔註140〕

「演習俚歌」是較保留的說法，其實就是「演唱淫詞」，這種行爲有妨礙風化、敗壞風氣之嫌，「花鼓灘簧，破家傷身，傷風敗俗，尤屬四鄉惡習」，〔註141〕所以當時士大夫大聲疾呼「當痛懲之」，「花鼓戲」這種行爲一直到民國初年仍存在著，民國《寶山縣續志》，卷五，風俗：

〔註133〕《隆慶長州志》（上海書店，天一閣藏明代方志選刊續編二十三），卷一，風俗。

〔註134〕《明神宗實錄》（臺北：中文出版社，中央研究院歷史語言研究所校勘本），頁1251。

〔註135〕《吳縣志》，卷五十二下，風俗二，頁877。

〔註136〕《續外岡志》（1961年鉛印《上海史料叢編》版本，清·乾隆五十七年序），俗蠹，頁905。

〔註137〕《道光江陰縣志》，卷九，風俗，遊民，頁838。

〔註138〕《光緒嘉定縣志》（上海府縣志輯，上海書店、巴蜀書店、江蘇古籍出版社，中國地方志集成八）。

〔註139〕《南匯縣志》（臺北：成文出版社，民國16年重刊本）。

〔註140〕《寶山縣志》（臺北：成文出版社，清·光緒八年刊本）。

〔註141〕《江陰縣志》（臺北：成文出版社，清·道光二十年刊本），卷九，風俗，遊民。

> 舊時民間惡習，如扛孀、逼醮、拆梢、打降、迎神燈會、花鼓淫戲
> 之類，數十年來迄未少衰。〔註142〕

「花鼓戲」之存在或許跟打降一樣有它的社會需求，才會延續至民初還很盛行，由此我們亦可知士大夫的呼籲似沒有什麼效果。士大夫對於提供場所給不良份子活動，進而造成一些惡俗的茶坊，也呼籲要嚴禁，《寶山縣志》卷十四，風俗：

> 市井少年，什伯為徒，逞其拳勇，呼以小弟兄，名曰打降。一唱百
> 和，睚眥必報，致釀重案，凡撒青、搶青、扛抬諸名目，皆若輩之
> 煽毒也，里俗銜之，號曰獺皮。更有遊惰之輩，於鄉村開設茶坊，
> 視若無甚害事，然賭博、鬥毆、演戲種種干例之事，皆由聚集坊中
> 所致，亦當嚴禁。〔註143〕

「亦當嚴禁」表達了士大夫對與賭博有關的一切事物的態度，茶坊為聚賭提供了地點，清代賭風大盛，使得「鄉鎮茶坊大半賭場也」，〔註144〕而這些提供「賭博、鬥毆、演戲種種干例之事」的茶坊，大多是由「遊惰之輩」開設的，所以其中賭風盛行也就不足為怪了。〔註145〕

三、扛　抬

　　在明代的打行大部份是以勇力為主的行為，到了清初除保留這項特點外，其行為尚有撒青、扛抬、紮詐等事，最明顯的莫過於《嘉定縣志》的記載，萬曆年間的《嘉定縣志》：「市井惡少，恃勇力辯口，什伍為群。欲侵暴人者，輒陰賂之，令于怨家所在，陽相觸忤，因群毆之，則又誣列不根之詞，以其黨為證佐，非出金帛厚謝之，不得解，名曰打行」，〔註146〕但觀康熙十二年的《嘉定縣志》，卷四，風俗：

> 市井少年，什百為徒，逞其拳勇，名曰：打行。私立名目，一倡百
> 和。凡撒青、搶親、扛抬、紮詐，非得此輩不興也。〔註147〕

由其中所指陳的事實可知打行在清初由早期的受雇保護他人、替人報仇等專靠勇力的行為趨向於較多元的發展，諸如撒青、搶親、扛抬等。

〔註142〕《寶山縣續志》（臺北：成文出版社，民國10年‧20年鉛印本）。
〔註143〕《寶山縣志》（臺北：成文出版社，清‧光緒八年刊本）。
〔註144〕《光緒嘉定縣志》，卷八，風俗，頁159。
〔註145〕《光緒寶山縣志》，卷十四，風俗，頁1610。
〔註146〕《萬曆嘉定縣志》，卷二，疆域考下，風俗，頁152。
〔註147〕《康熙嘉定縣志》，卷四，風俗，頁493。

拳勇是打行最主要的特色，但在廣義大規模的打行中，除拳勇外，尚有藉訟詐財等活動，即打行的行為一方面隨著時間的演變而多元化，另一方面也因為有規模的組織性，使它得以有更多的發展空間。由同一地方不同時期的地方志記載更可見此種行為的轉變，這是我們在探討打行的社會行為時須注意的一點。

《康熙嘉定縣志》提到打行的活動之一～「扛抬」，所謂「扛抬」就是藉人命構訟的威脅，勒索財物的作法。由於當時一旦涉入訟事，龐大的訟費往往使人「以訟破家」，不論貧富，在當時人人都怕涉訟，打行無賴便利用此點，向地方殷富之家詐財。《康熙嘉定縣志》，卷四，風俗：

> 扛抬者或匹夫匹婦，一朝小憤，投繯赴水，並非威逼。地方亡賴即
> 擁多人乘機搬搶，投告有人，設處有人，甚有乞兒餓嫗僵死風雪，
> 不逞之徒冒認親故，白地起波，不待簡驗，其家已破。〔註148〕

這種扛抬詐財害人的風氣在明清多有所見，甚至有無賴逼迫年老的親屬事先服毒，到有錢人家裡，毒發死於其家，就可以向富家索取重賄，《初見樓聞見錄》，卷八：

> 婺源董逢其，名世源，性寬厚，於物無所忤。順治四年，大祲。里
> 中無賴子，使其父先飲鴆而造逢其家。利其死，可索重賄。〔註149〕

另外，尚有「乞兒餓嫗僵死風雪，不逞之徒冒認親故」，也就是為了人命可以攀誣詐財，所以不逞之徒才要冒認親故，以便向地方大戶勒索財物。這種利用訟事詐財的行為，在明末即已開始，范濂，《雲間據目抄》，卷二，風俗：

> 惡少打行，……有同赴官理，訟為仇客賂集，駕禍扛打，而其人無
> 所控訴者。

又萬曆三十三年修《嘉定縣志》，卷二，疆域考下，風俗云：

> 又誣列不根之詞，以其黨為證佐，非出金帛厚謝之不得解，名曰打
> 行。〔註150〕

到清光緒年間仍有藉屍訛詐的現象，《光緒嘉定縣志》，卷八，風俗：

> 打行（……或藉屍訛詐，或逞凶報仇）。〔註151〕

〔註148〕《康熙嘉定縣志》，卷四，風俗，頁494。
〔註149〕清·吳德旋，《初月樓聞見錄》（臺北：新興書局，筆記小說大觀本），頁955。
〔註150〕《萬曆嘉定縣志》，卷二，疆域考下，風俗，頁152。
〔註151〕《光緒嘉定縣志》，卷八，風俗，頁160。

在本文〈打行的組織〉中提到，大規模的打行組成份子複雜，有些掾吏胥隸亦是打行份子，如此對於打行藉訟詐財的活動自然有事半功倍之效。就算是小規模的打行也與公門皁隸有勾結，兩者同流合污的詐財，《吳縣志》，卷五十二下，風俗二：

> 湯文正公撫吳告諭……（打降）句引營旗機匠，結交衙門皁快，挾
> 同詐財，互相容隱。〔註152〕

由於有打行藉訟事詐財，所以當時士大夫將訟端難息的責任歸咎於打行，〔註153〕打行利用訟事詐財的行為，從明末到清各朝一直持續著，有關訟事詐財方面，其中所牽涉的層面較廣，當另文專論之。

四、搶婚及扛孀

在打行多元的活動中，搶親即是其中之一，根據地方志記載，「搶親」一項是入清後才有的活動（參看〈打行地理、行為陳述表〉），在其中「搶親者，見平民有女，輒持雙燭茶葉投其家」是當時「潑茶」的惡習，《光緒松江府續志》，卷五，疆域志，風俗：「今又有強聘閨女者，謂之潑茶。郡俗聘禮兼用茶果，故女子受聘亦曰受茶，些謂潑茶者，強以茶禮潑置於其家也」，〔註154〕無賴藉潑茶搶婚，此種無賴的行為自不為當時接受，而激起當時士大夫階層的反感。

除了無賴強聘人家閨女，強行搶婚外，也有人因為家窮，付不起聘禮，而雇請打行幫忙搶親的。《消夏閒記摘抄》，卷上，〈打降〉條：

> 康熙年間，男子聯婚，如貧不能娶者，邀同原媒，糾集打降，徑入
> 女家搶親。其女必婿親扶上轎，仍以鼓樂迎歸成親。

搶親的程序，除了不需聘禮外，其它與一般成親程序相去不遠，「其女必婿親扶上轎，仍以鼓樂迎歸成親。」此說明了付不起聘禮的人，雖有心成親，但迫於家貧，只好糾結打行搶親，所以「打行」在此提供了付不起聘禮民眾的社會服務。雖然搶親不合當時禮法，但是對於家貧沒法娶妻的人，「搶親」似乎成了最便捷的成親方式。《耳郵》，卷四：

〔註152〕《吳縣志》，卷五十二下，風俗二，頁877。
〔註153〕《馬陸里志》（清‧嘉慶二年序，今上海市嘉定縣馬陸鎮），風俗：「打行……
　　　　鼓簧起釁，煽惑生波，滋擾良善，此訟端也之所以難息也」，頁692。
〔註154〕《光緒松江府續志》（上海府縣志輯，上海書店、巴蜀書店、江蘇古籍出版社，
　　　　中國地方志集成三）。

　　張阿福，紹興人，寓於杭，自幼聘王氏女爲妻，年三十矣，貧不能
　　娶，女亦年二十有七，其母屢託媒媼，趣阿福成婚。媼曰：彼貧奈
　　何？母曰：彼無婚費，我亦無嫁資，無已，其搶親乎？媼以告阿福，
　　阿福大喜，乃期於某月日，糾眾劫女去，母故招集鄰比，至張氏奪
　　女，則合巹已畢，賀客盈門矣。媒媼勸曰：事已至此，夫復何言？
　　明日當令其來謝罪也，母若爲悻悻者而歸。夫搶親惡俗也，律有明
　　禁，乃此則由女氏招之使搶，亦事之創見者矣。〔註155〕

由上引「彼無婚費，我亦無嫁資，無已，其搶親乎？」一語道盡了小民貧苦
的悲哀。而有些情形是因爲女家需索重聘，男方無力籌措，不得已只好用搶
婚的方式，《蘇州府志》，卷五，禮俗志，風俗：

　　……至生女之家或計培養，需索重聘，致男家無力籌措，釀成搶親
　　惡習。〔註156〕

打行從事「搶親」的行爲從清康熙〔註157〕、乾隆〔註158〕、嘉慶〔註159〕到
光緒〔註160〕一直延續著。可知「搶親」在某一程度上提供了當時貧困的民
眾一條成親的捷徑，有其社會需求，這種社會需求即是打行存在的原因之
一。搶婚後已造成既定事實，所以知縣在判決時，常是勸和不勸離的，《嘉
定縣續志》，卷五，風土志，風俗：

　　搶親，凡民間聘妻，女家力爭財禮，無力迎娶，或悔婚不願嫁者，則
　　糾人搶之，雖控告到官，往往因已成婚，薄責而和解之而已。〔註161〕

但這種搶婚是不合禮制的，故士大夫乃大聲疾呼「搶親惡俗也，律有明禁」，
不過，貧苦無力迎娶的民眾也顧不得合不合禮制，爲了用最便捷的方式成
親，仍雇請打行搶婚，使搶婚的行爲一直延續到清末。

〔註155〕清・羊朱翁，《耳郵》（臺北：新興書局，筆記小説大觀本，記清末年事），頁
　　　　6322。
〔註156〕《蘇州府志》（臺北：成文出版社，清・光緒九年刊本），頁138。
〔註157〕《康熙嘉定縣志》，卷四，風俗，頁493。
〔註158〕清・顧公燮，《消夏閒記摘抄》，卷下，打降。
〔註159〕《嘉慶南翔鎮志》（民國13年南翔鳳鳶樓鉛印本，今上海市嘉定縣南翔鎮，
　　　　清・嘉慶十一年序），卷十二，雜誌，紀事：「市井惡少無賴所謂打降、白拉
　　　　者，是處有之，南翔爲基。打降逞其拳勇，凡搶親、扛孀、抬神、扎詐諸不
　　　　法事，多起於若輩」，頁526。
〔註160〕《光緒寶山縣志》，卷十四，風俗，頁1610。
〔註161〕《嘉定縣續志》（臺北：成文出版社，民國19年鉛印本），頁298。

另一種搶奪婦女的形式便是「扛孀」，扛孀從清康熙年間即存在，〔註162〕扛孀或搶孀等，即是棍徒與孀婦之遠親私立婚書，強迫孀婦再嫁或直接搶奪孀婦的行為，搶孀的行為在清中期頗為興盛，一直到民國初年仍存在。扛孀背後有金錢的運作，同時也是一種報復手段（參看〈明清無賴的社會活動〉一章），所以打行在清嘉慶年間有「扛孀」活動並不意外，《南翔鎮志》，卷十二，雜誌，紀事：

> 打降逞其拳勇，凡搶親、扛孀、抬神、扎詐諸不法事，多起於若輩。
> 〔註163〕

又《雙鳳里志》，流習：

> 舊有扛孀惡習，無賴棍徒聚黨婪贓，奇幻百出，或扛幫之，使不欲嫁者必嫁，或把持之，使欲嫁者不得嫁，……大有烏龍打降之風，其終深可慮也。〔註164〕

或許是打行為求生存，或是清中期男女婚配失調，也或許是報復的手段翻新，打行在入清後又增加了「扛孀」的不法活動。

五、放高利貸

除了勇力、拐、騙、詐財等行為外，清中期打行還進行在合法邊緣的行業——放高利貸。打行放的高利貸，利息甚高，借一錢，一天就要三釐到五釐的利息，窮苦民眾若不得已向其借錢，則更加窮苦，《夜航船》，卷一，鞭子錢：

> 里中無賴喜放鞭子錢，漁利最苛，其例放銀一錢，日取利三釐，或四釐五釐，旦旦索之，不彌月，子浮於母，還楚方止，否則積年累月，靡所底止。剝削窮民，莫甚於此，窮民又貪到手便捷，醫得眼前，剜卻心頭，勿顧也。業此者皆打行兇勇，索討稍不遂意，輒反臉嚷罵，老拳直奮，故無不畏之如虎。近有坐此發家，建造房屋，衣綵食肉，街坊搖擺，稱老爺相公，其家愈饒，其業愈勤，四處放

〔註162〕《江南通志》（康熙二十三年序），卷六十五，藝文：「打降……婦女再醮，攔裁酷榨」。

〔註163〕《南翔鎮志》（上海書店、巴蜀書社、江蘇古籍出版社，民國13年南翔鳳翥樓鉛印本，今上海市嘉定縣南翔鎮，清・嘉慶十一年序），頁526。

〔註164〕《雙鳳里志》（清・道光六年活字本，《婁水藝文匯抄》版本，清・道光五年序，今江蘇省太倉縣境內），頁11～12。

開，如蛛布網。〔註165〕

當借錢的人還不起錢時，打行就露出其原始的性格，「打行兇勇，索討稍不遂意，輒反臉嚷罵，老拳直奮」，這種放高利貸的活動，使打行份子成爲富家。有了錢之後，更可以大規模的借高利貸與他人，所以放高利貸的情形有越演越烈的趨勢，「四處放開，如蛛布網」。由此可看出打行進入清中期以後社會活動的多元化。

六、撤　青

撤青在明末已出現，主要是一種以割人花稻的報復手段。《崇禎外岡志》，俗蠹，撤青：

> 撤青，鄉民種花稻纔三四寸，其怨家夜率數人，縛利刃於架，繫以
> 索，刃人牽引，花稻寸斷，削去如薙，謂之撤青。〔註166〕

《康熙嘉定縣志》：「撤青者，或有宿憤，號召其徒，腰鐮執梃，三五爲群，花禾方長，乘機割刈，青野如洗」，《光緒嘉定縣志》也提到「打行（拳勇少年，三五成群，割刈田禾）」，〔註167〕「割刈田禾」是指撤青，撤青在當時爲無賴惡少報復的手段，地方志相關的史料頗多，割花稻稱撤青，如果放火燒屋子，則稱紅雄雞。《康熙崇明縣志》，卷六，風物志，習俗：「民居多半草房，稍有睚眦，即行放火，名曰：紅雄雞。將田中花稻罄刈，名曰：撤青。皆黑夜爲之。」，〔註168〕前面所說的「或有宿憤」〔註169〕、「稍有睚眦」皆是撤青的原因，打行或一般的地痞惡少，因爲小故，趁黑夜去割人家的花稻，藉以懲罰主人（與無賴們結怨的人）。川勝守〈明末清初における打行と訪行──舊中國社會における無賴の諸史料──〉一文在打行的活動中提到「撤青（不明？）」，〔註170〕經過以上的論述，應可知撤青是打行藉割花稻以報復他人的手段。

〔註165〕清・破額山人，《夜航船》（臺北：新興書局，筆記小說大觀本，清・嘉慶庚申（1800）序），頁339～340。

〔註166〕《外岡志》，俗蠹，打行，頁893。

〔註167〕《光緒嘉定縣志》，卷八，風俗，頁160。

〔註168〕《康熙崇明縣志》（上海府縣志輯，上海書店、巴蜀書店、江蘇古籍出版社，中國地方志集成十）。

〔註169〕《康熙嘉定縣志》，卷四，風俗。

〔註170〕川勝守，〈明末清初における打行と訪行──舊中國社會における無賴の諸史料──〉，《史淵》119（1982），頁79。

　　另外，放火亦是打行的報復行動，所以有村民一遇到風起時，便不睡覺的防守，《康熙崇明縣志》，卷六，風物志，習俗：

> 一打降，結黨成群，凌弱暴寡，勢莫可當，其最無良者，偶有小嫌，
> 即謀放火，村落中每遇風起，有終夜防守不眠者。〔註171〕

撒青在當時不只有打行做而已，似乎是一股無賴報復性的普遍手法，《嘉定縣志》卷二，疆域考下，風俗：

> 至於濱海強梁去邑遼遠，忿恚所積，狠于伐矛，或昏夜縱火，焚其
> 廬舍，或俟花稻已成，一夕芟夷之，名曰：撒青。〔註172〕

「濱海強梁」不一定是打行，而「忿恚所積」則是符合無賴惡少等人進行報復的前提，所以「撒青」此一行為應是當時強梁惡少進行報復的普遍性手段，並非只有打行如此做。

　　由以上的論述，我們可看出打行由明到清社會行為日趨多樣化，由不同時期的《嘉定縣志》中可看出這種趨向，以《萬曆嘉定縣志》〔註173〕、《康熙嘉定縣志》〔註174〕、《光緒嘉定縣志》〔註175〕為例，列表如下：

明・萬曆	清・康熙	清・光緒
拳勇、報仇	拳勇、撒青、搶親 扛抬、紮詐	拳勇、逞凶報仇 開賭、撒青、藉屍訛詐 逼醮、搆訟、殺牛

經由列表，我們可從不同時期的《嘉定縣志》看出，打行的行為的確朝多樣、多元化的發展。如果再將打行的活動依時間前後排列，則活動的演變將更清楚。依〈打行地理、行為陳述表〉整理如下：

〔註171〕《康熙崇明縣志》（上海府縣志輯，上海書店、巴蜀書店、江蘇古籍出版社，中國地方志集成十）。

〔註172〕《嘉定縣志》（臺北：成文出版社，明・萬曆三十三年刊本）。

〔註173〕《萬曆嘉定縣志》（臺北：臺灣學生書局，中國史學叢書三編 43，明・萬曆三十三年刊本）。

〔註174〕《康熙嘉定縣志》（上海府縣志輯，上海書店、巴蜀書店、江蘇古籍出版社，中國地方志集成七）。

〔註175〕《光緒嘉定縣志》（上海府縣志輯，上海書店、巴蜀書店、江蘇古籍出版社，中國地方志集成八），卷八，風俗：「地方棍徒俗稱獺皮，偪醮，搆訟，殺牛，開賭，諸不法事皆出若輩。（後面還附有獺皮歌）……打行（拳勇少年，三五成群，割刈田禾，搶奪婦女，或藉屍訛詐，或逞凶報仇。）」，這裡獺皮與打行雖是分開描述，但由第一節打行的介紹，我們可知當時打行又稱獺皮，故將此處獺皮的行為納入打行範圍內。

行為＼時間	宣德	嘉靖	隆慶	萬曆	崇禎	康熙	雍正	乾隆	嘉慶	道光	同治	光緒	民國
勇力	○	○	○	○	○	○	○	○	○	○	○	○	○
賭博			○			○		○				○	
誣訟				○		○		○					
保鏢				○		○		○			○	○	
報仇				○		○							
撇青						○						○	
搶親扛孀						○		○		○			
扛抬						○		○	○			○	
誘騙						○				○			
抬神									○				
高利貸									○				

　　由上表可以清楚的看到，明清無賴集團之一——打行，自明宣德以來恃恃拳勇的行為，在入清後已發展為多元的活動模式，如擔任保鏢、幫人搶親、使用誘騙、詐賭富家子弟、控制寡婦以獲取金錢、放高利貸等。其中殺牛在中國傳統社會並不被容許，官員的禁令中亦有「禁私宰」，〔註 176〕但因清末上海地方向來不戒食牛肉，外國人又多，所以造成「無賴子遍地宰屠，莫之能禁」，〔註 177〕嘉定與上海地方接近，或許因此無賴的殺牛行為也延伸到嘉定縣地區。

　　打行這些活動與當時的無賴相當接近，或許賭、詐、逼醮、扛抬等就是當時社會背景下的產物，也或許當時無賴份子的行為大多不出此範圍。打行的社會活動雖然隨著時代的轉移而有多元的發展，但其恃勇力而行的特色卻一直保持著，所以到清中期後，有以「打降」等同於「打架」行為，「打架即鬥毆之別名，又曰打降」，〔註 178〕在有些記載可將打降解釋成打架，如清同治

〔註 176〕清・徐文弼，《吏治懸鏡》（臺北：廣文書局，筆記五編），政務，禁私宰條。
〔註 177〕清・王韜，《瀛壖雜志》（臺北：華文書局，清・同治五年刊本），卷一，頁 65。
〔註 178〕清・徐文弼，《吏治懸鏡》，政務，打架條。

間的上海「劫奪打降，擄人勒索，靡事不為」〔註179〕其中打降就是打架。

明清的無賴集團之一～打行，個人認為由明宣德以來恃勇力而行的行為，在清初已發展為多元的活動模式，如當保鏢、幫人搶親、使用誘騙、詐賭富家子弟以獲取金錢、放高利貸等。打行在明末清初時其組織更加嚴密，不但有分級且有計畫的武力訓練，顯示出清代打行的性質已經複雜化了。

打行的社會行為從明、清到民國初年，始終保持拳勇的特性。明末清初由於朝代交替、社會動亂，使得打行受雇於人，出現營業性質，打行也在此時蓬勃發展。打行數量一多，供過於求，為求生計，「以力降人」的現象加遽，用勇力侵擾他人，所以明末有「打降」一詞出現。到世局穩定後，大部份的營業性質消失，暴力行為便突顯出來，故清中期後大多以「打降」一詞稱之。

需注意的是，「打行」、「打降」的演變不能以明清兩代將其完全畫分，打行的拳勇是一直持續的特色。明末清初時由於社會需求，其營業性質突顯，等世局安定後，營業性質逐漸消失，但並非完全消失，如搶婚或訟事械護便是營業性質的殘餘，所以清中期後仍有「打行」一詞的存在。明末打行雖營業性質突顯，但暴力擾民的行為也同時存在，故在崇禎時，有「打降」一詞的出現。打行的營業性質與拳勇性質是同時並存的，而「打行」、「打降」二詞亦有混用的情形，並不是明時完全稱「打行」，入清後就稱「打降」，也不是在明末有營業性質，到清中期後就沒有，用二分法來解釋打行的性質似並不恰當。

打行的營業性質使其因為社會需求而興起，但卻不是打行生存的唯一條件。打行的活動隨著時代的轉變而呈現多元的發展，除拳勇外尚有拐、騙、放高利貸等行為，這也就是為什麼打行的營業性質隨著世局安定逐漸消失之際還能存在的原因。

清代對這種「持鎗執棍，混行鬥毆，聚首及鳴鑼聚眾之犯」是處以「流三千里」的刑責，〔註180〕不過這條法令由當時打降的橫行看來，似並沒有被嚴格的執行。從另一角度看，打行此一無賴集團在當時「不合法」的行為活動幾乎都有他們的參與，所以士大夫階級對他們深惡痛絕的態度也就可以理解了。

〔註179〕清・王韜，《瀛壖雜志》，卷一。
〔註180〕清・徐文弼，《吏治懸鏡》（臺北：廣文書局，筆記五編），律總，頁761。

第五節　打行的人際關係網

　　打行既屬無賴集團，其行為自不遵守當時的體制，又屬社會的下層階級，故多與無賴、賭徒、娼妓等人接觸，《隆慶長洲縣志》，卷一，風俗：

> 郡國志謂：……家匿亡賴，戶結博徒，過屠肆以磔人，入娼家而使酒，游閒群聚，名曰打行，誰構屬階由上立辟也。〔註181〕

又《萬曆長洲縣志》，卷一，地理志，風俗：

> 家匿亡賴，戶結博徒，過屠肆以磔人，入娼家而使酒，游閒群聚，名曰：打行。〔註182〕

從隆慶到萬曆這種現象是存在的：「戶結博徒，過屠肆以磔人，入娼家而使酒。游閒群聚」，可知打行在明中後期的社會關係中，較常接觸的就是屬同一社會階級的無賴博徒、屠夫、妓女等人（參看〈無賴的人際關係網之二〉一章）。因史料有限，無法明確的指出打行與這些份子的關係，不過，應與無賴的人際關係相去不遠，還是秉持弱肉強食的原則。

　　當時有無賴借力打行的情形產生，此種情形為無賴與無賴集團的相互支援，據此亦可探知其人際關係網，《南匯縣志》，卷二十，風俗志：

> 無籍之徒，三五為群，釀酒肆，橫強取市物，或習拳勇，聚黨結盟，謂之小弟兄。迎神賽會，斂錢演戲，勒派良善，夥賭窩娼，留蔽盜賊，借力打降，此類不一，各以其地，名曰某幫、某幫，此亂民也。近方有警首造謠言者，必此輩矣。（參欽志）〔註183〕

此條史料亦為《光緒松江府續志》所引用，《光緒松江府續志》，卷五，疆域志，風俗：

> 沿海民情懭悍，多鹽梟外來匪徒，亦或雜處，往往聚黨結盟，釀酒肆，橫作姦犯科，屢出於此。（……南匯志云：無籍之徒，三五為群，謂之小弟兄，迎神賽會，斂錢演戲，勒派良善，夥賭窩娼，留蔽盜賊，借力打降，此類不一。各以其地，名曰某幫某幫，此亂民也。）〔註184〕

〔註181〕《隆慶長洲縣志》（上海書店，天一閣藏明代方志選刊續編二十三）。
〔註182〕《萬曆長洲縣志》（臺北：臺灣學生書局，中國史學叢書三編 49，明・崇禎八年刊本）。
〔註183〕《光緒南匯縣志》（上海府縣志輯，上海書店、巴蜀書店、江蘇古籍出版社，中國地方志集成五），卷二十，風俗，頁 901。而《民國南匯縣志》（臺北：成文出版社，民國 16 年重刊本），亦有載。
〔註184〕《光緒松江府續志》（上海府縣志輯，上海書店、巴蜀書店、江蘇古籍出版社，

地方無賴「借力打降」，可能是地方無賴自己本身勢單力薄無法完成或擺平的事，就求助打行這種無賴集團，由於打行的成員較多，較具組織性，其發揮出來的力量亦較大。此可由康熙年間連大臣也雇用他們當保鏢的情形可知，《文獻叢編》，蘇州織造李煦奏摺，查復撫臣張伯行怕人殺他事一怕海賊一怕仇人摺，康熙五十三年七月十七日：

> 撫臣又云恨我之人甚多，必遣刺客害我，于是將上年取中門生武舉人羅智、張廷彪等，招集衙門，復揀本城善於棍棒打降之徒，環聚官署，刻刻防閒，此又怕仇人刺殺也。〔註185〕

一般的地方無賴勢單力薄，遇有麻煩時，就需要打行的協助，就算沒事，平日與打行這種擁有一定力量的無賴集團維持良好關係，對自己也無礙，在此見到無賴與無賴間互助關係的一面。另外，打行本身亦分不同的團體，互相較勁，乾隆《寶山縣志》，卷一，風俗：

> 海濱多尚拳勇，什百為徒，各分黨翼。凡細事相爭，逞其蠻力，持械護，名曰打降。〔註186〕

這些黨派有不同的名稱，如天罡百龍、十三太保、百子尖刀等名稱，康熙二十三年序刊《江南通志》，卷六五，藝文，余國桂，〈嚴禁打降文〉：

> 照得打降之為害地方，惟三吳有其事，遂有其名。詢其根由，始于游手無賴各霸一方，城鎮鄉村無處不有，藉拳棍為生涯，視善良如几肉，指其黨，則有天罡百龍、十三太保、百子尖刀之不一其名。
>
> 〔註187〕

《客座贅語》中也有類似的記載，「恣其跳踉之性，逞其狙詐之謀，糾黨凌人，犯科扞罔，橫行市井，狎視官司。如向來有以所結之眾為綽號，曰十三太保、三十六天罡、七十二地煞者，又或以所執之器為綽號，曰棒椎、曰劈柴、曰槁子者。賭博酗醟，告訐打搶，閭左言之，六月寒心，城中有之，曰

中國地方志集成三）

〔註185〕國立故宮博物院編，《文獻叢編》（臺北：臺聯國風出版社印行），頁882。

〔註186〕《乾隆寶山縣志》，卷一，風俗。轉引自上田信，〈明末清初・江南の都市の「無賴」をめぐる社會關係——打行と腳夫——〉，《史學雜誌》90編下（1981.6），頁9。

〔註187〕《江南通志》，卷六五，藝文。轉引自上田信，〈明末清初・江南の都市の「無賴」をめぐる社會關係——打行と腳夫——〉，《史學雜誌》90編下（1981.6），頁30。

暮塵起」。〔註188〕

　　就是因為打行間有分黨派，所以打行之間有競爭的關係，不同地區的打行亦互相支援，《雍正分建南匯縣志》，卷十九，風俗：

> 上海及嘉定積有打降，凌弱暴寡。向來自鬥其地，近則上海有爭，並借力於嘉定。其應募而至者，姓氏不知，面目不識，命案之多率由此。〔註189〕

大概上海本地的打行在爭地盤，就向外地的打行搬救兵，所以打行與打行間有競爭與互助的雙重關係。但打行到了清初，範圍明顯的有擴大，向上發展的趨勢，《堅瓠九集》，卷二，打行：

> 《亦棠偶記》「打行，聞興於萬曆間，至崇禎尤盛。有上中下三等，上者即秀才貴介亦有之，中者為行業身家之子弟，下者則遊手負擔里巷無賴者，三者皆有頭目。」〔註190〕

連「秀才貴介」也在打行之中，可以想見這些「秀才貴介」想必也非好學之士，所以海瑞在其文集中曾大罵「大學生醜行無賴，今日如之，商賈之心，屠儈之行，乃留更僕，未可言也。」〔註191〕這些人或許只是捐了個生員的頭銜，就進出公門，做些包攬訟事之類的事圖利，說不上是被當時士大夫階層所接納的秀才。但在名義上，打行已由明中期的與妓女、游徒接觸面擴展到名義上的「秀才貴介」，也算是人際關係接觸面的擴展。

　　不過，我們須注意「打行」這種無賴團體有大有小，如上述《堅瓠九集》所述分為上、中、下三級已是相當具規模的「打行」，一般的地方志還是把打行當作是地痞流氓式的無賴集團，由於史料上的侷限，本文無法說明是否每個打行都是分為三級，還是只是幾個惡少組成的小打行，但可以確定的一點是打行到清初已有人際關係接觸面擴大的跡象。不過本文認為在明末應已出現這種跡象，《復社紀略》，卷二：

〔註188〕明・顧起元（1565～1628），《客座贅語》（北京：中華書局，1987），卷四，〈芳民〉。

〔註189〕《雍正分建南匯縣志》，卷十九，風俗。轉引自上田信，〈明末清初・江南の都市の「無賴」をめぐる社會關係──打行と腳夫──〉，《史學雜誌》90編下（1981.6），頁3。

〔註190〕清・褚人穫，《堅瓠九集》（臺北：新興書局，筆記小說大觀本，清・康熙壬申年（1692）序）。

〔註191〕明・海瑞（1514～1587），《海忠介公全集》（臺北：海忠介公全集輯印委員會），卷四，序，贈黃廣臺思親百詠序。

又有如狼如虎，咆哮市肆，使人談之色變，聞之心悸者，曰：惡棍，
歃血會盟，恃眾蔑法，各處有天罡打降之不一其號，而天罡中又有
文武大小之不一其人，鬥毆則此投彼訴，訐訟則夥告夥證，或報私
仇，或假公憤，遇可欺則陵，遇可欲則奪，屢置之法，慇不畏死，
有司以人眾而不治，害益不可言矣！〔註192〕

這裡的「文武大小之不一其人」是否意指著打行已不是原先純粹以拳勇份子
組成的集團，而是已經夾雜著一些失意的讀書人（可能是訟師之類）所形成
的集團，故有「文武大小之不一其人」一語出現，由明末政局的混亂，數量
龐大的讀書人（監生、生員等）在沒有出路的情形下，加入這些集團，以謀
取本身的利益也是有可能的事（參看〈無賴的人際關係網之一〉一章）。

打行雖與一些不肖秀才有往來，但由《堅瓠九集》中所述的三級組織，
可知秀才是屬動腦筋、指揮的階層，所以打行中的秀才與無賴等人的關係，
可說是一種上對下、也是一種互惠的關係。由〈無賴的人際關係網之二〉一
章中，可知無賴與他人的關係主要是看對方本身的力量強弱而定，不良秀才
在社會上的地位還是比無賴高的，此種身份隨之而來的社會力量，使得打行
與秀才的關係中，打行是屬於被指揮的地位。

第六節　士大夫對打行的態度

明初太祖發佈《大誥》，《大誥》中認爲「遊食之人」是社會問題，明太
祖給予里甲鄰人捉拿這些人的權力，「一月之間，仍前不務生理，四鄰里甲拿
赴有司」，明太祖認爲這些遊食之人「此等之徒，非幫閒在官，則於閒中爲盜」。
〔註193〕明太祖的態度顯示了當時士大夫對游手的基本態度，連游手這種還沒
犯罪的人都要加以嚴禁，更不用說打行的反體制行爲。

打行替人報仇或欺凌闇弱、搶婚、撤青等等的行爲，不爲當時的體制所
容忍，政府官員的態度自然是主張要嚴辦，擁有地方勇力的打行在明末國力
衰弱時並不理會中央的權威，起而向政府權力挑戰，遂有威脅、作亂、毆打
官員等事情。〔註194〕

〔註192〕明‧陸世儀，《復社紀略》（臺北：新興書局，筆記小說大觀本），頁2109。
〔註193〕《御製大誥讀編》（臺北：臺灣學生書局），〈再明遊食第六〉。
〔註194〕《明世宗實錄》，卷四七八，嘉靖三十八年十一月丁丑條：「群聚數十人，號
　　　　爲打行，……則相與歃血，以白巾抹額，各持長刀巨斧，夜攻吳縣長州及蘇

　　打行在明末時，除有營業性質外，所呈現仍是以勇力、替人報復、擾亂社會秩序的行為活動，《崇禎興寧縣志》，卷二，政紀的記載最能顯出明末士大夫對打行的評價：

　　　　一禁打行，稂莠不去，佳禾不生。訪得寧邑惡少實繁有徒，街市村墟往往結黨橫行，酗酒撒潑，良民少觸，其怒則辱罵群毆，大則突擁抄家，冒稟觀衙，遇事風生，如蠻如髮，是民之蟊賊而法之不貸者也。〔註195〕

「稂莠不去，佳禾不生」一語將打行與良民兩極化，變成兩個勢不兩立的階層，這種必除之而後快的心態，在士大夫之間普遍存在著。高攀龍稱打行把棍之類為「良民蟊賊」，必「蟊賊去而良民始安」，所以對「打行把棍之類」要「訪其首惡重治」，非「禁其黨類」不可。〔註196〕

　　海瑞亦將打行列在「風俗薄惡」一項中，《海瑞集》上編（應天巡撫時期），〈考語冊式〉中「風俗薄惡」一項：

　　　　如不孝不友，為奸為弊，事佛為娼，打行賭博之類。〔註197〕

「明宣德初，巡撫周公忱另設重大枷板治之」〔註198〕、「欽奉嚴禁，地方官嚴諭保甲，如有此等，報官查究」〔註199〕等語表達了當時對打行的基本態度——嚴禁。在地方志中，幾乎都是「力禁打降」〔註200〕的訊息，沒有較緩和的態度。

　　除了打行擾亂當時社會秩序，不依循體制運作外，士大夫主張嚴禁的另一個理由是怕這些打行在一有情勢不安定的時候，趁機興亂，為避免這種情形發生，所以士大夫主張嚴禁，提早防範。崇禎十年序刊《嘉興縣志》，卷十五，里俗：

　　　　務本者少，入身公門者，日盛月異，居肆者稀，而袖手游閒者肩摩

　　　　州衛獄，劫囚自隨，鼓噪攻都察院，劈門入之，大立率其妻子踰牆避去。諸惡乃縱火焚衙廨，大立所奉敕諭符及令字旗牌一時俱燬」。

〔註195〕和田正廣，〈明末窩訪の出現過程〉，《東洋學報》62-1/2（1980.12），頁97。

〔註196〕明・高攀龍（1562～1626），《高子遺書》（明・崇禎五年錢士升等刊本，國家圖書館微捲），卷七，〈申嚴憲約責成州縣疏〉。

〔註197〕明・海瑞（1514～1587），《海瑞集》上編，頁263。

〔註198〕《康熙崇明縣志》，卷六，風物志，習俗，頁389。

〔註199〕《吳縣志》，卷五十二下，風俗二，頁879。

〔註200〕《光緒睢寧縣志》（臺北：成文出版社，清・光緒十二年刊本），卷三，疆域志，風俗：「（采訪）按舊志知縣劉如晏力禁打降，……嚴加禁抑，跡少斂」，頁128。

踵接，迺若打降惡少，飲血結盟，十百成群，一呼畢集。設遇外寇
突來，窺在足而先應者，必在此曹。言之可爲寒心，是不可不早爲
隄防者也。〔註201〕

又趙用賢，《松石齋集》，卷二九，〈與陳按院〉：

一、打行之風獨盛於吳下，昔年督糧翁大恭嘗被其禍，幾及大亂。
後稍擒薙殺惡少百餘人，此風少息。……異時地方有變，此輩亦致
亂之端也。〔註202〕

士大夫已有既定的偏見，對於未發生的事如此揣測，而對已發生的情況更是
繪聲繪影，《民抄董宦事實》，〈署府理刑吳初審申文〉：

審得王皮、曹辰，一係党徒，一係惡少，而所謂一條龍地扁蛇等，
則皆郡中打行班頭也；此輩蜂聚蟻合，實繁有徒，幸地方有變，以
逞其狂，蓋日夜幾之望也。〔註203〕

「幸地方有變，以逞其狂，蓋日夜幾之望也」說明了士大夫是如何解釋這些
打行的行爲，但因爲打行本身沒有留下史料，無法對證，士大夫這種想當然
耳的態度，多少形成了對打行活動了解的偏差。

在傳統的以農爲本的觀念下，士大夫認爲將打行驅使到各地方去開墾種
田是最好的方式，這種硬將打行納入體制內（農）的想法，顯現出士大夫對
打行這種體制外行爲絕對不接受的態度，《農政全書校注》，卷八，農事，開
墾上，引耿橘《開荒申》：

一、驅打行惡少歸農：

打行之風，本縣頗盛。……夫枷示以殺其飄揚跋扈之氣，開荒務使
有恆產恆心之歸，此變易風俗之一道，而草亦有墾矣。〔註204〕

大部份有關打行的記載中，並沒有士大夫對其行爲有進一步的解釋，最多是
說「承平下的產物」，對打行性質的不了解，也阻礙了當時執政者對打行問題
的解決，使得打行從明初一直持續到清，甚至民國初年。

〔註201〕《嘉興縣志》（明‧崇禎十年序刊），卷十五，里俗。

〔註202〕明‧趙用賢（1535～1596），《松石齋集》（明‧萬曆四十年，海虞趙氏原刊本，
國家圖書館微捲）。

〔註203〕明‧無名氏，《民抄董宦事實》（臺北：新興書局，筆記小說大觀本，記明‧
萬曆年間事），頁2172。

〔註204〕明‧徐光啟著，石聲漢校注，《農政全書校注》（上海：上海古籍出版社），頁
200。此書由劉志鴻學長提供，特此誌謝。

　　士大夫反對類似打行這種拳勇行為，在其他的記載亦可顯現出來，當時民間盛行的「五方賢聖會」中有一種名為「打會」的活動，《王百穀集》，〈吳社編〉：

> 打會，會行必有手搏者數十輩為之前驅，凡豪家之阻折，暴市之侵陵，悉出是輩，與之角勝爭雄，酣鬥猛擊。〔註205〕

「凡神所棲舍具威儀，簫鼓雜戲迎之，曰會」〔註206〕，故「打會」運用勇力彼此爭鬥，為節日慶祝活動之一，與打行的社會行為是有一段差距的。但地方志的轉載，便故意忽略「打會」這一部份，《隆慶長洲縣志》，卷一，風俗：

> 比年創為五方賢聖會，……王穉登〈吳社編〉曰：會首，以主其事，次之助會、接會、打會、妝會、走會諸條，其捨會謂稚齒孩提弱齡鬌髭，令佩刀躍馬，執鞭持橐至遣閨秀以耀市觀，惜哉，其觀會曰……〔註207〕

後面介紹各會的內容時，故意忽略「打會」，由此亦可見修撰地方志的士大夫對於這種以暴力相向的活動並不能接受，所以在修志時故意不提，這種態度反映在打行記載上，就造成了故意刪除或忽視不提的現象。

　　這種單向權威式的態度阻礙了士大夫對打行的了解，而史料上對打行的陳述也僅止於其行為的破壞性，似乎沒有士大夫認真去思考打行為何會產生？為何會存在？等問題，至少在史料上沒有呈現出來，雖然拘於時代觀念的限制，要求當時的士大夫為打行問題進行認真思考是有點奢求，但本文在研究此一主題時，少了這方面的資料，不能不說是一種缺憾。

　　士大夫雖然對打行皆持嚴禁的態度，但打行與與一些豪紳也有密切的關係，《松石齋集》，卷二九，〈與陳按院〉：

> 一、打行之風獨盛於吳下，昔年督糧翁大恭嘗被其禍，幾及大亂。後稍擒雜殺惡少百餘人，此風少息。近者蹤跡愈密，俱詭名于鄉宦家人，遂致道路以目，官司莫敢誰何。異時地方有變，此輩亦致亂之端也。〔註208〕

〔註205〕明·王穉登（1535～1612），《王百穀集》（明·萬曆四十七年，金陵葉氏刊本，國家圖書館微捲），〈吳社編〉，〈打會〉條。

〔註206〕明·王穉登（1535～1612），《王百穀集》，〈吳社編〉，〈會〉條。

〔註207〕《隆慶長洲縣志》，卷一，風俗，頁39及《萬曆長洲縣志》（臺北：臺灣學生書局，明·崇禎八年刊本），卷一，地理志，風俗。亦延續此種記載。

〔註208〕明·趙用賢（1535～1596），《松石齋集》（明·萬曆四十年，海虞趙氏原刊本，

地方鄉宦徐乾學等被控魚肉鄉里荼毒人民狀中，其中〈太倉州民熊變呈控徐振綏等恃宦殘民狀〉（康熙二十九年九月初五日）提到徐振綏的家奴：

> 胡恩住太倉州治東，係豪奴打降首領。

> 盛五係闖將天罡會首領，住太倉西鐵貓巷。

> 沈石朝官係綽號的名沈君甫，係豪奴打降首領，住太倉州治東。

〔註209〕

鄉宦的家奴是打降的頭目，則打降與鄉宦的關係密切，因本文寫作時間有限，有關這方面，待他日再進行深入研究。

　　國家圖書館微捲）。

〔註209〕〈徐乾學等被控魚肉鄉里荼毒人民狀〉，收錄於中國第一歷史檔案館編，《清
　　　　代檔案史料叢編》（北京：中華書局，1980）。

第七章 無賴集團之二——窩訪、把棍 [註1]

第一節 窩 訪

　　明清時期出現一些由無賴游手為主要組成份子的無賴集團，窩訪就是其中之一。無賴集團本身有極濃厚的利益色彩，集團內的份子為著自身的利益而加入，在利益為第一前提的情況下，任何道德規範幾乎沒有存在的空間，無賴為了生存不擇手段，利用各種能生存的方式生存下去。由於這種不擇手段的作法，因而衍生出明清無賴集團活動的多元化，窩訪就是利用當時的政治、社會條件生存的無賴集團。

　　窩訪利用當時官吏考課的方式，藉著散布謠言、風評來達到要脅當事人或報復某人的目的。

一、窩訪的研究成果

　　1980 年日本學者和田正廣〈明末窩訪の出現過程〉一文從衙役功能的變質來解釋窩訪的盛行，[註2] 和田氏認為衙役超越了本來的角色，介入了官吏的考課，造成窩訪的興起。其文第一節討論公使皂隸的衙役化，第二節則著重在皂隸與胥吏、貪官、鄉紳等份子的勾結，由於明末官僚系統的僵化造成官官相護的情形，使得當時的訪察制度徒具形式，造成與衙門役員勾結的窩訪興起。衙役背後仍有土豪劣紳等勢力，藉此影響地方官員的考課，而在探

〔註 1〕本章已改寫成〈明末清初「窩訪」探析——「人言可畏」的無賴集團〉一文，發表於《輔仁歷史學報》第 10 期（臺北：輔仁大學歷史學系，1999.6），頁 57～84。

〔註 2〕和田正廣，〈明末窩訪の出現過程〉，《東洋學報》62-1/2（1980），頁 71～98。

討窩訪介入考課的情形時，仍是著重在土豪的操縱方面。

和田氏此文雖然是探討明末窩訪的出現過程，但整篇架構的重點在強調士紳的地方控制，所以表面上重點是皂隸的衙役化，實際重點則是士紳的地方影響力，窩訪反而成了陪襯的角色，使得窩訪本身晦暗不明。其文或可解釋窩訪興起的原因之一，卻不能提供讀者更進一步有關窩訪集團的細節，有鑑於此，本文將就窩訪的行為、目的、意義、評價做一較深入的探討。

二、窩訪與訪行

窩訪、行訪、訪窩、訪行、賣訪窩家、賣訪勾窩等名稱皆可在史料中發現，其中常用的是窩訪與訪行，這些名稱其實就是指利用當時的監察制度以取得本身利益的無賴份子。

明清的監察制度中，訪察是一個重要的考劾過程，當時的地方無賴利用訪察制度，搜集地方官員或他人的小缺點以威脅或報復他人，就稱「訪」。所以《崇禎外岡志》提到訪行時說道：「訪，惟吾郡為最」，著重在「訪」這項行為，以訪為重心而衍生出不同的名稱，故有上述眾多的名稱出現。《福惠全書》中更把「訪」依不同作法分為賣訪、做訪、借訪等，《福惠全書》，卷二十，刑明部，欽犯：

> 其間大蠹聞風，夤緣賄縱，刪抹姓名，名曰賣訪。受人囑託，硬砌無辜，插入欽內，名曰做訪。故令奸黨四出，招搖聲勢，而有力潛行買脫，復又裝害他人，名曰換訪。列此人之欽填局外之贓，及質審當前，即借此人口翻供，局外之人名曰借訪。贓既未必皆真，又復多捏干証，或稱過付助惡，以致重疊株連，破家蕩產，又名曰乾訪。〔註3〕

面對這些藉「訪」以圖己利的地方棍徒，官方及士人記載多稱「窩訪」，地方志多稱「訪行」，稱「訪行」的原因或許是因一些地方無賴的聚集而被稱「行」，當時被官府科派的行業稱「行」，後來便出現了不需被科派的行業也稱「行」的現象，如以打為行業的「打行」即是一例（參看〈無賴集團之一——打行〉一章），當時的人也有可能比照「打行」的稱呼，統稱這類與公堂事有關係的無賴為「訪行」，「猶開牙行作生理也」，〔註4〕所以訪行大概是範圍較大的稱

〔註3〕清·黃六鴻，《福惠全書》（臺北：九思出版社，1978），頁228。
〔註4〕《康熙嘉定縣志》（上海書店、巴蜀書社、江蘇古籍出版社，清·康熙十二年

呼，其中應包括賣訪、借訪、換訪、乾訪等行為。不過，在明官方的記載中則稱為「窩訪」，有關窩訪目前收集到的史料以官方的記載較多，故本文以「窩訪」稱之。

三、窩訪出現的背景

　　窩訪興起於明末，為一群人利用當時政府的監察制度，藉著平日搜集的過失製作成冊，〔註5〕或以散布謠言、風評的方式來達到其要脅官府或報復某人的目的。明代窩訪的組成份子大多是無賴游手及衙門胥役等人，〔註6〕這些份子平日出入公門，走動地方，收集可利用的情報資料。

　　地方性的訪行有其發展的階段性，〈虞諧志〉將常熟縣訪行的發展分為三期，「溯其源流，則自邵聲施而始盛，聲施廣（創）保生社，其黨則有朱靈均、鄒日升、陸惠雲等，若而人號曰乾兒。直指秦公世禎，先後捕殺之。靈均漏網猶存，於是招集舊人，汲引後進，復相團聚，有八大分、八小分，號邵氏中興，此訪行之一變也。迨王九玉執牛耳，角立門戶，其黨始分而為二，時則有南北部之稱者，訪行之再變。九玉斃獄後，其黨競相雄長，為之領袖者，不下數十人，而附之者以千百計，訪行之盛，至於斯極矣，此訪行之三變也」。訪行在當時勢力頗大，連縉紳士類都「莫不喔咿嚅唲，丐其餘唾，一見顏色，謂登龍門，而鉗網所施，視如鬼神莫測」，所以虞山有諺曰：「有飯吃不如餓，有衣穿不如破，莫逆前，避訪蠹」。〔註7〕

　　明代的都察院為中央最高監察機關，都察院之下，按照當時的行政區域劃分，設有十三道監察御史共一百一十人。彈劾百司，察舉非法為御史專職，明代監察官員彈劾之權尤重，《大明會典》規定：「凡文武大臣果係奸邪小人，構黨為非，擅作威福，紊亂朝政，致令聖澤不宣，災異迭見，但有見聞，不避權貴，具奏彈劾」。〔註8〕

刻本），卷四，風俗，頁493。

〔註5〕明·呂坤，《去偽齋集》，卷七，雜著，考察要語：「皂快又以神姦窩訪為耳目……捏為纖悉之冊，以待通家採問之人，其條件極詳，其贓證極細」。

〔註6〕《吳縣志》（臺北：成文出版社，民國22年鉛印本），卷五十二下，風俗二：「一奸暴游民，結黨歃血，……又勾引營旗機匠，結交衙門皂快，挾同詐財，互相容隱。更有欺隱田糧，抗逋國課，窩盜窩訪，保官保吏，壞法亂紀。」

〔註7〕明·佚名，《虞諧志》，轉引自謝國楨，《明代社會經濟史料選編》（福州：福建人民出版社，1981），頁381。

〔註8〕明·申時行等修，《明會典》（北京：中華書局，明·萬曆朝重刊本），卷二〇

　　明代監察御史巡按地方，其糾劾範圍有七條：1.雪冤獄、2.清軍役、3.正官風、4.劾官邪、5.清屬吏、6.正法紀、7.肅盜匪，也就是澄清吏治及懲治地方土豪皆在其內，這就構成了地方窩訪活動的背景。

　　監察御史考察官員，官評是依據的標準之一，〔註9〕負責舉劾的中央官員要挈拿不肖的官員必需經由各種管道知曉，諸如訪談里老、衙役等人。〔註10〕不過到明末這種監察方式已流於形式化，不能發揮實際的功能，〔註11〕反而被棍徒無賴利用為陷害他人的手段。

　　訪察官員的名聲中，民間的評語、歌謠等也是其中之一，這使窩訪可以利用散布謠言，製造歌謠的方式陷害他人，或做為訛詐的手段。《萬曆邸鈔》，萬曆十年十二月條附錄：

> 是年（萬曆十年）……四月內，科臣牛惟炳條陳。……臣素聞民間有等衙門積棍及市井無賴之徒，專一結交訪察，彼此號稱通家，居則窩訪，出則行訪，一有睚眥小怨，輒裝誣過惡，編捏歌謠，以挾制官府，陷害平民。〔註12〕

窩訪之所以能在明末興起，除了當時的監察制度流於形式外，萬曆年間的朝政敗壞，「紀綱不肅，法度不行，上下務為姑息，百事悉縱委徇。」〔註13〕昏憒官員只求明哲保身，昧於事實，人云亦云，「耳流言求官府短長」也是因素之一。

　　《湧幢小品》曾載某人為了脫罪，而重金賄胥吏，出外散布流言，誣官員受賄，而「言官當考劾年，例耳流言求官員短長，得片語，即忻忻動色，曰是實跡，是實跡。告之僚，僚亦忻忻曰：得實跡，得實跡，遂載劾牘」。〔註14〕

　　　　九，〈糾劾官邪〉。

〔註 9〕 明・申時行等修，《明會典》（北京：中華書局，明・萬曆朝重刊本），卷二一○，都察院出巡事宜：「正統四年定。……監察御史所至之處……凡考察官吏廉貪賢否，必於民間廣詢密訪，務循公議，以協眾情。」

〔註10〕 和田正廣，〈明末官評の出現過程〉，《九州大學東洋史論集》8（1980.3），頁69～97。

〔註11〕 和田正廣，〈明末の吏治體制における舉劾の官評に關する一考察──管志道「從先維俗議」を中心として──〉，《九州大學東洋史論集》2（1974.3），頁33～50。

〔註12〕 明・佚名，《萬曆邸鈔》（臺北：古亭書屋），明・萬曆十年十二月附錄條，頁143～145。

〔註13〕 《張太岳集》，〈陳六事疏〉。

〔註14〕 明・朱國禎（1557～1632?），《湧幢小品》（臺北：新興書局，筆記小說大觀本），卷八，驟黜。

負責考劾的官員人云亦云，昏庸的言官如何能就流言抽絲剝繭，求得事實眞相？負責考察的官員聽信民間流言、歌謠作爲考覈地方官的依據，使得窩訪在當時大行道，故有「毀譽探之窩訪」〔註15〕之言。

　　御史的職務是舉劾官員、訪拿地方奸惡土豪，窩訪在這種情況下，有其實際的需要，「蓋由舉劾官員訪拏奸惡皆撫按重務，勢不能不寄耳目于有司，又恐其或私也，則調委隔別府縣，彼委官相離既遠，聞見不及，雖欲不用此輩，其道無緣也」。〔註16〕後來御史運用此類方式不當，被評爲「御史濫寄耳目，以致窩訪逞姦，枉害良民耳，非謂訪覈官吏衙蠹」。〔註17〕

　　無賴棍徒、衙役運用其爲報復、害人的手段，也使得「訪察所以防奸」〔註18〕的本意盡失，弊害連連。早在嘉靖年間都察院就發出警訊，「今各官並無卓異顯著實跡，及查考語亦多浮泛之詢，誠恐一時採訪未當，薦舉不眞，輿論未平，反孤盛典」，〔註19〕所以在萬曆年間停止了訪察的活動。〔註20〕

四、窩訪的目的及受害者

　　窩訪平日搜集官府缺失，利用官府的小辮子挾制官府，其目的或是爲了「挾騙財物」，〔註21〕或是爲了「報復私讎」，即「騙詐不遂，或因素仇」，〔註22〕使得窩訪的弊害爲統治階層所詬病。《萬曆會典》，卷一六九，刑部十一，律例一〇，〈誣告〉：

〔註15〕　《明神宗實錄》（臺北：中文出版社，中央研究院歷史語言研究所校勘本），卷一三三，明・萬曆十一年二月庚子條，頁2484。

〔註16〕　明・佚名，《萬曆邸鈔》（臺北：古亭書屋），明・萬曆十年十二月附錄條，頁143～145。

〔註17〕　《明神宗實錄》（臺北：中文出版社，中央研究院歷史語言研究所校勘本），卷二五九，萬曆二十一年四月癸巳條，頁4804～4805。

〔註18〕　《明神宗實錄》（臺北：中文出版社，中央研究院歷史語言研究所校勘本），卷一二四，萬曆十年五月乙丑條：「刑科右給事中牛惟炳條陳四事。……一禁革窩訪，下所司議。……都察院言訪察所以防姦，窩訪實爲蠹政，勢要土豪本管，得以開送害人，衙役被害得以陳告，有司賢否，道府州縣考語可憑，本官言動文移可質。」，頁2311。

〔註19〕　《明世宗實錄》（台北：中文出版社，中央研究院歷史語言研究所校勘本），卷一七一，嘉靖十四年正月乙酉條，頁3727。

〔註20〕　《明神宗實錄》（台北：中文出版社，中央研究院歷史語言研究所校勘本），卷二五九，萬曆二十一年四月癸巳條：「初浙江巡按李以唐疏……明旨所以停止訪察，蓋爲往時御史濫寄耳目，以致窩訪逞姦，枉害良民耳」，頁4804～4805。

〔註21〕　《明熹宗實錄》，卷一，泰昌元年九月庚辰條，頁0031。

〔註22〕　《歷乘》，卷十四，風俗。

一各處姦徒串結衙門人役，假以上司訪察爲由，纂集事件挾制官府，陷害良善，或詐騙財物，或報服私讎，名爲窩訪者。〔註23〕

也有是受託替他人報仇的，《嘉定縣志》，卷二，疆域考下，風俗：

欲中害人者，陰行賂賄，置怨家其中，羅織罪狀，暗投陷阱。及對簿，上之人雖心知其冤，終不得釋。……名曰：訪行。〔註24〕

同樣的記載亦見於《崇禎外岡志》，俗蠹，訪行：

姦人乃勾引爲之羅織，意所欲中傷，或利人賄賂爲之報怨，則置姓名於其中，迨發覺逮繫誣伏，恆以甲之罪移於乙，上人即或悟其無辜，而泥於憲體，終不縱舍。〔註25〕

窩訪利用「株連誣陷」〔註26〕的手段，藉政府的訪察制度報復私仇或替他人報仇，士大夫痛責是「爲盜而不操弧矛，攻而不用弦刃者也」，〔註27〕不用動刀動槍，光靠耳語便可入人於罪，可見窩訪在當時爲害甚大。

窩訪平日收集官府中的一些小過失，藉以要挾或報復官府的人員，故任何與官府有關的人，不只是地方官員，官府裡的人員如吏員、衙役等都有可能受到挾制，都容易受到威脅。

由著訪察的盛行，也有無賴份子假稱訪察，陷害官員的行爲（可見要陷害官員，途徑不止窩訪一種），《明世宗實錄》，卷二四一，嘉靖十九年九月乙巳條：

暘於嘉靖九年間，巡按眞定，恣爲威虐，好行私察，捬死眞定縣知縣叢芝。諸無賴子，假聲勢稱訪察者，交午郡邑爲掌院都御史汪鋐所參，革職聽勘。〔註28〕

有時連土豪、衙役也是受害者，《睢寧縣舊志》，卷七，風俗志，民俗：

民之狡者向以窩訪爲中傷報復媒，而懼其禍者，率皆土豪衙蠹，善

〔註23〕《萬曆會典》，卷一六九，刑部十一，律例一〇，〈誣告〉。

〔註24〕《嘉定縣志》（臺北：成文出版社，明‧萬曆三十三年刊本），卷二，疆域考下，風俗，頁 151～155。

〔註25〕《崇禎外岡志》，俗蠹，訪行，頁 893。

〔註26〕明‧李應昇，《落落齋遺集》（臺北：藝文印書館，百部叢書集成），卷一，〈縷訴民隱仰動天心乞實行寬恤以固邦本疏〉。

〔註27〕明‧范文景，《范文忠公文集》（臺北：藝文印書館，百部叢書集成），卷二，〈直陳除害安民諸款疏〉。

〔註28〕《明世宗實錄》（臺北：中文出版社，中央研究院歷史語言研究所校勘本），頁 4879～4880。

良之家，亦或嘗一二及焉。〔註29〕

當時衙役與土豪的關係密切，《福惠全書》稱兩者是「黨羽」，「是所謂積年頭役執掌科書，爲豪棍之黨羽者也」。〔註30〕

　　窩訪不只是抓官府平日的過失，脅迫官府人員，也利用政府欲剷除地方害民土豪的心態，誣陷一般百姓，所謂的「挾制官府，陷害平民」，〔註31〕所以撫按訪拏人犯時，「窩訪乘機誣搆，不無冤濫」，《明光宗實錄》，卷三，泰昌元年八月丙午條：

> 一撫按各差訪拏人犯，屢經禁止，間復舉行，中多釁點，窩訪乘機
> 誣搆，不無冤濫。〔註32〕

窩訪藉著官員訪察的機會，以平日收集的官府缺失達到報復或要脅、詐取錢財的目的。在這當中，地方官員、衙門人員、地方人士都是受害人，這是明政府在實行訪察制度時始料未及的，後來雖然暫停訪察制度，但告訐的風氣一直延續到清初。〔註33〕

五、窩訪的勾結對象

　　前面提到中央官員要訪察州縣的貪官污吏或土豪劣紳，需要借助地方上的耳目，「上官欲察州里之豪，不能不假耳目」，〔註34〕訪察官員「以積年皀快爲腹心，皀快又以神姦窩訪爲耳目」，〔註35〕「各處水陸要衝，多有賣訪窩家，又胥隸之耳目也」，〔註36〕由於官員實際的訪察需要，皀快等衙門役員與窩訪份子有密切的合作關係。《萬曆會典》，卷一六九，刑部十一，律例一〇，〈誣告〉：

> 一各處姦徒串結衙門人役，假以上司訪察爲由，纂集事件，挾制官

〔註29〕《睢寧縣舊志》（臺北：成文出版社，民國18年鉛印本），頁317～318。

〔註30〕清·黃六鴻，《福惠全書》（臺北：九思出版社，1978），卷三，蒞任部，驅衙役，頁41。

〔註31〕明·佚名，《萬曆邸鈔》（臺北：古亭書屋），萬曆十年十二月附錄條，頁143～145。

〔註32〕《明光宗實錄》（臺北：中文出版社，中央研究院歷史語言研究所校勘本），頁0061。

〔註33〕清·黃六鴻，《福惠全書》（臺北：九思出版社，1978），卷二十，刑名部，欽犯。

〔註34〕《嘉定縣志》（臺北：成文出版社，明·萬曆三十三年刊本），卷二，疆域考下，風俗，頁151～155。

〔註35〕明·呂坤，《去偽齋集》，卷七。

〔註36〕《明經世文編》（北京：中華書局），卷三九九，管東溟奏議，〈直陳緊切重大機務疏〉，頁4328。

府，陷害良善，或詐騙財物，或報服私讎，名爲窩訪者。〔註37〕

除了衙役與窩訪勾結之外，尚有一些不肖知縣與窩訪勾結，陷人於死，《明神宗實錄》，卷四三〇，萬曆三十五年二月丙辰條：

> 河南郾城縣民王就見，奏知縣楊師震，貪虐殘民，以窩訪斃其父之瀚故。〔註38〕

由上可知，窩訪活動的地區似不限於蘇松江南之地而已，河南、湖廣〔註39〕也有他們的蹤跡，則窩訪是否爲一全國性的現象，值得深入探究。對於窩訪的弊害，各處巡撫皆有禁治榜文，但基於現實的需要（舉核官員需要有提供資料者），窩訪仍然大行其道，《萬曆邸鈔》，萬曆十年十二月條附錄：

> 科臣牛惟炳條陳……一議禁革窩訪以袪宿弊……而卒不能止者，蓋由舉劾官員，訪拏奸惡，皆撫按重務，勢不能不寄耳目于有司，又恐其或私也，則調委隔別府縣，彼委官相離既遠，聞見不及，雖欲不用此輩，其道無繇也。〔註40〕

不只地方知縣與窩訪有勾結，連政府中央官員也與窩訪有勾結，《明神宗實錄》，卷五七六，萬曆四十六年十一月庚戌條：

> 戶科給事中李奇珍，參奏南大理寺評事王象春以東林發跡，委身准撫而以科場關節，被職論劾。降上林苑典簿，今又與窩訪韓如蛟等通賄行私，乞敕法司勘明究處。〔註41〕

剛開始時窩訪（訪行）還要看鄉紳臉色，但到後來官府、鄉紳反爲所制，《虞諧志》，訪行傳第一：

> 然其時爲訪行者，不過豪奴衙蠹，千百成群，猶仰鄉紳之鼻息，伺官長之喜怒，今則在城在鄉、若貴若賤、千百成群，鄉紳反仰其鼻息，官府因之爲喜怒，以此徒黨日多一日，聲勢日加一日。〔註42〕

〔註37〕《萬曆會典》，卷一六九，刑部十一，律例一〇，〈誣告〉。
〔註38〕《明神宗實錄》（臺北：中文出版社，中央研究院歷史語言研究所校勘本），頁8129。
〔註39〕《明神宗實錄》（臺北：中文出版社，中央研究院歷史語言研究所校勘本），卷四三〇，萬曆三十五年二月丁巳條，頁8129。
〔註40〕明・佚名，《萬曆邸鈔》（臺北：古亭書屋），萬曆十年十二月附錄條，頁143～145。
〔註41〕《明神宗實錄》（臺北：中文出版社，中央研究院歷史語言研究所校勘本），頁10908。
〔註42〕明・佚名，《虞諧志》，轉引自謝國楨，《明代社會經濟史料選編》（福州：福

窩訪發展到連士紳都要仰其鼻息的地步，可見其勢力之大，由此亦可反省到明末地方士紳與無賴份子的關係，並非都是士紳主控的局面。

　　地方無賴份子的活動有其自主性，當力量尚未強大時，或許需要當地士紳土豪的支持而採合作的態度，一旦無賴團體壯大可獨立時，士紳土豪也易淪為受害人。

　　由上觀之，中央官員、地方官員、衙門衙役皆與窩訪有勾結（有時衙役也是窩訪的一份子），藉著政府官員訪察的活動，誣陷他人，甚至釀成人命，這些不肖官府人員的「需求」，或許也是明末窩訪盛行的原因之一。由當時「附之者以千百計」看來，訪行在當時亦是規模頗大的無賴集團，而訪行與打行、訟師亦有密切的關係，〈虞諧志〉，序文：

> 訪行，生殺之柄自下操也，志漕蠹糧胥，耗國賊剝民髓也。志衙役，飛而噬人也。志惡神，貪而不知止也。志劣衿，營苟名教蕩如也。
> 志打行，觸景風生，為訪行爪牙也。志訟師，為訪行耳目心腹也。
> 彙為一卷，名曰虞。

這裡所說的打行為「訪行爪牙」，訟師為「訪行耳目心腹」，需要進一步的確認，三者說不定是合作的關係，但士大夫為突顯出訪行之惡，或對三者之間的關係不了解，所以出現有從屬關係的陳述。也或許打行真是訪行的爪牙，但這種打行應該不是具有三級規模的打行，而是三五惡少型的打行。

　　由窩訪的為害對象及與之勾結的份子觀之，可成此圖：

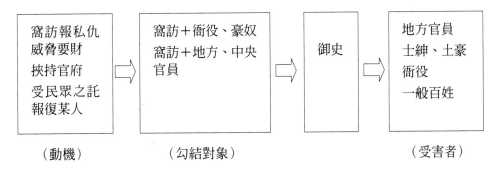

窩訪報私仇 威脅要財 挾持官府 受民眾之託 報復某人	⇒	窩訪＋衙役、豪奴 窩訪＋地方、中央官員	⇒	御史	⇒	地方官員 士紳、土豪 衙役 一般百姓
（動機）		（勾結對象）				（受害者）

　　窩訪這種利用政府公權力的方式，使得這些無賴份子可以一面構陷政府官員，一面也可以和不肖官員合作陷他人於罪。由於無賴份子沒有道德觀與

建人民出版社，1981），頁 380～381。川勝守，〈明末清初における打行と訪行——舊中國社會における無賴の諸史料——〉，《史淵》119（1982），亦有載。

功利觀相衝突的心態，所以他們可以爲了自己的私利，要脅任何人或與任何人合作，只要他們做的事可以增進自己的利益，他們就去做。這也可看出窩訪不同於其他犯罪的模式，別人避官府唯恐不及，只有窩訪大剌剌的與官府中人勾結。

六、禁絕窩訪的方法

爲了防止窩訪的弊害，御史提出行使監察權的御史應親自造訪民情，官員的政績應親自見聞，才可下評斷，也才能有效的遏阻窩訪的行爲，《明神宗實錄》，卷一八九，萬曆十五年八月戊寅條：

> 都察院左都御史詹仰庇陳御史出巡事宜……曰嚴禁訪察。謂御史親受詞訟，虛心諮訪，則奸惡畢見，或拏問批問，自足行法，無待訪察，且令省窩訪之弊。〔註43〕

到明光宗時仍強調要地方官以實際聽理被害陳詞，以杜絕窩訪之害，《明光宗實錄》，卷三，泰昌元年八月丙午條：

> 一撫按各差訪拏人犯，屢經禁止，間復舉行，中多儱點，窩訪乘機誣搆，不無冤濫。……果有豪猾病民，有司不能治者，被害諸人赴訴上官，兩造具備，方與聽理。〔註44〕

「窩訪」如果被查獲，其罰則是「用一百二十斤枷，枷號兩個月發落」，如果情況嚴重，是要發邊遠充軍的，《萬曆會典》，卷一六九，刑部十一，律例一○〈誣告〉也說：

> 名爲窩訪者，事發，勘問得實，依律問罪，用一百二十斤枷，枷號兩個月發落，該徒流者發邊衛充軍。〔註45〕

用一百二十斤大枷枷窩訪，嚴重者還得充軍，而以窩訪罪行發邊充軍與搶奪人命的刑罰一樣，是不能功過相抵的，《神宗實錄》，卷三六四，萬曆二十九年十月乙卯條：

> 一問發充軍及編發爲民，安置家口。除逆黨強竊盜，搶奪人命，窩訪指稱騙詐，貪淫失機者不宥外，若曾有功而罪可原者，准行放免。

〔註43〕《明神宗實錄》（臺北：中文出版社，中央研究院歷史語言研究所校勘本），頁3551。

〔註44〕《明光宗實錄》（臺北：中文出版社，中央研究院歷史語言研究所校勘本），卷三，泰昌元年八月丙午條，頁0061。

〔註45〕《萬曆會典》，卷一六九，刑部十一，律例一○，〈誣告〉。

〔註46〕

遭到遷徙的窩訪份子，在刑罰的考量是與「謀叛逆黨，強竊盜賊」等份子同，可見窩訪挾制官府的行為多麼受到統治者的厭惡，《明神宗實錄》，卷四一六，萬曆三十三年十二月乙卯條：

> 遷徙安置人，除謀叛逆黨，強竊盜賊，人命窩訪指稱打點，夤緣鑽刺，貪淫失機外，其餘罪有可原及年七十以上者，悉准放回原籍原衛。〔註47〕

窩訪如此受到明朝政府的厭惡，發邊充軍，還不可以以功抵過，考量刑罰時也與「謀叛逆黨」等份子同，可見當時窩訪是很重的罪。不過，正由於刑罰如此重，更顯示出窩訪在當時的為害及風行（如果窩訪在當時沒有什麼作用，何必用如此重的刑罰呢？）。

七、窩訪的評價及社會影響

在明末訪察已成形式化，加上被無賴份子濫用，小至「田土衣食睚皆詬詈」都在訪之內，所以造成「上之人頗不以訪為重，而下之人亦輕視之」。〔註48〕雖然上、下之人都不重視訪的結果，但訪在當時已淪為一種陷害他人的工具，目的在取得利益，所以窮人被訪沒什麼關係，但「富室大族」「一罹訪網，不破家鮮矣」。〔註49〕

窩訪靠著收集官府平日缺失藉以挾制官府，與打行靠著勇力外加拐、騙的手段維生大不相同，不過兩者都受到了統治階級一致的「聲討」、嚴禁。打行是擾亂社會秩序、製造社會問題，窩訪則是挾制官府、要脅衙門人員，這種要脅官府的情形更不為統治階層所接受，所以這些訪行、窩訪的無賴皆被冠以「點桀玩法」、「神奸大滑」等惡劣的形容詞，《嘉靖安吉州志》，卷三，風俗：

> 間有點桀玩法，每陰伺官之短長，稍加挫抑，輒以蜚語中傷之。往

〔註46〕《明神宗實錄》（臺北：中文出版社，中央研究院歷史語言研究所校勘本），頁6797。

〔註47〕《明神宗實錄》（臺北：中文出版社，中央研究院歷史語言研究所校勘本），頁7847。

〔註48〕《崇禎外岡志》（上海書店、巴蜀書社、江蘇古籍出版社，1961年鉛印《上海史料叢編》版本，明‧崇禎四年序，外岡即今上海市嘉定縣外岡鎮），俗蠹，訪行，頁893。

〔註49〕《崇禎外岡志》，俗蠹，訪行，頁893。

往藉是以雄長其鄉，然撫得其道，則亦不敢肆也。〔註50〕

統治者所不能忍受的是地方無賴棍徒與衙門人員勾結，利用政府公器反過來控制政府官員，《萬曆承天府志》，卷十四，藝文，李維楨，〈參知游公大政記〉：

> 即士大夫惴惴懼不免，而不肖者欲有所甘心或陰用之，于是視士大夫州長吏蔑如，即郡若監司若兩臺，且玩弄掌股之上，長吏至與具賓主禮仰其鼻息，舞文犯科，不可窮詰，……曰訪窩。〔註51〕

窩訪造成了連市井小民也可以告發御史、縣官等，流風所及，造成「市棍而訐御史，部民而劾縣官，路將而參主帥，已升之主簿而挾選司」的現象，「名分倒置」的結果，使得綱臣大懼。〔註52〕故中央地方都是一片禁絕痛恨之聲，諸如「禁革窩訪」〔註53〕、「壞法亂紀，真堪痛恨」〔註54〕等。

由上所論，可知窩訪等無賴份子的活動所代表的意義有無賴的生存方式、當時監察制度的問題及基層衙門人員的積弊等三點。

第二節　京師的無賴集團——把棍

京城乃全國首善之區，聚集的份子相當多且複雜，所以各種社會問題就特別多，其中京師中群聚的游手無賴問題也引起大臣的注意。活動於京師的無賴集團稱把棍，其社會行為與打行相似，不過沒有如打行般的營業行為（受雇當保鏢等）。

把棍為一無賴聚集的團體，無賴之間「一呼百應」，有其凝聚性。另外，把棍還以「會茶」的名義，積聚金錢，把棍中有人出了事，就用這筆錢打點官司，務求必勝，所以官員們認為要杜絕把棍的為害就必需追沒這些錢，使

〔註50〕　《嘉靖安吉州志》（上海書店，天一閣藏明代方志選刊續編二十八），頁729。

〔註51〕　《萬曆承天府志》（日本藏中國罕見地方志叢刊，書目文獻出版社，日本尊經閣文庫藏，明·萬曆三十年刻本），卷十四，藝文，李維楨，〈參知游公大政記〉，頁268。

〔註52〕　清·孫承澤輯，裘劍平校點，《山書》（杭州：浙江古籍出版社），卷十一，風俗囂凌：「（崇禎十一年）八月，給事中孫承澤言：「……至于登聞有鼓，封駁有司，原以通民隱也，乃無賴奸棍，巧行其傾陷，或陰托為擭身，如邇日劉更榮、李春瀾等，猶曰自為穴中之鬥也。甚至市棍而訐御史，部民而劾縣官，路將而參主帥，已升之主簿而挾選司，名分倒置，綱臣之所大懼也。」，頁290。

〔註53〕　《明神宗實錄》（臺北：中文出版社，中央研究院歷史語言研究所校勘本），卷一二四，萬曆十年五月乙丑條。

〔註54〕　《吳縣志》（臺北：成文出版社，民國22年鉛印本），卷五十二下，風俗二。

其無法進行活動，《光宗實錄》，卷五，泰昌元年八月庚申條：

> 御史劉有源疏言，京都首善之地，邇來習氣益澆，惡棍結把害人，
> 一呼百和，假會茶之名，積聚銀錢，或數千，或數百，若把惡事犯
> 即用此打點官司，以必勝制人，……恐久則難圖銀錢，日積勾連不
> 已，必經追沒而後可杜其端。近于東城緯獲結把，追沒過銀四千三
> 十六兩四分。于南城緝獲結把，追沒過贓銀二千七百一十三兩三錢
> 一分，皆經查算造冊，封貯各庫。〔註55〕

沒收的把棍互助銀高達四千兩，少的也有二千餘兩，由《沈氏農書》中可知
在明末雇一個長工一年的費用是十二兩（參看〈無賴與訟師、吏員的關係〉
一章），對一般平民而言，二千兩到四千兩是一筆相當可觀的數目，可見當時
把棍成員人數之多。

把棍的社會行為有群毆相鬥，把棍與把棍之間互相爭勝，「以把勝把」，
頗類似打行之間的競爭關係，《明光宗實錄》，卷五，泰昌元年八月已未條：

> 御史張潑言，京師奸宄叢集，遊手成群，于是有把棍之說，結群
> 棍為群毆，而被毆者亦結棍以求勝，以把勝把，而把遂不可勝窮。
> 〔註56〕

另外，把棍也進行訛詐的社會活動，「有白討債之說，誘解官客商于僻處逼立
文契，公然討取，愚民一入牢籠便難展脫。又有拏訛頭之說，偵知一人作奸，
則尾隨其後，陷人于罪，從而嚇詐金錢，兼以兵牌因事勒取大」。〔註57〕

構訟詐財也是把棍的社會行為之一，與當時無賴詐財的社會活動相符，
更可確定藉訟詐財是當時的社會風氣（參看〈明清無賴的社會活動〉一章），
《明神宗實錄》，卷五八○，萬曆四十七年三月丁酉條：

> 大學士方從哲言……又有把棍結為死黨，詐財構訟，眶皆殺人。……
> 至於奴酋奸細，處處有之，倘稽察不嚴，令其潛住此中，禍尤不小。
> 〔註58〕

〔註55〕《明光宗實錄》（臺北：中文出版社，中央研究院歷史語言研究所校勘本），
卷五，泰昌元年八月庚申條，頁0142。

〔註56〕《明光宗實錄》（臺北：中文出版社，中央研究院歷史語言研究所校勘本），
頁0138～0139。

〔註57〕《明光宗實錄》（臺北：中文出版社，中央研究院歷史語言研究所校勘本），
頁0138～0139。

〔註58〕《明神宗實錄》（臺北：中文出版社，中央研究院歷史語言研究所校勘本），
頁10992。

「令其潛住此中，禍尤不小」可見士大夫注意到把棍問題的嚴重性，官員在陳述民間弊害時，其中之一就是把棍。《明熹宗實錄》，卷七十八，天啓六年十一月戊子條：

> 刑科給事中社齊芳疏言民間三害二利，……一害曰：豪強，非僅謂
> 把棍血黨窩彙神叢己也。〔註59〕

將把棍歸於「豪強」一類，可見把棍在地方上的強勢作為，當時的官員用「橫行充斥」來形容他們，《明神宗實錄》，卷五七四，萬曆四十六年九月庚戌條：

> 掌河南道事御史房壯麗，奏當今綱紀凌夷，風俗怙侈，把棍遊僧，
> 橫行充斥，姦細潛伏，訛言繁興。〔註60〕

把棍的社會行為對於社會秩序有相當大的破壞性，而京師是當時的政治中心所在，居然還不能有效的控制嚴禁、甚至消弭其活動，明末時把棍等無賴集團在京師各地橫行無阻，可見明萬曆年間國力衰弱至此。

有鑑於把棍成為嚴重的社會問題，既不能壓抑，只好改採招撫的方式，故明政府有收編把棍的計畫，化阻力為助力，《明神宗實錄》，卷五八○，萬曆四十七年三月癸卯條：

> 浙江道御史楊鶴言……至如都城把棍亡命作奸實繁有徒，五城御史
> 揚州鶴等下令召募，已有應之者矣。〔註61〕

不過，此種計畫實際成效如何，尚需要更多的史料來判斷。

有關打行、窩訪、把棍等無賴集團，由於筆者現今收集到的史料有限，目前只能做如此的陳述，對於其後續的演變，尚有待更多的史料來進行分析及探討。

〔註59〕《明熹宗實錄》（臺北：中文出版社，中央研究院歷史語言研究所校勘本），
頁 3764。

〔註60〕《明神宗實錄》（臺北：中文出版社，中央研究院歷史語言研究所校勘本），
頁 10861。

〔註61〕《明神宗實錄》（臺北：中文出版社，中央研究院歷史語言研究所校勘本），
頁 11005。

第八章　淺論無賴的社會階層流動

　　「無賴」一詞如同第二章所述有各種不同的含意，本文也指出所要研究的對象是針對地方上無所事事、成群結黨的份子。而本章要探討的是無賴階層的社會流動，無賴游手是平民中最基層份子之一，不為當時社會所接受，統治階層更是對他們沒有好感，當然也不會刻意去記載無賴階級的變動。本文在所搜集到的資料中有關此方面的陳述亦不多，此章是想利用有限的史料論述無賴階層的變動，做一種嘗試性的探討。

　　無賴階層並非是一個固定不變的階級，明清時的捐納制度提供了用金錢便可獲得傳統功名的機會，這對當時不能或無法從科舉考試取得功名的人無異開了一條便捷的途徑，因此無賴份子也可藉著金錢進身為生監階層。

　　另一方面，當時的良家子弟、富家子弟，或因無心科舉，或因天性好玩好賭，或因氣味相投，再加上後天因素，如長輩溺愛、無賴刻意引誘等，便容易使良家子弟墮落為無賴，下降至無賴階層。

　　這種上下的社會流動就是社會學中的「垂直流動」（vertical mobility）。社會學中的「社會流動」（Social Mobility）的研究以索羅金（P. Sorokin）在 1927 年所著的《社會流動》（Social Mobility）一書為其先驅，索羅金對社會流動的研究，奠定了社會流動在社會學中的重要地位。一般而言，社會流動分為二類：

　　一、水平流動（horizontal mobility）：即一個人或一個群體從一個社會位置移到另一個同等的位置。

　　二、垂直流動（vertical mobility）：意指一個人或一個群體從一個社會位置移到另一個高低不同的位置上。它又包含：

1. 向上流動（upward mobility），即社會地位上昇。

2. 向下流動（downward mobility），即社會地位下降。

除了這個分類外，社會學家也將社會流動分類爲「代間流動」（intergenerational mboility）及「代內流動」（intragenerational mobility）。〔註1〕

有關中國傳統社會階層流動的研究，諸如 Ho Ping – ti 的 The Ladder of Success in Imperial China : Aspects of Social Mobility, 1368～1911 及 Wolfram Eberhard 的 Social Mobility in Traditional China 皆是以家庭個案或體制內的四民（士、農、工、商）爲論述對象，並沒有提到無賴這個階層。〔註2〕就算是 Wolfram Eberhard 在 Social Mobility in Traditional China 一書中談到農民們在城市中所擔任的角色時，他敍述了乞丐（beggar）、奴僕（servant）、一些勞力的工作及從事商業等活動，Wolfram Eberhard 認爲乞丐已是社會中最基層的階層，幾乎已經沒有上升到上層社會的機會，在書中並沒有討論到無賴階層的流動。〔註3〕

本文想藉著對無賴社會活動及人際關係探討之餘，利用有限的史料對無賴階級的社會流動進行表面的陳述，故曰淺論。

第一節　良家子弟向下的社會流動

除了因先天環境如貧困的家庭、孤兒等因素所造成的無賴外，本節所要探討的是一般良家子弟（所謂良家指的是符合當時體制內的家庭）如何成爲無賴的後天因素，即良家子弟由平民社會下降到無賴階層的原因。這些原因可歸納爲以下幾點：

一、良家子弟與無賴來往

由於無賴是以騙、詐起家，所以富家子弟往往是他們的目標，用各種手段引誘富家子弟，其中最常用的手段是賭博，等富家子弟積欠大筆債務，傾家蕩產，最後不得已，也只好同無賴游手混吃混喝，變成無賴。無賴常以賭博引誘富家子弟（參看〈無賴的社會活動〉賭博的部份），富家子弟也常因賭

〔註1〕　許嘉猷，《社會階層化與社會流動》（臺北：三民書局，1986），第一章〈緒論〉。

〔註2〕　Ho Ping – ti, *The Ladder of Success in Imperial China : Aspects of Social Mobility, 1368-1911*, Columbia University, 1962.

〔註3〕　Wolfram Eberhard, *Social Mobility in Traditional China*.（臺北：南天書局，1984），pp.219-236.

博而流入無賴階層中,「良善子弟流入無賴匪徒,皆由賭博」,《吳縣志》,卷五十二下,風俗二:

> 三吳賭風甚盛,其爲害亦甚烈,地方官現在查拏不過小賭,其眞正大賭皆紳士富戶,深居密室,或衙門吏胥暗中包庇,役不能拏,人不敢問。輸贏動至千百,豐裕生涯瞬歸消乏,田房厚產,蕩然一空。富室變爲窮漢,良善子弟流入無賴匪徒,皆由賭博。〔註4〕

由於一般子弟涉世未深,易於上當,有些無賴便專門利用這點詐騙良家子弟,「無賴積棍,專一引誘不肖子弟」,〔註5〕當時還有專門以賭局陷害良家子弟的無賴,這種無賴當時稱「牌九司務」,這些無賴與路邊設賭攤的無賴不同,「牌九司務」外表都修飾得很體面,光鮮耀人,容易使往來的子弟沒有戒心。這些份子大多很機靈,騙人的技術應也不差,所以當時士人稱其爲「伎倆既精,性情尤狡,變端百出」,怎麼嚴禁都「不能絕其根株」,可見此輩騙術之高明,《淞南夢影錄》,卷一:

> 所惡於牌九司務者,謂其設局害人,破家蕩產也。牌九司務者何?無賴少年……日裝作富商大賈,往來於歌樓妓院中,翩翩裘馬,照耀途人。一遇少年子弟之可欺者,多方引誘,獻媚殷勤,或邀入青樓,或誘來酒館,往還既稔,漸不知鳥之離罩,魚之上餌。然後脅其賭博,通宵達旦,負至數千金,或數百金,則逼勒嚇詐,反顏若不相識,務使其稱貸其償然後已。即有控諸公堂,經問官嚴行懲究,而若輩伎倆既精,性情尤狡,變端百出,終不能絕其根株云。〔註6〕

有些富家子弟因好賭成性,家貲敗光,最後居然還挖父母的棺木,棄屍賣棺,其窮困潦倒之景象與富家子弟之不肖可見一般,《埋憂集》,卷一,尸擒盜:

> 嘉慶間,邑有金翁者,家饒於貲。生一子某,翁歿,其子飲博無賴,始貨其田廬,繼鬻其妻女,猶不給。一日毀其祖塋,取磚瓦售之,後竟發其七棺,並其父母之尸棄之,而以棺售焉。〔註7〕

〔註4〕《吳縣志》(臺北:成文出版社,民國22年鉛印本),頁879。

〔註5〕清·黃六鴻,《福惠全書》(臺北:九思出版社,1978),卷二十三,保甲部,嚴禁賭博條。

〔註6〕清·畹香留夢室編,《淞南夢影錄》(臺北:新興書局,筆記小說大觀本,清·光緒九年(1883)序),頁4258。

〔註7〕清·朱梅叔,《埋憂集》(臺北:新興書局,筆記小說大觀本,清·同治十三年(1874)序),頁1978。

這些涉世不深的良家子弟在久經江湖的棍徒眼中是塊到嘴的肥肉，不吃可惜，看描寫清初社會生活的小說《歧路燈》中張繩祖如何形容這些涉世未深的世家子弟便可知道。張繩祖道：「呸！譚紹聞是個初出學屋的人，臉皮兒薄，那是罩住的魚，早取早得，晚取晚得。姓鮑的也是個眼孫，還不多言語，想是世道上還明白一二分兒。那姓管的一派驕氣，正是一塊不腥氣、不塞牙的「東坡肉」。今日若不下手，到明日轉了主戶，萬一落到蘇邪子、王小川、鄧二麻子他們手裡，他們就肥吞了，還笑我們上門豬頭不曾嘗一片朵朵脆骨哩！」。〔註8〕

　　被騙的世家子弟往往以賭博敗家，〔註9〕等到家產蕩盡，也沒有其他謀生的技能，走到窮途末路時，也就流為無賴，整日與游手無賴往來吃喝，成為無賴中的一份子，反過頭來再去害別人，詐取錢財以維持自己的生活。《福建通志》，卷五十五，風俗：

> 一曰賭，矜監商賈下及平民，無不賭者，敗露責懲特其偶耳，重門深閉，人蹟罕至，既倚為窟穴。而又廣布羽翼，偵探勾引，或以聲色為圉，一墜其中，旦夕家破，及其窮也，反入其夥，以勾引他人為衣食計。蓋設局者棍徒，而賺誘良家子弟者，半皆無行之士人也。

〔註10〕

《歧路燈》中的張繩祖、王紫泥便是被別的無賴份子害得傾家蕩產，為了生活，反過頭來又去陷害他人的最佳例證，《歧路燈》，二十六回：

> 從來開場窩賭之家，必養娼妓，必養打手，必養幫閒，……所以膏梁子弟一入其圉，定然弄得個水盡鵝飛。然後照著這個衣缽，也去擺弄別人，這張繩祖、夏逢若都是山下路上過來的人，今日生法譚紹聞，正是勾命鬼來尋替死鬼。〔註11〕

故與無賴份子來往，經由賭博的手段，往往使良家子弟社會地位下降，淪落

〔註8〕　清·李綠園（1707～1790），《歧路燈》（臺北：宏業書局），三十四回。

〔註9〕　《湖州府志》（臺北：成文出版社，清·同治十三年刊本），卷二十九，輿地志，風俗：「長興，長興山川雄壯，故人多尚氣，上者為正氣，其次為氣節，又其次則流而為血氣，以故士大夫好修而尚氣節，齊民好勝而多爭訟，至于昏喪務侈靡，飲會多優戲，疾病祀鬼神，而無賴子弟往往以賭博敗家。」，頁568。

〔註10〕《福建通志》（臺北：臺灣華文書局，中國省志彙編之九，清·同治十年重刊本），頁1128。

〔註11〕清·李綠園（1707～1790），《歧路燈》（臺北：宏業書局），二十六回。

為無賴階層的一員。

二、良家子弟本身的問題

由「良家子」變成「無賴」的因素是值得探討的，良家子弟大多是與不良份子交往，逐漸墮落，最後家財散盡，生活無著，只好加入無賴群，混吃混喝，《歧路燈》中的張繩祖就是一個鮮活的寫照。但是會和無賴棍徒來往的子弟，不是被誘惑就是本身的品行也有問題，這些子弟不是好賭就是好玩、喜逸樂，也因此容易墮落，喪失其社會地位，《埋憂集》，卷九，樊腦：

> 四明曼氏，家世讀書，至某以甲榜筮仕，致富為典商。有子二人……其次名年盛者，好狹邪游，兼嗜博，從惡少數輩，畫夜朋淫於外，故所識老成莊士，遇之如敵仇焉，於是家驟落，典賣俱盡矣，不得已乞貸戚友。〔註12〕

子弟本身不學好，有些惡習，再加上與無賴在一起打混，自然吃喝嫖賭樣樣來，造成家道中落，流為無賴子，其自身也應負起責任，《耳食錄》，卷四，文壽：

> 文上舍壽，累舉不第，其仲弟某者，一戰而捷，……仲子隨宦失業，既愚且驕，好博塞飲酒，數數盜財物亡去，從里中無賴少年遊，鞭笞莫能禁。〔註13〕

這些良家子弟自己不求上進，好逸惡勞，對其本身的墮落也是一大推動力。事實上，本文認為這才是主要原因，但在士大夫觀點中認為無賴就是壞的刻板印象下，一些情況都被指成是因為與無賴交往，才造成如此的結果。

富家子弟與無賴在一起，免不了沈溺於酒、色、財、氣等逸樂事物的追求，易於敗壞家風，自甘墮落，一旦上癮，連鞭笞也禁不了。所以士大夫就提醒為人父母者，勿使子弟與浮薄者遊，避免子弟墮落為游手，《見聞雜記》，卷一：

> 後生才俊，父兄當以為憂，不當以為喜。須常加檢束，令熟讀經書，訓以寬厚恭瑾。勿使與浮薄者游處。不然，其可慮之事蓋非一端也，各須謹之。〔註14〕

除了吃喝嫖賭外，另一種富家子弟是性喜拳勇，偏愛結交游手當朋友，《淞濱

〔註12〕清・朱梅叔，《埋憂集》（臺北：新興書局，筆記小說大觀本，清・同治十三年（1874）序），頁2140。

〔註13〕清・樂鈞，《耳食錄》（臺北：新興書局，筆記小說大觀本），頁4152。

〔註14〕明・李樂（隆慶二年（1568）進士），《見聞雜記》（臺北：新興書局，筆記小說大觀本，明・萬曆戊戌序），頁39。

瑣話》，卷三，邱小娟：「樂崇道，潯陽人，性跳蕩，喜拳勇，少不務正業。所交友，多匪人。承祖父餘業，席豐履厚，揮霍殊豪。臨事喜武斷，有不從者，輒肆其凌侮，以是鄉里爲之側目」。〔註15〕

還有一種是生性聰明，但不務正業，父母相繼去逝後，更肆無忌憚，將家產敗光，而淪爲游手無賴的例子，《客窗閒話初集》，卷二，假和尚：

> 金生者，浙右人也。……好爲巧詐，不務正業……日與浮浪子爲伍，凡狎邪之事，無所不爲。未幾，家業傾盡，則播弄其親族朋友，以博升斗，如是者十餘年，人人畏而避之，無可行其欺詐矣。〔註16〕

無賴也因爲這些富家子弟家貲豐厚，願意和他們混在一起，順其所好，助紂爲虐，想趁機撈點好處，《客窗閒話初集》，卷三，吳橋案：

> 有武生許三者，城居隨父設肆於鎮，父因老病，俾業其子而養病於家。許三恃矜無賴，好與惡少爲伍，游獵於色，不逞之徒，利其資而助爲虐。〔註17〕

《歧路燈》中夏逢若的想法就是這樣，〔註18〕想藉著與富家公子來往抬高自己在同輩中的地位，「話說夏逢若自從結拜了盛宅公子、譚宅相公，較之一向在那不三不四的人中往來趕趁，便覺今日大有些身份，竟是篾片幫閒中，大升三級」。〔註19〕

子弟本身如果好逸惡勞，不務正業，喜交游手，也易流爲無賴份子。所以無賴的形成有諸多原因，不能單靠無賴的引誘，子弟本身的問題也是造成其社會地位下降，淪落爲無賴的原因。

三、外在環境

除了無賴棍徒的設局引誘與子弟本身品行不端外，尚有外在環境的因

〔註15〕 清‧王韜，《淞濱瑣話》（臺北：新興書局，筆記小說大觀本，清‧光緒丁亥年（1887）序），頁1419。

〔註16〕 清‧吳熾斤，《客窗閒話初集》（臺北：新興書局，筆記小說大觀本，清‧光緒戊申（1908）序），頁1130。

〔註17〕 清‧吳熾斤，《客窗閒話初集》（臺北：新興書局，筆記小說大觀本，清‧光緒戊申（1908）序），頁1172～1173。

〔註18〕 清‧李綠園（1707～1790），《歧路燈》（臺北：宏業書局），十六回：「這夏逢若心下躊躇：『這一干人我若搭上，吃喝盡有，連使的錢也有了，我且慢慢打聽，對磨他。』」

〔註19〕 清‧李綠園（1707～1790），《歧路燈》（臺北：宏業書局），二十一回。

素，有些良家子弟的本性並不壞，但是因為外在環境的關係，使他有放縱的機會。加上無賴份子的勾搭，便容易被引誘上鉤，這種情形最常見在母親溺愛獨子身上，《淞濱瑣話》，卷八，柳夫人：

> 許翟，小字阿宜，本淮陰富家子。五歲而孤，母陳氏，年僅花信風之數，膝下衹此一子，殊深愛護。……翟年十四五，益放蕩聲色，犬馬酒食，……黠者知其可欺，故誘與賭。……負則貸以貲，令署券，什伯千萬，層累而積，數盈則返取家中，或私竊銀物以償之，生母始僅斥罵，繼而撲作教刑，加以禁錮。翟越牆而逸，數日又負千金，蒲伏歸家，欲肆其伎倆，防之嚴，無所得，乃率無賴登門逼索。無賴欺嫡婦懦，拍几擲碗，喧囂萬狀，陳懼，代償之，始去。翟愈無忌憚。〔註20〕

因母親溺愛獨子，而造成獨子肆無忌憚，與無賴份子更是來往親密，當子弟索討不到金錢，便夥同無賴游手威逼自己的家人，非達目的不可。

《歧路燈》中的主角譚紹聞也就是這種情形，類似寡母溺愛孤子，致使子弟敗家，流為游手的記載，在筆記小說中俯拾皆是，這種亦可屬家教不嚴。除了寡母溺愛獨子外，還有當官的父親兄長因忙於公務，沒有時間管束子弟，家教不嚴，使得子弟濫交損友，誤入歧途。另一方面，也沒有人敢得罪這些少爺，不會主動告訴這些子弟的父兄真實情形，等到子弟行為已墮落時，為時已晚，「故有身雖在宦途，而家計已敗壞不可收拾者」，《庸閒齋筆記》，卷一：

> 而為州縣之父兄，方且營心於刑名錢穀，事上接下之道，無暇約束子弟，子弟即不肖，亦無人肯聲言於父兄之前，故有身雖在宦途，而家計已敗壞不可收拾者。〔註21〕

父母親面對整天與無賴游手混在一起的子弟，其解決方法就是將兩者分開，使子弟出去作生意，來達到隔離的目的，《螢窗異草三編》，卷一，晉陽生：

> 晉陽生，……年甫十二，而父歿，以末秩，且薄於宦囊，遂不能歸，因家於晉之榆次而寄籍焉。生性佻達，不嗜書，及長，輒出與無賴游，母不能禁，乃出私蓄百金，使販子他省。〔註22〕

〔註20〕清‧王韜，《淞濱瑣話》（臺北：新興書局，筆記小說大觀本，清‧光緒丁亥年（1887）序），頁1573。

〔註21〕清‧陳其元，《庸閒齋筆記》（臺北：新興書局，筆記小說大觀本，清‧同治十三年（1874）序），頁14。

〔註22〕清‧長白浩歌子，《螢窗異草三編》（臺北：新興書局，筆記小說大觀本，清‧

由以上所論，可以知道無賴份子的引誘、子弟本身的品行不端及外在環境等
皆是使良家子弟流為無賴的原因，這也是影響良家子弟往下流動的因素。

第二節　無賴份子向上的社會流動

　　無賴階層的社會流動，除了良家子弟向下流動成為無賴外，也有無賴藉
一些當時允許的方法，取得上層社會的地位，這也是一般平民向上流動最普
遍的方法——尤其在重商氣息濃厚、經濟發達的時代，〔註23〕就是利用捐納
途徑取得生監的資格，享受傳統功名所擁有的特權。

　　明代已有「市井無賴，朝得十金，夕可舞文官府，執夸蠹楔，目不識一
丁，足不履京師」〔註24〕之嘆，清代也是如此，《北東園筆錄三編》，卷二，
鬼畏孝子：

> 吳中屠者劉四，有膽。中年積資數千金，遂納監列衣冠，雖放下屠
> 刀，未能成佛，日與諸惡少飲博惡噱，無所不為，士林羞與伍也，
> 然事母甚孝。〔註25〕

這裡所說的雖是屠者，但在傳統社會觀念中屠者也是無賴的一種，〔註26〕而
引文中，其「日與諸惡少飲博惡噱，無所不為」，或可視做無賴結夥的現象，
劉四使用捐納的方式使自己擠身上層社會中，但其行為並不符合當時社會對
生監層的要求，他依然我行我素，天天與他往日的舊友——游手惡少等來往，
飲博惡噱，無所不為，使得讀書人羞於與之為伍。

　　不過另一個例子卻是墮落的世家子弟梁穀藉某種手段（史料中並沒有言
明）上升到上層社會後，舊日的游手朋友仍往來其間，使其不勝其苦，想辦
法要擺脫這些游手惡少的舊日夥伴，《湧幢小品》，卷五，郡王之冤：

> 正德九年，東平人，西鳳竹造吏部主事梁穀，為言鄉人袁質、趙岩等，
> 糾眾數千，將為逆。梁為本州著姓，蓋宋梁灝、梁固之後也。穀居鄉

　　　　光緒三十一年（1905）序），頁1606～1612。

〔註23〕Susan Naquin & Evelyn S. Rawski, *Chinese Society in the Eighteenth Century*,
　　　　Yale University, 1987. pp.123-127.

〔註24〕《皇明疏鈔》（臺北：臺灣學生書局，中國史學叢書三編），卷四十，駱問禮，
　　　　〈定經制以裕財用疏〉，頁2992。

〔註25〕清·梁恭辰，《北東園筆錄三編》（臺北：新興書局，筆記小說大觀本，清·
　　　　道光壬寅（1842）序），頁5016～5017。

〔註26〕《新五代史·前蜀世家》：「王建……少無賴，以屠牛盜驢販私鹽為事。」

> 兇戾，行多不檢，倚惡少爲助，既貴，此輩常往來其門，頗厭苦之。
> 又與千戶高乾等有怨，聞鳳竹言，輒意動，乃遣人訪於屈昂，昂亦亡
> 賴，報書愈誕。又有劉昇者，穀素與往來，詢以故，昇嘗爲千戶王
> 瓚所辱，誣瓚亦預謀，穀因并以乾及惡少姓名，皆稱爲從逆者。〔註27〕

世家子弟梁穀沒有發達之前在鄉里倚惡少爲助，一旦顯達後便用叛逆的罪名除掉昔日往來爲助的惡少，雖說惡少無賴不該在梁穀顯貴後還不識趣的糾纏他，但由梁穀過河拆橋的行爲，也可見其人品低下，與惡少游手無異。

雖然無賴藉由捐納可上升到上層社會，不過，大體上而言，良家子向下流爲無賴階層的社會流動就史料的比例來講是比較大的。

由前面劉四的例子，我們可以知道無賴階層可以藉著捐納得到生監層的頭銜，享有傳統功名的特權，如減免賦稅等。〔註28〕但這些無賴卻無法享有傳統生監的社會地位，因爲他們的行爲，也或許因爲他們出身無賴階層，使「士林羞與爲伍」。所以無賴雖藉著捐納取得傳統功名向上流動，名義上是上升到上層社會，但這種上升的社會流動是表面的。捐納後的無賴平日的生活舉止還是原來的樣子，並沒有因成爲生監層而變得溫文儒雅，如同社會上對生監層的期待，使得依循科舉考試方式取得傳統功名者自然不屑與之爲伍。

捐納的無賴在社會上沒擁有生監層對社會的影響力，也不能從事類似生監層的職業，如文教方面的工作，連遭到士大夫排斥的訟師都當不上，這與無賴本身的能力有相當密切的關係，捐納功名其條件就是捐財物，而不管品行、學識等條件，所以如劉四的例子，他是一個屠者，或許連字都不識得，又如何從事與生監層相符的工作。這些因素造成無賴上升的社會流動只是獲得虛有其表的地位，而非實際上表裡合一的社會流動。

清代大臣在探討捐納之弊時，大多著重在官員的浮濫及弊端，對生監層的弊害著墨不多。〔註29〕不過無賴份子經由捐納進入生監階層，雖然只有表面的地位，但畢竟也算是生監層的一份子，這些無賴份子進入生監層使得日益低落的生監素質更加惡劣，生監層的惡行惡狀更加的層出不窮。

另一個要注意的現象是，無賴與生監層的社會流動，就身份而言，是無賴階

〔註27〕明・朱國禎（1557～1632？），《湧幢小品》（臺北：新興書局，筆記小說大觀本），頁4235。

〔註28〕許大齡，《清代捐納制度》（臺北：文海出版社，1950），各種捐納銀數不一，見第七章〈銀數〉。

〔註29〕許大齡，《清代捐納制度》（臺北：文海出版社，1950），第十章〈捐納之弊〉。

層單向向上流動，因爲一旦有了傳統功名（不論是用科舉考試或捐納取得）除非犯了大錯否則是不會被剝奪頭銜身份的，雖然行爲像無賴或簡直就是無賴，其傳統功名還是不會被取消，所以在表面身份上是無賴向上層社會的單向流動。

但就行爲而言，生監、平民、無賴三者是雙向交流的，如《湧幢小品》中所舉的梁轂，梁轂還沒發達前本是平民，在鄉倚惡少爲助，壞事做盡，大概也是成天與游手無賴混在一起的人，其行爲應與無賴游手相去不遠。但梁轂在顯貴之後，極欲與昔日舊友游手惡少等畫清界限，或許梁轂想努力成爲一個社會期待的角色，而不想繼續以前的行爲模式——與惡少飲博、聲名狼籍。在這裡我們看到梁轂想要由無賴的行爲模式轉換爲社會期待具有功名者的社會模式，這就是行爲跟著社會地位流動上升的例子。

另外一個例子是取得傳統功名後，其行爲模式卻下降與無賴游手無異，《客窗閒話初集》，卷二，假和尙：

> 金生者，浙右人也。……年十六，入黌門，試優等，食餼。父母爲完娶後，相繼而歿。生益無拘束，日與浮浪子爲伍，凡狎邪之事，無所不爲。未幾，家業傾盡，則播弄其親族朋友，以博升斗。……藍褸如丐，室人交謫。〔註30〕

文中金生取得功名後，漸背離社會對生員所期待的行爲模式，整天不務正業，而淪爲無賴份子，連親友都詐欺，難怪「人人畏而避之」。類似這種監生行爲無賴化的現象，在明末也所在多有，天啓年間，北京國子監中就有章尚安、趙維清兩位監生，在監中結黨養交，交結匪類，以至地方的無賴紛至投靠，成了他們的走狗，章尚安死後，趙維清還繼續行騙。〔註31〕

無賴階層的社會流動，就身份而言，無賴階層單向向上流動；但就行爲模式言，生監層、無賴階層是雙向的流動，本文認爲應將身份與行爲的流動分開解釋，較爲恰當。一般社會學研究的社會流動，大多沒有顧及到行爲與身份的不符，社會學大都將上升到某一職業，如職員升爲經理，就視爲上升的社會流動，這種方法在工業化社會是適用的，〔註32〕因爲其間的行爲差距

〔註30〕 清·吳熾斤，《客窗閒話初集》（臺北：新興書局，筆記小說大觀本，清·光緒戊申（1908）序），頁1130。

〔註31〕 明·黃儒炳，《續南雍志》（臺北：偉文圖書公司，明·天啓六年（1626）序），卷九，〈事紀新續〉，頁327。

〔註32〕 Hartmut Kaelble, *Historical Research on Social Mobility: Western Europe and the USA in the Nineteenth and Twentieth Centuries*. Columbia University, 1981.

不大，但如果將中國明清無賴階層的情形考慮進去，恐怕對社會流動的內涵仍需要再思考，使其能成為一種通則。

另外，縱向的社會流動，理論上有增進和加強各階層之間的聯繫、了解，從而有利於整個社會的良性運行。這種說法也不適用於明清無賴階層的社會流動，無賴藉由金錢捐納的手段向上流動，不過，卻不為具有傳統功名的士紳階層接受，甚至排斥之，所以階級之間的聯繫、了解是否適用於明清無賴階層的社會流動也值得再商榷。

社會學是一外來的學說，其結構上的解釋、分析皆是以西方社會為主體進行研究論述，沒有考慮到東方國家的情形，尤其是中國傳統社會，現在已經有社會學中國化的探討出現，﹝註33﹞但所注重的仍是如何適應現今社會的研究，如果能將中國的歷史經驗再加入考慮之列，相信當可使社會學相關學說的建立更加周延。

由以上所探討的無賴階層的社會流動，可表現為下圖：

無賴的社會流動圖

無賴階層的上升是藉著捐納的方式，而平民上升有科舉考試、捐納等方式，良家子弟下降為無賴則有無賴引誘、本身品性問題、外在環境等原因。

﹝註33﹞楊國樞、文崇一主編，《社會及行為科學研究的中國化》（臺北：中央研究院民族學研究所，1982）。

但訟師與無賴捐納的生監（或有些捐納而擁有生監頭銜，卻沒有讀書人的內涵，亦會遭到生監層的排斥）遭到士大夫階層的排斥。就無賴的社會行為交流方面，則可表現為下圖：

無賴社會行為交流圖

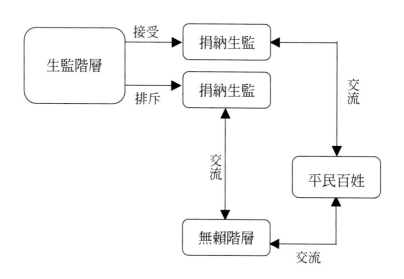

傳統士大夫對於經由捐納制度成為生監階級的無賴游手通常採排斥的態度，但對於良民百姓經由捐納成為生監層則是接受的。但有一些品行不端的世家子弟縱使經由捐納擁有傳統功名，卻與無賴游手往來，行為舉止與無賴惡少沒兩樣，所以在排斥的捐納生監與無賴階層是互相交流的箭頭。至於平民百姓與無賴份子的行為交流，是指有些子弟的行為模式與無賴一樣，所以用雙箭頭表示。事實上，上層士紳社會對於游手無賴的行為大多是排斥的，不管其是否取得表面的傳統功名或是一般的平民百姓。

第九章　結　論

　　本文對明清地方無賴的探討，主要集中在地方社會活動與部份人際關係網等方面，也藉著當時的捐納制度及世家子弟與無賴份子來往等方面，探討無賴階層的社會流動。

　　明清地方無賴的社會活動包括賭博、迎神賽會、扛孀、詐訟等，主要是以地方志為主整理出來的社會活動，由地方無賴的社會活動，亦可知道明清的社會問題所在：賭風的興盛；迎神賽會所衍生的經濟、治安問題；當時的婚姻市場失調，致使扛孀盛行一時；健訟的風氣及官場陋習，使得以人命詐訟盛行於無賴、衙門間。這方面的問題，如再深入探討，當可增加對明清社會結構的了解。

　　在無賴的人際關係上，本文討論了無賴與訟師、吏員、無賴、土豪、勢僕、衙役、世家子弟、妓女、乞丐等份子的接觸，因篇幅有限，故曰「淺論」。基本上，無賴與他人的關係主要建立在對象實力的強弱上，如訟師、吏員擁有在知識上、官府上的優勢，則是無賴合作的對象，雙方互惠；而妓女、乞丐本身並沒有自己的資源，所以就成為無賴片面壓榨、片面獲利的對象，故在無賴的人際關係中，充滿著弱肉強食的現象。

　　對於無賴的社會流動方面是一個嘗試性的探討，無賴藉著當時的捐納制度向上流動，獲得生監層的地位，但不為士人所接受，產生「士人羞與為伍」的現象，而無賴在身份提升後，其行為依然故我，仍日夜與惡少吃喝玩樂。所以無賴的社會流動是一個表面的流動，也就是說，在名義上，身份是提升了，但在實際的社會地位與日常活動，仍與未流動前是一樣的，所以本文認為無賴的向上流動是一個名實不符的社會流動。而良家子弟因賭博等因素向

下流動，成為無賴階層的一份子，本文也就各種原因加以說明。

　　文中另一個論述的重點是明清的無賴集團——打行、窩訪的探討，尤其是打行。打行在明初宣德年間即存在，一直延續到民國初年，如此長的一段時間中，打行的活動由太湖蘇州一帶往外蔓延，而打行活動是否擴及全國各地，尚需進一步的研究。窩訪則是藉著收集官府平日的缺失或以散布流言的方式達到挾制官府、報復他人的目的，窩訪的活動當不止於江南地區，但在其它地區的活動尚需更進一步的資料搜集。

　　明清無賴可再討論的問題當然不只上述幾項，事實上，明清無賴的活動深入社會基層，人際關係牽涉頗廣，士紳、會黨、世家子弟、訟師、衙役、無賴、妓女、乞丐等都與之有接觸，將這些份子與無賴的關係再深入探討，當可了解當時某些社會活動的面貌。

　　士紳、會黨與無賴的關係，本文限於時間篇幅，沒有做進一步的探討，在〈「打行」的研究成果〉一節中，日本學者提出打行這種無賴團體是鄉紳維持勢力的手段之一，基本架構仍不出「鄉紳支配論」的範圍。

　　無賴游手是傳統社會士、農、工、商體制外的份子，本文曾提到他們不受士大夫儒家傳統道德觀念的約束，沒有功利心態與道德觀衝突的問題，故其活動有相當的自主性，加上本身或團體具備勇力的條件，要「控制」、「支配」這些無賴份子並不容易，或許有少數的士紳土豪可以操縱自如，不過，筆者認為明清廣大的士紳階層具備控制無賴條件的人應是相當有限。另一方面，地方無賴也樂於投靠地方鄉紳，樂於為其所用，因為這對其橫行地方、擴展自己的地方勢力有相當的幫助，出了事也有人出面擺平，何樂而不為？此可由鄉紳們互相告誡要慎收奴僕，避免收到無賴打行份子的記載可以看出。

　　本文認為雖說是鄉紳利用無賴來維持本身在地方的優勢，但另一方面，無賴也利用鄉紳在地方的影響力進行自己勢力的擴充及利益的維護，兩者是互蒙其利的。日本學者太偏重鄉紳由無賴處獲利的部份，相較之下，就忽略了無賴由鄉紳處所得到的利益。

　　無賴在地方上的活動，影響到一般百姓的日常生活，所以如果說鄉紳是社會上的主導力量，則無賴就是百姓日常生活的影響力量。鄉紳可以藉著慈善事業〔註1〕、教化文宣〔註2〕、水利事業〔註3〕等來影響社會大眾，主導社

〔註1〕　梁其姿，〈明末清初民間慈善活動的興起——以江浙地區為例〉，《食貨月刊》15-7/8（1986）。及星斌夫，《中國の社會福祉の歷史》（東京：山川出版社，

會風潮，中央政府對地方的事務有時也需要透過鄉紳來執行，鄉紳對地方社會無疑是一個主導的力量，但畢竟與一般百姓的日常生活有些距離。而無賴，依現在的俚語講，就是「住在隔壁的」——天天看得到，所以地方無賴可能無法領導社會風潮，也沒有社會地位，但他們在地方的活動諸如賭博、詐訟、扛孀等，天天在地方橫行，對一般平民百姓的日常生活影響至深。所以在探討明清社會問題時，除了討論鄉紳外，本文認為地方無賴也是值得注意的階層。

目前學界對於士紳、鄉紳的定義仍存歧見，加上士紳在地方上的活動也是呈多元化的發展，在在都突顯出士紳研究領域的複雜性，面對著士紳、鄉紳等種種的問題，可能影響到與無賴關係的界定，故本文認為如要進一步研究無賴與士紳的關係，當另待他日再行深入的探討。

經由無賴的研究亦可對明清的地方控制問題有更深入的了解，明初太祖制定里甲制，里甲制最主要的功能是徵收稅糧，還有其他的工作如力役、編纂黃冊等。此外里甲制又要負責維持地方的治安，但地方治安維持的任務是後來才加在里甲制上，並不是里甲制的原始功能。在《大誥續編》中，朝廷給里長職權捉拿地方上偷懶不做事的人，把這些人送到地方衙門，由地方官處理，實施的時間愈久，里甲的責任愈多。在洪武三十一年，明太祖頒布了教民榜文，在榜文中，里長及老人皆給予解決鄉里小糾紛的權力。

所以里長不僅有經濟及社會的功能，甚至後來又加上了司法的功能，於是就引發了里甲制可否算是一種地方自治的問題，清水泰次、山根幸夫、日高一宇等人，皆認為里甲制並非是一種地方自治，他們認為里甲制最主要的功能是徵收稅糧，而如果有其他功能的話也是有限的，國內學者張哲郎也同意這個看法。〔註4〕

如果從地方無賴活動的情形看來，里甲制維持地方治安的功能的確是有限的，或許有人會認為是明中期以後里甲制崩壞才造成無賴游手的大肆活動，但由打行是發生在明初宣德年間的事實看來，證明里甲制的地方治安功

1988）。另還可參看馮佐哲，〈日本夫馬進關於明清慈善組織的研究〉，《中國史研究動態》1984-5，頁 27～29。

〔註2〕　酒井忠夫，《中國善書の研究》（東京：弘文堂，1960）。

〔註3〕　吳金成著，渡昌弘譯，《明代社會經濟史研究——紳士層の形成とその社會經濟的役割》，頁 241～297。

〔註4〕　張哲郎，〈明太祖的地方控制與里甲制〉，《食貨月刊復刊》10-12（1981），頁14。

能並沒有發揮太大的效果。

在《教民榜文》中，明政府賦予里老人解決地方戶婚、田土、鬥毆等問題的權力，而無賴的社會活動中如賭博、詐訟等幾乎都是地方老人管轄內的事，但由地方無賴仍一直持續這方面的活動看來，顯示出明代老人制的作用出了問題，並不如執政者所預期的。明清政府如何面對地方游手所造成的社會問題？這涉及明清兩代的地方控制，不是單從制度上探討就可以解決的，應可嘗試將無賴的地方活動與官府或地方人士（如里老人、士紳等）如何對應，就兩方面的互動或反應、效果做深入的研究，如此或許可得到明清地方控制另一面的研究成果。

由以上所述可知，在無賴與鄉紳的關係、地方控制兩方面可再進行深入的研究。不過，無賴的活動領域非常廣泛，由明清兩代所留下來的地方志、文人筆記、奏摺等記載指出，許多社會上的變動大多與無賴的活動有關，如明末的動亂、民變皆有無賴游手的參與，〔註5〕廣東的珠池盜活動亦與無賴有關，〔註6〕無賴也與密祕結社有關，〔註7〕而階級之間的對抗、合作、共生，也可從無賴的社會關係中再探討，如華北地區豪紳在背後指使無賴份子開牙行、謀暴利等。〔註8〕

綜觀明清無賴游手份子的活動是如此多面、複雜，與其接觸的份子也廣佈在社會各階層，面對多元的社會活動、複雜的人際關係、中央政府的地方控制等問題，明清的地方無賴無疑是個值得注意的階層。

〔註5〕 清‧佚名，《研堂見聞雜記》有無賴參與動亂之事。另可參看川勝守，〈明末‧南京兵士の叛亂──明末の都市構造について一素描──〉，《星博士退官記念中國史論集》（東京：星斌夫先生退官記念事業委員會，1978），頁202～203。及栗林宣夫，〈萬曆十年の杭州民變について〉，《木村正雄先生退官記念東洋史論集》（東京：汲古書院，1976），頁223～234。及森正夫，〈1645年太倉州沙溪鎮における烏龍會の反亂について〉，《中山八郎教授頌壽記念明清史論叢》（東京：燎原書店，1977），頁204～230。等文章。

〔註6〕 岸和行，〈明代の廣東における珠池と珠池盜〉，《九州大學東洋史論集》14（1985.12），頁88～115。

〔註7〕 森正夫，〈1645年太倉州沙溪鎮における烏龍會の反亂について〉，頁197所提及的田中正俊著作。

〔註8〕 山根幸夫，〈明清時代華北市集の牙行〉，《星博士退官記念中國史論集》（東京：星斌夫先生退官記念事業委員會，1978），頁234～235。及山根幸夫，〈明清初の華北の市集と紳士、豪民〉，《中山八郎教授頌壽記念明清史論叢》（東京：燎原書店，1977），頁324～328。

徵引文獻目錄

壹、史料（按筆畫順序）：

一、正史、史籍：

1. 《大清律例彙輯便覽》，清·李瀚章等撰，（臺北：成文出版社，清·光緒九年刊本）。
2. 《大清律例會通新纂》，清·姚雨薌原纂，胡仰山增輯，（臺北：文海出版社）。
3. 《大清會典事例》，（臺北：新文豐出版社，清·光緒二十五年刻本）。
4. 《明代登科錄彙編》，臺灣學生書局編輯部輯，（臺北：臺灣學生書局）。
5. 《明史》，張廷玉等撰，（臺北：洪氏出版社）。
6. 《明實錄》，（太祖、宣宗、英宗、世宗、穆宗、神宗、光宗朝），（臺北：中文出版社，中央研究院歷史語言研究所校勘本）。
7. 《明會典》，申時行等修，（北京：中華書局，明·萬曆朝重刊本）。
8. 《明律集解附例》，高舉，（臺北：成文出版社，清·光緒二十四年重刊本）。
9. 《皇明疏鈔》，明·孫旬編，（臺北：臺灣學生書局，中國史學叢書三編，萬曆甲申（1584）序）。
10. 《皇明條法事類纂》，明·戴金編，（臺北：文海出版社）。
11. 《皇朝經世文編》，清·賀長齡輯，（臺北：國風出版社）。
12. 《皇朝經世文續編》，清·葛士濬輯，（臺北：國風出版社）。
13. 《唐明律合編》，薛允升，（臺北：臺灣商務印書館）。
14. 《清太宗實錄》，（北京：中華書局）。
15. 《清世祖實錄》，（北京：中華書局）。

16. 《清代檔案史料叢編》，中國第一歷史檔案館編，（北京：中華書局）。

17. 《御製大誥讀編》，（臺北：臺灣學生書局，明朝開國文獻）。

18. 《雍正朝漢文硃批奏摺彙編》，中國第一歷史檔案館編，（南京：江蘇古籍出版）。

19. 《續文獻通考》，明・王圻，（臺北：文海出版社）。

20. 《續南雍志》，明・黃儒炳，（臺北：偉文圖書公司，明・天啓六年（1626）序）。

二、筆記、小說：

1. 《乙酉筆記》，明・曾羽王（明末人），收錄於《清代日記匯抄》，（上海：人民出版社，1982）。

2. 《七修類稿》，明・郎瑛（1487～？），（臺北：新興書局，筆記小說大觀本）。

3. 《三桓筆記》，明・李清（1591～1673），（臺北：華文書局，吳興嘉業堂刊本）。

4. 《三異筆譚》，清・許仲元，（臺北：新興書局，筆記小說大觀本，清・道光丁亥（1827）序）。

5. 《民抄董宦事實》，明・無名氏，（臺北：新興書局，筆記小說大觀本，記萬曆年間事）。

6. 《四大惡訟師》，民國・吳麟瑞，（臺北：新興書局，筆記小說大觀本，民國13年序）。

7. 《四友齋叢說》，明・何良俊，（北京：中華書局，初刻於明・隆慶三年（1569））。

8. 《江湖奇聞杜騙新書》，明・張應俞，（天津：百花文藝出版社，明・萬曆年間刊本）。

9. 《北東園筆錄初編》，清・梁恭辰，（臺北：新興書局，筆記小說大觀本，清・道光壬寅（1842）序）。

10. 《北東園筆錄續編》，清・梁恭辰，（臺北：新興書局，筆記小說大觀本）。

11. 《北東園筆錄三編》，清・梁恭辰，（臺北：新興書局，筆記小說大觀本）。

12. 《北東園筆錄四編》，清・梁恭辰，（臺北：新興書局，筆記小說大觀本）。

13. 《平圃雜記》，清・張宸，（臺北：藝文印書館，百部叢書集成三編第十三輯，庚辰叢編第六種）。

14. 《申報》，（臺北：臺灣學生書局）。

15. 《耳食錄》，清・樂鈞，（臺北：新興書局，筆記小說大觀本）。

16. 《耳郵》，清・羊朱翁，（臺北：新興書局，筆記小說大觀本，記清末年事）。

17. 《戒庵老人漫筆》，明・李詡，（四部分類叢書集成三編第十七輯，常州先哲遺書第二函第十種，明・萬曆丁酉（1597）其孫序）。

18. 《見聞雜記》，明・李樂（明・隆慶二年（1568）進士），（臺北：新興書局，筆記小說大觀本，明・萬曆戊戌序）。

19. 《吳風錄》，明・黃省曾（1490～1540），（臺北：藝文印書館，百部叢書集成第八輯，百陵學山第二十種）。

20. 《里乘》，清・許叔平，（臺北：新興書局，筆記小說大觀本，清・同治十三年（1874）序）。

21. 《初月樓聞見錄》，清・吳德旋，（臺北：新興書局，筆記小說大觀本）。

22. 《林居漫錄》，明・伍袁萃（明・萬曆八年（1580）進士），（臺北：偉文圖書公司，明・萬曆間刊本）。

23. 《花當閣叢談》，明・徐復祚，（臺北：廣文書局，晚明刊本）。

24. 《松窗夢語》，明・張瀚（1510～1593），（上海：上海古籍出版社）。

25. 《歧路燈》，清・李綠園（1707～1790），（臺北：宏業書局）。

26. 《夜航船》，清・破額山人，（臺北：新興書局，筆記小說大觀本，清・嘉慶庚申（1800）序）。

27. 《癸辛雜識》，宋・周密（1232～1298），（北京：中華書局）。

28. 《客窗閒話初集》，清・吳熾斤，（臺北：新興書局，筆記小說大觀本，清・光緒戊申（1908）序）。

29. 《客窗閒話續集》，清・吳熾斤，（臺北：新興書局，筆記小說大觀本，清・光緒戊申（1908）序）。

30. 《客座贅語》，明・顧起元（1565～1628），（北京：中華書局）。

31. 《留青日札》，明・田藝蘅（1524～1574？），（臺北：廣文書局，筆記續編）。

32. 《涇林續記》，明・周元暐（明・萬曆乙酉（1585）舉人），（臺北：藝文印書館，百部叢書初編六九輯，功順堂第二函十一種）。

33. 《海陬冶遊錄》，清・玉默生，（臺北：新興書局，筆記小說大觀本，清・光緒己卯（1879）序）。

34. 《笑笑錄》，清・獨逸窩退士編，（臺北：新興書局，筆記小說大觀本，清・光緒五年（1879）序）。

35. 《消夏閒記摘抄》，清・顧公燮，（臺北：臺灣商務印書館，《涵芬樓祕笈》版本，清・乾隆五十年（1785）序）。

36. 《埋憂集》，清・朱梅叔，（臺北：新興書局，筆記小說大觀本，清・同治十三年（1874）序）。

37. 《退庵隨筆》，清・梁章鉅，（臺北：廣文書局，清・道光十六年（1836）

序）。

38. 《庸閒齋筆記》，清・陳其元，（臺北：新興書局，筆記小說大觀本，清・同治十三年（1874）序）。

39. 《淞南夢影錄》，清・畹香留夢室編，（臺北：新興書局，筆記小說大觀本，清・光緒九年（1883）序）。

40. 《淞濱瑣話》，清・王韜，（臺北：新興書局，筆記小說大觀本，清・光緒丁亥年（1887）序）。

41. 《堅瓠九集》，清・褚人穫，（臺北：新興書局，筆記小說大觀本，清・康熙壬申年（1692）序）。

42. 《聊齋志異拾遺》，清・蒲松齡，（臺北：新興書局，筆記小說大觀本，清・道光庚寅年（1830）序）。

43. 《巢林筆談》，清・龔煒，（臺北：新興書局，筆記小說大觀本）。

44. 《湧幢小品》，明・朱國禎（1557～1632？），（臺北：新興書局，筆記小說大觀本）。

45. 《復社紀略》，明・陸世儀，（臺北：新興書局，筆記小說大觀本，記明末事）。

46. 《雲間據目抄》，明・范濂，（臺北：新興書局，筆記小說大觀本，1593年刊）。

47. 《萬曆野獲編》，明，沈德符（1578～1642），（臺北：偉文圖書公司）。

48. 《廣志繹》，明・王士性（1546～1598），（臺北：新興書局，筆記小說大觀本）。

49. 《穀山筆麈》，明・于慎行（1545～1607），（臺北：新興書局，筆記小說大觀本）。

50. 《墨餘錄》，清・毛祥麟，（臺北：新興書局，筆記小說大觀本，清・同治庚午年（1870）序）。

51. 《閱世編》，清・葉夢珠（生於明・崇禎時，清・康熙中葉尚在世），（臺北：木鐸出版社）。

52. 《嘯亭續錄》，明・昭槤，（臺北：新興書局，筆記小說大觀本，清・道光年間完成）。

53. 《螢窗異草初編》，清・長白浩歌子，（臺北：新興書局，筆記小說大觀本，清・光緒三十一年（1905）序）。

54. 《螢窗異草三編》，清・長白浩歌子，（臺北：新興書局，筆記小說大觀本，清・光緒三十一年（1905）序）。

55. 《蟲鳴漫錄》，清・采蘅子，（臺北：新興書局，筆記小說大觀本，清・光緒三年（1877）序）。

56. 《瀛壖雜志》，清·王韜，（臺北：華文書局，清·同治五年刊本，清·咸豐三年（1853）序）。

57. 《警世通言》，明·馮夢龍（1574～1646），（香港：中華書局）。

58. 《續見聞雜記》，明·李樂（明·隆慶二年（1568）進士），（臺北：新興書局，筆記小説大觀本）。

三、政書：

1. 《名公書判清明集》，宋·佚名，（北京：中華書局）。

2. 《吏治懸鏡》，清·徐文弼，（臺北：廣文書局，筆記五編）。

3. 《佐治藥言》，清·汪輝祖（1731～1807），（臺北：藝文印書館，知不足齋叢書本）。

4. 《宛署雜記》，明·沈榜，（北京：古籍出版社，明·萬曆二十一年（1593）初刻）。

5. 《從政遺規》，清·陳宏謀（1696～1771），（臺北：臺灣中華書局）。

6. 《惠安政書》，明·葉春及（1532～1595），（福州：福建人民出版社）。

7. 《嵒辭》，明·張肯堂（天啓五年（1625）進士），（臺北：臺灣學生書局，明·崇禎年原刊影印本）。

8. 《福惠全書》，清·黃六鴻，（臺北：九思出版社，1978）。

9. 《學治續説》，清·汪輝祖（1731～1807），（臺北：藝文印書館，讀書齋叢書本）。

10. 《續佐治藥言》，清·汪輝祖（1731～1807），（臺北：藝文印書館，知不足齋叢書本）。

四、文集、其他：

1. 《山書》，清·孫承澤輯，裘劍平校點，（杭州：浙江古籍出版社）。

2. 《上海碑刻資料選輯》，（上海：人民出版社，1980）。

3. 《文獻叢編》，國立故宮博物院編，（臺北：臺聯國風出版社印行）。

4. 《天下郡國利病書》，明·顧炎武（1613～1682），（臺北：藝文印書館）。

5. 《日知錄》，明·顧炎武（1613～1682），（臺北：明倫出版社）。

6. 《王百穀集》，明·王穉登（1535～1612），（明·萬曆四十七年，金陵葉氏刊本，國家圖書館微捲）。

7. 《名山藏》，明·何喬遠（明·萬曆十四年（1586）進士），（臺北：成文出版社，明·崇禎十三年刊本）。

8. 《西湖游覽志餘》，明·田汝成（明·嘉靖五年（1526）進士），（臺北：木鐸出版社）。

9. 《沈氏農書》，明·沈氏，（臺北：藝文印書館，百部叢書集成第 24 輯，學海類編 228 種，其書成於明·崇禎末）。

10. 《明夷待訪錄》，明·黃宗羲（1610～1695），（臺北：臺灣中華書局）。

11. 《松石齋集》，明·趙用賢（1535～1596），（明·萬曆四十年，海虞趙氏原刊本，國家圖書館微捲）。

12. 《杭俗遺風》，清·范祖述，（上海：上海文藝出版社，清·同治二年（1863）序）。

13. 《范文忠公文集》，明·范文景，（臺北：藝文印書館，百部叢書集成）。

14. 《病榻夢痕錄》，清·汪輝祖（1731～1807），（臺北：臺灣商務印書館，清·嘉慶元年序）。

15. 《海瑞集》，明·海瑞（1514～1587），（北京：中華書局）。

16. 《海忠介公全集》，明·海瑞（1514～1587），（臺北：海忠介公全集輯印委員會）。

17. 《高子遺書》，明·高攀龍（1562～1626），（明·崇禎五年錢士升等刊本，國家圖書館微捲）。

18. 《高子遺書》，明·高攀龍（1562～1626），（臺北：臺灣商務印書館，文淵閣四庫全書本）。

19. 《船山遺書》，清·王夫之（1619～1692），（臺北：自由出版社，中華文化叢書）。

20. 《清稗類鈔》，清·徐珂（清·光緒間舉人），（北京：中華書局）。

21. 《清嘉錄》，清·顧祿，（國立北京大學中國民俗學會民俗叢書 128，清·道光十年（1830）序）。

22. 《得一錄》，清·吳雲，（臺北：華文書局，清·同治八年（1869）得見齋刻本）。

23. 《幾亭續文錄》，明·陳龍正（1585～1645），（國家圖書館微捲）。

24. 《農政全書校注》，明·徐光啟（1562～1633）著，石聲漢校注，（上海：上海古籍出版社）。

25. 《落落齋遺集》，明·李應昇，（臺北：藝文印書館，百部叢書集成）。

26. 《萬曆邸鈔》，明·佚名，（臺北：古亭書屋）。

27. 《圖書編》，明·章潢（1527～1608），（臺北：臺灣商務印書館，文淵閣四庫全書子部二七五）。

28. 《劉子全書》，明·劉宗周（1578～1645），（臺北：華文書局，清·道光刊本）。

29. 《歷年記》，明·姚廷遴，收錄於《清代日記匯抄》（上海：人民出版社，1982）。

30. 《點石齋畫報》，（臺北：天一出版社）。

31. 《辭源》（臺北：臺灣商務印書館，大陸修定版）。

32. 《顧亭林詩文集》，明·顧炎武（1613～1682），（香港：中華書局）。

33. 《龔自珍全集》，清·龔自珍（1792～1841），（臺北：河洛圖書出版社）。

五、地方志：

1. 《二續金陵瑣事》，明·周暉撰，明·萬曆三十八年刊本。中國方志叢書，華中地方，第四四〇號。臺北：成文出版社有限公司印行。

2. 《川沙廳志》，清·陳方瀛修，俞樾纂，清·光緒五年刊本。中國方志叢書，華中地方，第一七四號。臺北：成文出版社有限公司印行。

3. 《上海掌故叢書》，上海通社輯刊，民國 24 年鉛印本。中國方志叢書，華中地方，第四〇四號。臺北：成文出版社有限公司印行。

4. 《上海縣志》，清·應寶時修，俞樾纂，清·同治十一年刊本。中國方志叢書，華中地方，第一六九號。臺北：成文出版社有限公司印行。

5. 《太倉州志》，民國·王祖畬等纂，民國 8 年刊本。中國方志叢書，華中地方，第一七六號。臺北：成文出版社有限公司印行。

6. 《月浦志》，清·光緒十四年纂，據上海博物館藏稿本影印，上海書店、巴蜀書店、江蘇古籍出版社。

7. 《外岡志》，1961 年鉛印《上海史料叢編》版本，明·崇禎四年序，上海書店、巴蜀書店、江蘇古籍出版社。

8. 《石門縣志》，清·余麗元纂修，清·光緒五年刊本。中國方志叢書，華中地方，第一八五號。臺北：成文出版社有限公司印行。

9. 《石岡廣福合志》清·嘉慶十二年刻本，上海書店、巴蜀書店、江蘇古籍出版社。

10. 《民國川沙縣志》，中國地方志集成七，上海府縣志輯。上海書店、巴蜀書店、江蘇古籍出版社。

11. 《民國崇明縣志》，中國地方志集成十，上海府縣志輯。上海書店、巴蜀書店、江蘇古籍出版社。

12. 《永康縣志》，清·沈藻等修，朱謹等纂，清·康熙三十七年刊本。中國方志叢書，華中地方，第五二八號。臺北：成文出版社有限公司印行。

13. 《江山縣志》，清·王彬等修，朱寶慈等纂，清·同治十二年刊本。中國方志叢書，華中地方，第六七號。臺北：成文出版社有限公司印行。

14. 《江陰縣志》，清·陳延恩等修，李兆洛等纂，清·道光二十年刊本。中國方志叢書，華中地方，第四五六號。臺北：成文出版社有限公司印行。

15. 《江陰縣志》，清·光緒四年刊本，臺北：成文出版社有限公司印行。

16. 《光緒松江府續志》，中國地方志集成三，上海府縣志輯。上海書店、巴蜀書店、江蘇古籍出版社。

17. 《光緒青浦縣志》，中國地方志集成六，上海府縣志輯。上海書店、巴蜀書店、江蘇古籍出版社。

18. 《光緒南匯縣志》，中國地方志集成五，上海府縣志輯。上海書店、巴蜀書店、江蘇古籍出版社。

19. 《光緒睢寧縣志》，清·候紹瀛修，丁顯纂，清·光緒十二年刊本。中國方志叢書，華中地方，第一三四號。臺北：成文出版社有限公司印行。

20. 《光緒嘉定縣志》，中國地方志集成八，上海府縣志輯。上海書店、巴蜀書店、江蘇古籍出版社。

21. 《吳縣志》，吳秀之等修，曹允源等纂，民國 22 年鉛印本。中國方志叢書，華中地方，第一八號。臺北：成文出版社有限公司印行。

22. 《松江府續志》，清·博潤等修，姚光發等纂，清·光緒九年刊本。中國方志叢書，華中地方，第一四三號。臺北：成文出版社有限公司印行。

23. 《松江府志》，清·宋如林等修，孫星衍等纂，清·嘉慶二十二年刊本。中國方志叢書，華中地方，第一○號。臺北：成文出版社有限公司印行。

24. 《杭州府志》，清·龔嘉儁修，李榕纂，民國 11 年鉛印本。中國方志叢書，華中地方，第一九九號。臺北：成文出版社有限公司印行。

25. 《杭州府誌》，明·萬曆七年刊刻。中國史學叢書十五，臺北：臺灣學生書局印行。

26. 《杭州府志》，明·陳善等修，明·萬曆七年刊本。中國方志叢書，華中地方，第五二四號。臺北：成文出版社有限公司印行。

27. 《宜興荊谿縣志》，清·吳景牆修，清·光緒八年刊本。中國方志叢書，華中地方，第一五六號。臺北：成文出版社有限公司印行。

28. 《阜寧縣新志》，民國·吳寶瑜修，龐友蘭纂，民國 23 年鉛印本。中國方志叢書，華中地方，第一六六號。臺北：成文出版社有限公司印行。

29. 《金山縣志》，清·常琬修，焦以敬纂，清·乾隆十六年刊本，民國 18 年重印。中國方志叢書，華中地方，第四○五號。臺北：成文出版社有限公司印行。

30. 《金壇縣志》，馮煦等纂，民國 10 年刊本。中國方志叢書，華中地方，第一三號。臺北：成文出版社有限公司印行。

31. 《承天府志》，日本藏中國罕見地方志叢刊，明·萬曆三十年刻本，書目文獻出版社。

32. 《青浦縣志》，清·陳其元等修，熊其英等纂，清·光緒五年刊本。中國方志叢書，華中地方，第一六號。臺北：成文出版社有限公司印行。

33. 《長興縣志》，清·趙定邦等修，丁寶書等纂，清·同治十三年修，清·

光緒十八年增補刊本。中國方志叢書，華中地方，第五八六號。臺北：成文出版社有限公司印行。

34. 《長興縣志》，清・邢澍等修，錢大昕等纂，清・嘉慶十年刊本。中國方志叢書，華中地方，第六〇一號。臺北：成文出版社有限公司印行。

35. 《定海縣志》，陳訓正，馬瀛等纂修，民國 13 年鉛印本。中國方志叢書，華中地方，第七五號。臺北：成文出版社有限公司印行。

36. 《南翔鎮志》，清・嘉慶十一年序，民國 13 年南翔鳳鳴樓鉛印本，上海書局、巴蜀書店、江蘇古籍出版社。

37. 《南匯縣志》，清・金福曾等修，張文虎等纂，民國 16 年重刊本。中國方志叢書，華中地方，第四二號。臺北：成文出版社有限公司印行。

38. 《南匯縣續志》，民國・嚴偉修，秦錫田等纂，民國 18 年刊本。中國方志叢書，華中地方，第四二五號。臺北：成文出版社有限公司印行。

39. 《重修華亭縣志》，清・楊開等修，姚光發等纂，清・光緒四年刊本。中國方志叢書，華中地方，第四五號。臺北：成文出版社有限公司印行。

40. 《重修常昭合志》，清・鄭鍾祥等修，龐鴻文等纂，清・光緒三十年刊本。中國方志叢書，華中地方，第一五三號。臺北：成文出版社有限公司印行。

41. 《海寧州志稿》，民國・許傅霈等原纂，朱錫恩等續纂，民國 11 年排印本。中國方志叢書，華中地方，第五六二號。臺北：成文出版社有限公司印行。

42. 《馬陸里志》，清・嘉慶二年序，清・嘉慶年間傳抄本，上海書局、巴蜀書店、江蘇古籍出版社。

43. 《眞如里志》，清・乾隆三十七年刻本傳抄本，上海書局、巴蜀書店、江蘇古籍出版社。

44. 《眞如里志》，民國 7 年後輯，上海圖書館藏稿本，上海書局、巴蜀書店、江蘇古籍出版社。

45. 《眞如志》，民國 24 年稿本傳抄本，上海圖書館藏，上海書局、巴蜀書店、江蘇古籍出版社。

46. 《桐鄉縣志》，清・嚴辰等纂修，清・光緒十三年刊本。中國方志叢書，華中地方，第七七號。臺北：成文出版社有限公司印行。

47. 《浙江通志》，清・乾隆元年重修本。中國省志彙編之二，臺北：臺灣華文書局印行。

48. 《通州志》，明・萬曆年間刻本。天一閣明代地方志選刊（四）。臺北：新文豐出版公司印行。

49. 《望仙橋鄉志稿》，清・光緒年間稿本，上海書局、巴蜀書店、江蘇古籍出版社。

50. 《淮安府志》，清・衛哲治等纂修，陳琦等重刊，清・乾隆十三年修，清・咸豐二年重刊本。中國方志叢書，華中地方，第三九七號。臺北：成文出版社有限公司印行。

51. 《黃巖縣志》，清・陳鍾英等修，王詠霓纂，清・光緒三年刊本。中國方志叢書，華中地方，第二一一號。臺北：成文出版社有限公司印行。

52. 《紹興府志》，清・李亨特總裁，平恕等修，清・乾隆五十七年刊本。中國方志叢書，華中地方，第二二一號。臺北：成文出版社有限公司印行。

53. 《崇明縣志》，民國・王清穆修，曹炳麟纂，民國13年修，民國19年刊本。中國方志叢書，華中地方，第一六八號。臺北：成文出版社有限公司印行。

54. 《康熙嘉定縣志》，中國地方志集成七，上海府縣志輯。上海書店、巴蜀書店、江蘇古籍出版社。

55. 《康熙崇明縣志》，中國地方志集成十，上海府縣志輯。上海書店、巴蜀書店、江蘇古籍出版社。

56. 《盛橋里志》，民國8年序，上海圖書館藏稿本，上海書店、巴蜀書店、江蘇古籍出版社。

57. 《淞南志》，清・康熙五十四年序，清・嘉慶十八年活字本，上海書店、巴蜀書店、江蘇古籍出版社。

58. 《淞南志》，清・康熙六十一年序，清・嘉慶十年秦鑑刻本，上海書店、巴蜀書店、江蘇古籍出版社。

59. 《湖州府志》，清・宗源瀚等修，周學濬等纂，清・同治十三年刊本。中國方志叢書，華中地方，第五四號。臺北：成文出版社有限公司印行。

60. 《紫隄村志》，清・康熙十七年修，清・咸豐六年增修，上海圖書館傳抄本，上海書店、巴蜀書店、江蘇古籍出版社。

61. 《無錫金匱縣志》，清・斐大中等修，秦緗業等纂，清・光緒七年刊本。中國方志叢書，華中地方，第二一號。臺北：成文出版社有限公司印行。

62. 《隆慶長洲縣志》，天一閣藏明代方志選刊續編二十三，上海：上海書店。

63. 《萬曆長洲縣志》，明・徐必泓修，皇甫汸纂，明・崇禎八年刊本。中國史學叢書三編49，臺北：臺灣學生書局。

64. 《萬曆嘉定縣志》，明・韓浚等修，明・萬曆三十三年刊本。中國史學叢書三編43，臺北：臺灣學生書局。

65. 《福建通志》，清・同治十年重刊本，陳壽祺等撰。中國省志彙編之九，臺北：臺灣華文書局印行。

66. 《睢寧縣舊志》，清・葛之莫等修，陳哲纂，民國18年鉛印本。中國方志叢書，華中地方，第一三一號。臺北：成文出版社有限公司印行。

67. 《蒸里志略》，清・葉世熊纂，清・宣統二年青浦葉桐叔鉛印本，上海書

店、巴蜀書店、江蘇古籍出版社。

68. 《嘉定縣志》，明・韓浚等修，明・萬曆三十三年刊本。中國方志叢書，華中地方，第四二一號。臺北：成文出版社有限公司印行。

69. 《嘉定縣續志》，民國・陳傳德修，黃世祚纂，民國 19 年鉛印本。中國方志叢書，華中地方，第一七〇號。臺北：成文出版社有限公司印行。

70. 《嘉慶山陰縣志》，清・嘉慶八年徐元梅等修，朱文翰等輯，民國 25 年紹興縣修志委員會校刊鉛印本。中國方志叢書，華中地方，第五八一號。臺北：成文出版社有限公司印行。

71. 《嘉靖太平縣志》，天一閣明代方志選刊，臺北：新文豐出版公司。

72. 《嘉靖威縣志》，天一閣藏明代方志選刊續編二，上海：上海書店。

73. 《嘉靖安吉州志》，天一閣藏明代方志選刊續編二十八，上海：上海書店。

74. 《樂清縣志》，清・李登雲修，陳珅等纂，清・光緒二十七年修，民國元年補刊本。中國方志叢書，華中地方，第四七七號。臺北：成文出版社有限公司印行。

75. 《璜涇志稿》，民國 29 年活字本，清・道光十年序，上海書店、巴蜀書店、江蘇古籍出版社。

76. 《嘉興縣志》，日本宮內省圖書寮藏，明・崇禎十年刻本，書目文獻出版社。

77. 《錢塘門鄉志》，南京大學圖書館藏抄本，民國元年序，上海書店、巴蜀書店、江蘇古籍出版社。

78. 《雙鳳里志》，清・道光五年序，據清・道光六年活字本《婁水藝文匯抄》本影印，上海書店、巴蜀書店、江蘇古籍出版社。

79. 《錫金識小錄》，清・黃卬著，清・乾隆年間修，清・光緒年刊本，中國方志叢書，華中地方，第四二六號。臺北：成文出版社有限公司印行。

80. 《龍游縣志》，余紹宋纂修，民國 14 年鉛印本。中國方志叢書，華中地方，第八〇號。臺北：成文出版社有限公司印行。

81. 《羅店鎮志》，清・光緒七年序，光緒十五年鉛印本，上海書店、巴蜀書店、江蘇古籍出版社。

82. 《蘇州府志》，清・李銘皖等修，馮桂芬等纂，清・光緒九年刊本。中國方志叢書，華中地方，第五號。臺北：成文出版社有限公司印行。

83. 《寶山縣志》，清・梁蒲貴等修，朱延射等纂，清・光緒八年刊本。中國方志叢書，華中地方，第四〇七號。臺北：成文出版社有限公司印行。

84. 《寶山縣續志》，民國・張允高、錢淦、吳葭、王鍾琦等纂修，民國 10 年、20 年鉛印本。中國方志叢書，華中地方，第一七二號。臺北：成文出版社有限公司印行。

85. 《續外岡志》，清·乾隆五十七年序，據 1961 年鉛印《上海史料叢編》本影印，上海書店、巴蜀書店、江蘇古籍出版社。

86. 《續纂句容縣志》，清·張紹棠修，蕭穆纂，清·光緒三十年刊本。中國方志叢書，華中地方，第一二九號。臺北：成文出版社有限公司印行。

貳、今人研究成果（按人名筆畫順序）：

一、中文著作：

牛健強、汪維真

　　1990　〈明代中後期江南地區風尚取向的更移〉，《史學月刊》1990-5

　　1991　〈再論明代中後期江南地區社會風尚的變化〉，《河南大學學報》（社科版）31-1

　　1992　〈明代中後期江南周圍地區風尚取向的改變及其特徵〉，《東北師大學報》（哲社版）1992-1

王春瑜

　　1985　〈明代文化史雜識〉，《阜陽師範學院學報》1985-1

　　1991　〈明代流氓及流氓意識〉，《社會學研究》1991-3

王新

　　1990　〈明清時期社會風尚變革舉隅〉，《吉林大學社會科學學報》1990-3

王德昭

　　1982　《清代科舉制度研究》（香港：中文大學出版社，1982）

王躍生

　　1988　〈清代生監的社會功能初探〉，《社會科學輯刊》1988-4

　　1989　〈清代「生監」的人數計量及其社會構成〉，《南開學報》1989-1

　　1989　〈清代科舉人口研究〉，《人口研究》1989-3

王興業

　　1989　〈明代中後期河南社會風尚的變化〉，《中州學刊》1989-4

巴兆祥

　　1990　〈明代佚志述略〉，《文獻》1990-4

中國財政經濟出版社

　　1987　《中國人口（江蘇分冊）》，（北京：中國財政經濟出版社，1987）

史念海

　　1991　《中國歷史人口地理和歷史經濟地理》，（臺北：臺灣學生書局，1991）

任道斌

1985　〈清代嘉興地區胥吏衙蠹在經濟方面的罪惡活動〉，《清史論叢》第六輯

朱士嘉

1975　《中國地方志綜錄》（臺北：新文豐出版公司，1975）

伍貽業

1987　〈論清代文人入仕與吏治〉，《南京大學學報》（哲社版）1987-2

池子華

1993　〈從「鳳陽花鼓」談淮北流民的文化現象〉，《歷史月刊》66 期

曲彥斌

1990　《中國乞丐史》（上海：上海文藝出版社，1990）

岑大利

1992　《中國乞丐史》（臺北：文津出版社，1992）。

吳仁安

1987　〈明代江南社會風尚初探〉，《社會科學家》1987-2。

吳晗

1955　〈明代的科舉情況和紳士特權〉，收錄於《燈下集》（臺北：谷風出版社，1955）。

1991　〈明代的新仕宦階級，社會的政治的文化的關係及其生活〉，《明史研究論叢》（南京：江蘇古籍出版社，1991）第五輯。

吳振漢

1982　〈明代的主僕關係〉，《食貨月刊》12-4/5。

吳琦

1990　〈晚明至清的社會風尚與民俗心理機制〉，《華中師範大學學報》（哲社版）1990-6。

李洵

1983　〈論顧炎武在「郡縣」等七篇政治論文中提出的社會問題〉，《史學集刊》1983-1。

1987　〈論明代江南地區士大夫勢力的興衰〉，《史學集刊》1987-4。

李國祁等

1975　《清代基層地方官人事嬗遞現象之量化分析》，（臺北：行政院國科會，1975）。

林麗月

1978　《明代的國子監生》，（臺北：臺灣商務印書館，1978）。

1991 〈晚明「崇奢」思想隅論〉，《臺灣師範大學歷史學報》19 期。

岸本美緒

1992 〈清初上海的審判與調解——以「歷年記」爲例——〉，《近世家族與政治比較歷史論文集》，（臺北：中央研究院近代史研究所，1992）。

邵毅平

1990 〈評《四庫全書總目》的晚明文風觀〉，《復旦學報》（社科版）1990-3。

秉琨

1986 《清・徐揚《姑蘇繁華圖》介紹與欣賞》（香港：商務印書館，1986）。

郁維明

1990 《明代周忱對江南地區經濟社會的改革》（臺北：臺灣商務印書館，1990）。

柏樺

1992 〈試論明代州縣官吏〉，《史學集刊》1992-2。

柏樺、李春明

1990 〈論清代知縣出身與康雍乾時期的用人政策〉，《史學集刊》1990-4。

Moore. Wilber E.著，俞景蓬譯

1988 《社會變遷》（Social Change），（臺北：巨流圖書公司，1988）。

徐泓

1989 〈明代社會風氣的變遷——以江、浙地區爲例〉，《第二屆國際漢學會議論文集（明清與近代史組）》。

徐炳憲

1971 《清代知縣職掌之研究》（臺北：政大政研所碩士論文，1971）。

倪道善

1988 〈清代書吏考略〉，《社會科學研究》1988-2。

孫謙

1991 〈晚清時期訴訟觀的演變〉，《江漢論壇》1991-2。

陳玉貞

1988 《清代臺灣吏治研究：以刑名、錢糧職責爲例》（臺南：成大史研所碩士論文，1988）。

陳茂山

1989 〈試論明代中後期的社會風氣〉，《史學集刊》1989-4。

陳智超

1989　〈宋代的書鋪與訟師〉，收錄於《劉子健博士頌壽紀念宋史研究論集》（東京：同朋舍，1989）。

陳學文

1990　〈明代中葉以來棄農棄儒從商風氣和重商思潮的出現〉，《九州學刊》3-4。

1990　〈明代中葉民情風尚習俗及一些社會意識的變化〉，《山根幸夫教授退休記念明代史論叢》（東京：汲古書院，1990）。

陳寶良

1991　〈明代的社與會〉，《歷史研究》1991-5。

1992　〈明代無賴階層的社會活動及其影響〉，《齊魯學刊》1992-2。

許大齡

1950　《清代捐納制度》（臺北：文海出版社，1950）。

許嘉猷

1986　《社會階層化與社會流動》（臺北：三民書局，1986）。

黃開華

1972　《明史論集》（香港：誠明出版社，1972）。

黃瑞卿

1990　〈明代中後期士人棄學經商之風初探〉，《中國社會經濟史研究》1990-2。

陶希聖

1971　〈清代州縣衙門刑事審判制度及程度（一）〉，《食貨月刊復刊》1-1。

張民服

1991　〈明清時期商品經濟對社會生活的影響〉，《中州學刊》1991-6。

張哲郎

1981　〈明太祖的地方控制與里甲制〉，《食貨月刊復刊》10-12。

梁其姿

1986　〈明末清初民間慈善活動的興起——以江浙地區為例〉，《食貨月刊》15-7/8。

傅衣凌

1957　《明代江南市民經濟試探》（臺北：谷風出版社，1957）。

1989　《明清社會經濟變遷論》（北京：人民出版社，1989）。

馮佐哲

1984　〈日本夫馬進關於明清慈善組織的研究〉，《中國史研究動態》1984-5。

滋賀秀三

    1992   〈清代州縣衙門訴訟的若干研究心得——以淡新檔案為史料〉，《日本學者研究中國史論著選譯》（北京：中華書局，1992）。

馮爾康、常建華

    1990   《清人社會生活》（天津：天津人民出版社，1990）。

楊國樞、文崇一主編

    1982   《社會及行為科學研究的中國化》（臺北：中央研究院民族學研究所，1982）。

趙文林、謝淑君

    1988   《中國人口史》，（北京：人民出版社，1988）。

趙世瑜

    1988   〈明代吏典制度簡說〉，《北京師範大學學報》（社科版）1988-2。

    1988   〈明代府縣吏典社會危害初探〉，《中國社會經濟史研究》1988-4。

    1989   〈兩種不同的政治心態與明清胥吏的社會地位〉，《政治學研究》1989-1。

趙毅

    1987   〈明代的吏員與吏治〉，《史學月刊》1987-2。

樊樹志

    1988   〈明清江南市鎮的實態分析——以蘇州府嘉定縣為中心〉，《學術研究》（廣州）1988-1。

    1990   〈江南市鎮文化面面觀〉，《復旦學報》（社科版）1990-4。

    1990   《明清江南市鎮探微》（上海：復旦大學出版社，1990）。

劉子楊

    1988   《清代地方官制考》（北京：紫禁城出版社，1988）。

劉敏

    1983   〈清代胥吏與官僚政治〉，《廈門大學學報》1983-3。

蔡瑞煙

    1985   《明律之誣告罪》（臺北：政治大學法律研究所碩士論文，1985）。

劉廣京

    1992   〈從曾國藩家書說起〉，《近世家族與政治比較歷史論文集》（臺北：中央研究院近代史研究所，1992）。

劉錚雲

    1993   〈「衝、繁、疲、難」——清代道、府、廳、州、縣等級初探〉，將

發表於《史語所集刊》第六十四本第四分。

鄭秦

　1991　〈清代州縣審判試析〉,《清史論叢》第八輯。

繆全吉

　1969　《明代的胥吏》(臺北:中國人事行政月刊社,1969)。

　1971　《清代幕府人事制度》(臺北:中國人事行政月刊社,1971)。

謝國楨

　1981　《明代社會經濟史料選編》(福州:福建人民出版社,1981)。

瞿同祖

　1984　《中國法律與中國社會》(臺北:里仁書局,1984)。

　1984　〈清律的繼承和變化〉,收錄於《中國法學文集》(北京:法律出版社,1984)。

瞿宣穎

　1985　《中國社會史料叢鈔》(上海:上海書店,1985)。

韓大成

　1991　《明代城市研究》,(北京:中國人民大學出版社,1991)。

魏忠

　1992　〈清朝中後期的賭博之風〉,《社會科學輯刊》1992-3。

顏廣文

　1989　〈明代官制與吏制的區別及其影響〉,《華南師範大學學報》(社科版)1989-2。

　1990　〈明代縣制述論〉,《華南師範大學學報》1990-4。

　1991　〈明朝政府機構中的「官弱吏強」現象剖析〉,《廣東教育學院學報》(社科版)1991-1。

羅麗馨

　1990　〈明代匠戶之仕官及其意義〉(上)(下),《大陸雜誌》80-1(1990),80-2(1990)。

蘇智良、陳麗菲

　1991　《近代上海黑社會研究》(杭州:浙江人民出版社,1991)。

二、日文著作:

山根幸夫

　1977　〈明清初の華北の市集と紳士、豪民〉,《中山八郎教授頌壽記念明清史論叢》(東京:燎原書店,1977)

1978 〈明清時代華北市集の牙行〉，《星博士退官紀念中國史論集》（東京：星斌夫先生退官記念事業委員會，1978）。

1981 〈明末農民反亂と紳士層の對應〉，《中島敏先生古稀記念論集》（下）（東京：汲古書院，1981）。

1989 《明清史籍の研究》（東京：研文出版社，1989）。

山根幸夫教授退休記念委員會

1990 《山根幸夫教授退休記念明代史論叢》（東京：汲古書院，1990）。

川勝守

1978 〈明末・南京兵士の叛亂——明末の都市構造について一素描——〉，《星博士退官記念中國史論集》（東京：星斌夫先生退官記念事業委員會，1978）。

1979 〈中國近世都市の社會構造〉，《史潮》新六號。

1980 《中國封建國家の支配構造——明清賦役制度史の研究》（東京：東京大學出版會，1980）。

1981 〈徐乾學三兄弟とその時代——江南鄉紳の地域支配の一具體象——〉，《東洋學報》40卷3號。

1981 〈明末清初の訟師について——舊中國社會における無賴知識人の一形態——〉，《九州大學東洋史論集》9。

1982 〈明末清初における打行と訪行——舊中國社會における無賴の諸史料——〉，《史淵》119。

上田信

1981 〈明末清初・江南の都市の「無賴」をめぐる社會關係——打行と腳夫——〉，《史學雜誌》90編下。

仁井田陞

1963 《中國法制史》（東京：岩波書店，1963）。

木村正雄先生退官紀念委員會

1976 《木村正雄先生退官記念東洋史論集》（東京：汲古書院，1976）。

中山八郎教授頌壽記念委員會

1977 《中山八郎教授頌壽記念明清史論叢》（東京：燎原書店，1977）。

中村治兵衛先生古稀記念委員會

1986 《中村治兵衛先生古稀記念東洋史論叢》（東京：刀水書房，1986）。

中村茂夫

1979 〈傳統中國法＝雛型說に對する一試論〉，《法政理論》12-1。

中島樂章

　1990　〈明末清初の紹興の幕友〉,《山根幸夫教授退休記念明代史論叢》(東京：汲古書院，1990)。

夫馬進

　1993　〈明清時代の訟師と訴訟制度〉,《中國近世の法制と社會》(京都大學人文科學研究所，1993)。

田仲一成

　1965　〈清代初期の地方劇について〉,《日本中國學會報》第十七集。

西村かずよ

　1979　〈明代の奴僕〉,《東洋史研究》38 卷 1 號。

安野省三

　1985　〈中國の異端・無賴〉,《中世史講座》7 (東京：學生社，1985)。

吳金成著，山根幸夫、稻田英子譯

　1980　〈明代紳士層の形成過程について〉(上),《明代史研究》8 號。

　1981　〈明代紳士層の形成過程について〉(下),《明代史研究》9 號。

吳金成著，渡昌弘譯

　1990　《明代社會經濟史研究》(東京：汲古書院，1990)。

佐伯有一

　1954　〈織傭の變〉,《歷史學研究》171 號。

　1986　〈明清交替期の胥吏像一班〉,《中村治兵衛先生古稀記念東洋史論叢》(東京：刀水書房，1986)。

和田正廣

　1974　〈明末の吏治體制における舉劾の官評に關する一考察——管志道「從先維俗議」を中心として——〉,《九州大學東洋史論集》2。

　1978　〈徭役優免條例の展開と明末舉人の法的位置——免役基準額の檢討を通じて——〉,《東洋學報》60-1/2。

　1978　〈明代舉人層の形成過程に關する一考察——科舉條例の檢討を中心として——〉,《史學雜誌》87-3。

　1980　〈明末官評の出現過程〉,《九州大學東洋史論集》8。

　1980　〈明末窩訪の出現過程〉,《東洋學報》62-1/2。

　1981　〈明末清初の鄉紳用語に關する一考察〉,《九州大學東洋史論集》9。

　1985　〈明代の地方官ポストにおける身分制序列に關する一考察——縣缺の清代との比較を通じて〉,《東洋史研究》44-1。

岸和行

　1985　〈明代の廣東における珠池と珠池盜〉，《九州大學東洋史論集》14。

岸本美緒

　1986　〈『歷年記』に見る清初地方社會の生活〉，《史學雜誌》95-6。

星斌夫

　1988　《中國の社會福祉の歷史》（東京：山川出版社，1988）。

星斌夫先生退官記念事業委員會

　1978　《星博士退官記念中國史論集》（東京：星斌夫先生退官記念事業委員會，1978）。

酒井忠夫

　1960　《中國善書の研究》（東京：圖書刊行會，1960）。

　1972　〈幫の民眾の意識〉，《東洋史研究》31-2。

　1986　〈中國史上の氓と流氓〉，《中國史における亂の構圖》（野口鐵郎編，東京：雄山閣，1986）。

　1987　〈中國の民眾結社と氓・地棍・流棍・流氓〉，《蔣慰堂先生九秩榮慶論文集》（臺北：中國圖書館學會，1987）。

酒井忠夫先生古稀祝賀記念委員會

　1982　《歷史における民眾と文化——酒井忠夫先生古稀祝賀記念論集——》（東京：國書刊行會，1982）。

宮崎市定

　1954　〈明代蘇松地方の士大夫と民眾——明代史素描の試み〉，《史林》37-3。

　1958　〈清代の胥吏と幕友——特に雍正朝を中心として〉，《東洋史研究》16-4。

栗林宣夫

　1976　〈萬曆十年の杭州民變について〉，《木村正雄先生退官紀念　東洋史論集》（東京：汲古書院，1976）。

野口鐵郎編

　1986　《中國史における亂の構圖》（東京：雄山閣，1986）。

滋賀秀三

　1992　〈清代州縣衙門訴訟的若干研究心得——以淡新檔案爲史料〉，《日本學者研究中國史論著選譯》（北京：中華書局，1992），第八卷。

閔斗基著，山根幸夫、稻田英子譯

1977　〈清代「生監層」の性格──特にその階層的個別性を中心にして ──〉（下），《明代史研究》5 號。

森正夫

1977　〈1645 年太倉州沙溪鎮における烏龍會の反亂について〉，《中山八郎教授頌壽記念明清史論叢》（東京：燎原書店，1977）。

1978　〈明末の社會關係における秩序の變動について〉，《名古屋大學文學部三十周年記念論文集》（名古屋大學文學部出版，1978）。

奧崎裕司

1978　《中國鄉紳地主の研究》（東京：汲古書院，1978）。

鈴木智夫

1982　〈清末江浙の茶館について〉，《歷史における民眾と文化──酒井忠夫先生古稀祝賀記念論集──》（東京：國書刊行會，1982）。

聞立鼎、王衛平

1992　〈明清期、太湖地區の社會風潮の變遷〉，《廣島大學東洋史研究室報告》14 號。

劉子健博士頌壽紀念委員會

1989　《劉子健博士頌壽紀念宋史研究論集》（東京：同朋舍，1989）。

橫山裕男

1963　〈觀風整俗使考〉，《東洋史研究》22-3。

三、英文著作：

Baxbaum, David

1971　Some Aspects of Civil Procedure and Practice at Trial Level in Tanshui and Hsinchu from 1789 to 1895, Journal of Asian Studies 30-2.

Chang, Chung – li

1955　The Chinese Gentry: Studies on Their Role in Nineteenth-Century Chinese Society （University of Washington）.

Ch' u, Tung-tsu

1962　Local Government in China Uuder the Ch' ing （Cambridge Mass Harvard University）.

Eberhard, Wolfram.

1962　Social Mobility in Traditional China （南天書局景印本）.

Grove, L. & Daniels, C.

1984　State and Society in China: Japanese Perspectives on Ming – Qing Social and Economic History （University of Tokyo）.

Ho, Ping – ti

1962　The Ladder of Success in Imperial China : Aspects of Social Mobility, 1368-1911.（Columbia University）.

Hucker, Charles O. ed.,

1969　Chinese Government in Ming Times: Seven Studies,（Columbia University）.

Kaelble, Hartmut.

1981　Historical Research on Social Mobility: Western Europe and the USA in the Nineteenth and Twentieth Centuries（Columbia University）.

Leung, Angela Ki Che

1992　To Chasten the Society: The Development of Widow Homes in the Ch'ing,1773-1911,《近世家族與政治比較歷史論文集》（臺北：中央研究院近代史研究所）

Naquin, S. & Rawski, E.

1987　Chinese Society in the Eighteenth Century,（Yale University）.

Rawaki, Evelyn.

1979　Education and Popular Literacy in Ch'ing China（University of Michigan）.

Skinner, G. W, ed.

1977　The City in Late Imperial China,（Stanford University）.

Sybill van der Sprenkel

1962　Legal Institution in Manchu China-A Sociological Analysis,（University of London）.

Tanaka Masatoshi（田中正俊）

1984　Popular Uprisings, Rent Resistance, and Bondservant Rebellions in the Late Ming , in Grove, L. & Daniels, C., State and Society in China: Japanese Perspectives on Ming – Qing Social and Economic History,（University of Tokyo）.

Yang, Lien-sheng

1969　Ming Local Administration, in Charles O. Hucker ed., Chinese Government in Ming Times: Seven Studies, Columbia University, 1969.